陕西师范大学语言资源开发研究中心主办

# 语言与文化论丛
LANGUAGES AND CULTURE FORUM

## 第一辑

邢向东 ◎ 主编

中国社会科学出版社

图书在版编目(CIP)数据

语言与文化论丛. 第1辑 / 邢向东主编. —北京：中国社会科学出版社，2020.3
ISBN 978-7-5203-5971-9

Ⅰ.①语… Ⅱ.①邢… Ⅲ.①文化语言学—文集 Ⅳ.①H0-53

中国版本图书馆 CIP 数据核字（2020）第 022769 号

| | |
|---|---|
| 出 版 人 | 赵剑英 |
| 责任编辑 | 任　明 |
| 责任校对 | 季　静 |
| 责任印制 | 郝美娜 |

| | |
|---|---|
| 出　　版 | 中国社会科学出版社 |
| 社　　址 | 北京鼓楼西大街甲 158 号 |
| 邮　　编 | 100720 |
| 网　　址 | http：//www.csspw.cn |
| 发 行 部 | 010-84083685 |
| 门 市 部 | 010-84029450 |
| 经　　销 | 新华书店及其他书店 |
| 印刷装订 | 北京君升印刷有限公司 |
| 版　　次 | 2020 年 3 月第 1 版 |
| 印　　次 | 2020 年 3 月第 1 次印刷 |
| 开　　本 | 710×1000　1/16 |
| 印　　张 | 21 |
| 插　　页 | 2 |
| 字　　数 | 344 千字 |
| 定　　价 | 98.00 元 |

凡购买中国社会科学出版社图书，如有质量问题请与本社营销中心联系调换
电话：010-84083683
版权所有　侵权必究

# 《语言与文化论丛》
# 第一辑

主办单位　陕西师范大学
编委会成员　党怀兴　杜　敏　黑维强　胡安顺
　　　　　　乔全生　邢向东　赵学清
编委会主任　党怀兴
主　　　编　邢向东
副　主　编　黑维强
本辑责编　张永哲

编　辑　部　陕西师范大学语言资源开发研究中心

# 发刊词

《语言与文化论丛》第一辑同大家见面了！我们怀着喜悦和忐忑的心情，向各位读者推荐这棵语言文化研究的幼苗。

《语言与文化论丛》由陕西省（高校）哲学社会科学重点研究基地——陕西师范大学语言资源开发研究中心主办，是响应国家"一带一路"倡议和"中华优秀传统文化传承发展工程"的要求，顺应语言学科发展的新形势而创办的语言类学术集刊。主要开设"语言资源保护开发研究""一带一路语言文化研究""汉语方言研究""民族语言研究""民俗文化及语言研究""出土文献和民间文书语言研究""汉字与中华文化研究""调查实录"等栏目。

我们的办刊宗旨是：求实创新，开放包容；立足西部，面向世界。秉承"一切以事实为准"的优良传统，田野调查、学理研究、实践应用并重，突出刊物的地域性，探索语言与文化相结合研究的新路径、新范式，为广大语言、文化研究者提供高端的学术交流平台。我们期待学术名家的鼎力支持，欢迎学术新人的热情参与，希望编者、作者和读者一起共同开发这片语言文化研究的新园地。

近年来，陕西师范大学语言资源开发研究中心倾力投入"中国语言资源保护工程"和"中国语言文学世界一流学科建设"，出谋划策，出力流汗，做出了不懈的努力。我们将以《语言与文化论丛》的创刊为契机，进一步开阔视野，加强内外交流，自觉为国家战略需求服务，为西部文化建设服务，为学科建设服务，打造语言文化研究的知名品牌！

陕西师范大学语言资源开发研究中心

2019 年 10 月 1 日

# 目 录

## 总论

汉语方言研究的方法论问题 ………………………… 钱曾怡（3）

## 连读变调专题研究

再论词调
　　——从词汇、语法层面透视汉语方言的连调问题 …… 邢向东（23）
变调的条件与声调的接近
　　——以山西省的两字组连读变调为例 ………… 八木坚二（40）

## 方言语音研究

甘南临潭、卓尼音系的简化与繁化 ………… 张维佳　李相霖（53）
商州方言声调和《广韵》声调的比较 ……………… 张成材（77）
鄂州太和话音系及音韵特点 ………………… 张勇生　朱兰芳（101）

## 方言词汇、语法研究

山西临猗方言复句关联标记模式 …………………… 史秀菊（111）

湖南吉首方言句末语气词"哦"的互动
　　语言学研究 ………………………… 刘　锋　张京鱼（137）
米脂方言话题标记"价" ………………………… 孙彦波（152）
汉语方言"快速略看"概念域成员共时与历时分析 ……… 赵雪伶（178）

## 契约文书专题研究

明清契约文书所见税赋词语例释 ……………… 黑维强　黑文婷（193）
《云南省博物馆馆藏契约文书整理与汇编》
　　校读九则 ……………………………… 储小旵　张　丽（206）
贵州契约文书"四至"类词语研究 ………………………… 卢庆全（214）
契约文书讹误量词的判定与校订 …………………………… 黑学静（235）

## 民俗文化语言研究

《茶经》煎煮类动词与陆羽的"工匠精神"
　　研究 …………………………………… 梁　浩　唐　琛（251）
西和乞巧歌中浓厚的方言特色 ………………………… 赵淑莲（266）
一个保存了一百六十多年的民俗飞地
　　——鲁苏交界地带的菏泽移民民俗 ………… 亓文婧　姜　岚（275）
民俗"完灯"及其文化内涵探微 ………………………… 王晓音（293）

## 方言文化调查实录

独龙出山
　　——独龙语调查手记 ……………………………… 王莉宁（307）
湖南泸溪乡话田野调查实录 ………………………………… 邓　婕（314）
Abstracts of Major Papers in This Issue …………………………（323）

# 总论

# 汉语方言研究的方法论问题

钱曾怡

**提　要**：全文分两大部分，第一部分简要谈汉语方言学方法论要点，包括：实事求是观、系统观、地域观、发展观、全面观。第二部分讨论汉语方言研究中的几种辩证关系，包括：方言与共同语、地域方言与社会方言、描写与比较、一般与个别、表象与实质、创新与继承。
**关键词**：汉语方言；方法论；辩证关系

## 0　引言

1. 方法论是认识世界和改造世界的系统理论。方法论和方法不同：方法论是对事物的系统认识和见解，方法是实践中所采用的具体方法。两者相互影响，研究方法决定于对于研究对象的认识，有什么样的认识就会有什么样的方法。但是归根结底，一切认识都是来源于实践，实践是检验真理的唯一标准。

2. 语言学的方法论，是指认识语言和研究语言的方法，包括对语言本质、语言构造、语言作用以及语言发展规律的认识。

语言研究的方法决定于对于语言的认识。有什么样的认识就有什么样的方法。例如，对于一种方言的调查，有关调查内容的确定、调查对象的选择、调查表格的制定等，无不跟调查人对这种方言的认识密切相关。认识"类同变化同"并非绝对，就不会用类推的方法进行记音；认识语言处于不断发展的过程之中，就会用动态的眼光去观察处于相对静止状态的方言现象。

3. 方法论对于任何学科来说都是相通的。科学的方法论要求我们客观地、历史地、全面地分析事物和认识事物。

我今天所讲的全部内容分为两部分。第一部分简单谈谈汉语方言学方法论要点，第二部分讨论汉语方言学研究中的几种辩证关系。

# 一 汉语方言学方法论要点

罗常培先生《汉语音韵学导论》"音韵学研究法"提出四点：一曰审音。二曰明变。三曰旁证。四曰祛妄（祛玄虚、祛含混、祛附会、祛武断）。即三要四不要。（中华书局1956年版，第23—25页）

王力先生《汉语语音史》讲到汉语语音史的研究方法：第一，要掌握唯物辩证法。第二，要讲究普通语言学的理论。第三，要讲究比较语言学的理论。第四，要讲究音位学。（中国社会科学出版社1985年版，第13页）

罗、王两位先生关于音韵学和语音史方法的论述对我有很大的启发。根据我多年来研究汉语方言的体会，我考虑汉语方言学方法论主要有五点，简述如下：

## （一） 实事求是的观点

客观存在的语言是第一性的，研究汉语方言应该以语言事实为基础。有关汉语方言的知识只能直接、间接地从调查研究汉语方言中得来，也只有客观存在的方言事实才是衡量方言研究成果科学性的第一标准。违背事实就是失真，也就谈不上真理，也就没有任何意义。

顺便说说关于调查实践的问题。如果承认客观存在的方言事实是检验方言学真理的标准，那么也不能否认方言实地调查是方言研究的生命之源泉，方言工作者只有根植于调查实践，多争取亲身从事实地调查的机会，十分审慎地对待每一个调查步骤，不断从调查实践中丰富经验，这样就会越来越多地掌握方言的第一手资料，开阔了眼界，才能真正有所发现，有所创造，使研究水平得以不断提高。当然，在不断的调查研究实践中会有许多新的语言资料，使我们原先的认识有所改变和提高。这样循环往复，达到更为接近真理。

## （二） 系统性的观点

语言的系统性是普通语言学理论的基本观点，主要指语言的内部结构。各种语言都是成系统的存在。在语言这个大系统中，语音、词汇、语法也都存在于各自的系统之中，各种系统既相联系，又相制约。例如北京话语音系统中轻声音节具有区分词义、表示特定的语法意义等。在语言的系统中，语音系统是最为明显、最为严密的，每一个方言音系的声母、韵母、声调都有一定的组合规则。各方言声韵调的不同音值及其组合规则是这个方言音系重要特点之所在。语音系统性的观念，是方言语音分析音位归纳的理论基础。

任何系统的结构网络都是复杂交错的，因此系统性也就可以从不同的角度进行分析。例如：语音系统的声母系统有发音部位的系列和发音方法的序列；韵母系统可以分析为开齐合撮的四呼序列，开尾、元音尾、辅音尾（包括口辅尾、鼻辅尾）的韵尾序列，还有主要元音不同的主要元音序列。又如，词汇系统有"天文""地理""时间"，等等的义类系列，也有"名词""动词"等的语法系列。再如，对构成一个句子中一些具体词的语法分析，可以从词类的系列分析它是属于什么词类，也可以从句子结构的系列分析它在句子中是主语、谓语、宾语等。

从系统性的观点出发，可以肯定，表面上看起来十分纷繁复杂的方言现象实际上都是有序的。我们的工作，正是要通过对各种现象的分析归纳，有条不紊地总结出各种方言所存在的内部结构规律。

## （三）地域的观点

地域的观点，也就是空间的观点。方言的地域性差异有以下的情况需要注意：

第一，方言的地域差异是渐移的。一种方言的特点分布，从中心地区到四围地区的延伸不是跳动而是流动的，特点的浓度是渐行渐淡的。

第二，方言差异的程度未必跟地域分布范围的大小成正比。例如，汉语东南各大方言区的差异大大地超过了北部和西南地区的官话方言，而其分布面积的总和则远远小于官话方言。官话方言由于特殊的地位，在长期的发展中不断向四围渗透、扩散。这种渗透目前仍在继续，而且会随着普通话的推广而加强。

第三，由于内部交往的频繁，历史上属于同一政区的方言一致性比较强。政区可以用来解释方言区形成原因，甚至用来对某些方言区命名，但是政区不能作为方言分区的标准，语言特征才是方言分区的唯一标准。

第四，较大规模的移民使移民原籍的方言跟当地土著居民的方言产生交融：一种是以当地方言为主吸收了客籍方言的某些成分，另一种则在客籍人员中保持原有的方言而在当地成为方言岛。

第五，自然条件的因素对于方言有极大的影响，但是仍要做具体分析，例如水域既阻隔了两岸人们的交往，有的又沟通了两地的方言。

### （四）发展的观点

事物的矛盾发展是绝对的，静止是相对的。一切语言都是处于发展的过程之中。语言的发展有以下特点：

第一，语言的发展是成系统的。既然语言是成系统的存在，这就决定了语言的发展也是成系统的。语言的系统发展就是语言结构的内部更新，某些旧的成分系统的为新的成分所替代。汉语发展的历史可以简略地总结为：语音简化，构词法的丰富，词汇由单音词向多音节的转化，句法的严密化。具体如：语音系统中古全浊声母在官话方言中成系统地转化为清声母、由分尖团到不分尖团；不断产生的新词都会纳入汉语词汇系统一定的结构格局；一种新的句型的出现，必然会产生一些同型的具体的句子，等等。

第二，语言的变化是一种渐变。因为语言是长期形成、为全体社会成员约定俗成的交际工具，所以从总体来说不可能会有突然的变革，否则就没法进行交际。不能想象一夜之间全社会的成员忽然会把甲说成乙。从方言中所存在的新老读音的不同、新老不同的用词和不同的句式来看，一种语言现象的变化，往往要经过两三代甚至更长的时间才能完成。

第三，语言结构各部分的系统发展，并不是孤立进行、各不相干的，而是互相关联的。连锁反应、互为因果的例子不胜枚举。例如：汉语构词法发展中附加式构词特别是后缀范围的加宽是很明显的，像普通话的名词后缀"子、头、化、家、性、手"等，多由词根虚化而来，山东许多地方的动词后缀有"巴、拉、悠、呼、么、打、古、查、送"等，非常丰富，汉语语法的这一发展，明显地影响到词汇系统多音词的增加、语音系统中轻声音节的扩大。再如，语音系统官话方言入声转化为舒声，也就意味着塞音韵尾的失落。

### （五）全面的观点

方言现象十分丰富复杂，有许多是相对立而存在的。方言研究对此必须有客观的、全面的认识。既要从总体上把握语言现象最基本的方面，也要注意非基本的、特殊的一面，切不可以偏概全，被表象掩盖了实质。尤其是分布于纵横数千公里近十亿人口使用的汉语方言，其蕴藏的内容常常会超出人们的预想。

我下面讲的第二个大问题，大多是跟全面的观点有关的。

## 二　汉语方言研究中的几种辩证关系

### （一）方言与共同语

1. 共同语跟方言是互相依存的，一种语言如果有方言的差异，相应地也就必然有共同语的存在。因为方言的差异阻碍了不同地区人们的交际，不便于中央政权机构实行集中施政，影响了不同方言区政府之间和人民之间的互相交往。共同语是对方言而言的，如果不存在方言的差别，也就无所谓共同语了，所以，共同语是依存于方言的。我国最早的方言专著西汉扬雄《方言》（《輶轩使者绝代语释别国方言》）中所说的"通语""凡语""总语"，等等，都是指当时的共同语，可见共同语跟方言同样有悠久的历史。我国历代政府多有"书同文"一类的统一语言的措施。明清以来的"官话"，就是现代汉民族共同语普通话的旧称，指官府使用的、公共通用的语言（"官"有公共的意义，如"官大路做人情"）。

2. 共同语以一种方言为基础。作为共同语的基础方言，其通行地区一般是本种语言区的政治、经济、文化中心。三个中心密切相关、互为因果，但其中首要的还是政治中心。以中央政府所在地的方言作为共同语的基础方言是很自然的，这也是中央政府进行集中施政的需要。我国汉民族共同语的基础方言是分布于广大北方地区的官话方言。这个方言区的中心地带是我国古老文化的发源地，历史上长期的政治中心。北京话是当代官话方言的代表。

3. 方言跟共同语的关系是一般方言跟基础方言的关系，所以实质上也是方言跟方言的关系。但是，共同语要舍弃基础方言中比较土、比较粗俗的不健康的成分，同时也要旁收博采非基础方言中具有积极意义的内容。共同语跟书面语比较一致，是一种语言统一的文字所记录的语言基础，其书面形式还可以经过人为的加工而更完美。从这一点来说，共同语是超越于方言的。另外,方言的实体意义比共同语要大得多,而人的能动作用则比共同语要小得多。这是因为,作为一个语言系统而客观存在的方言,其语音、词汇、语法是约定俗成的,它的发展有自身的规律而不以什么人的意志为转移。共同语就不那么绝对,共同语不仅标准可以由人们制定,而且不同历史时期的基础方言也不相同。共同语虽然有了标准,但是人们对它的认识和具体的掌握也是有一定伸缩性的。在具体推广中,对不同的人可以有不同的要求,不同方言区的人还会受到其母方言的各种影响。

4. 通常所说的共同语,是指整个民族语言的。实际上也还存在不同层次的区域共同语。同一政区的人们交往比较频繁,不同管辖范围的政府所在地的方言对其所辖地的方言有综合、统一的作用,李荣先生在讲到各级政府所在地的方言跟周围方言的关系时说:"一县的人往往学习县城的话,同府的人往往学习府城的话,全省的人往往学习省城的话。"(《官话方言的分区》,《方言》1985年第1期) 不同层次的区域共同语,在古代如《方言》中所提到的"楚通语也""赵魏之间通语也""齐赵之总语也"等,现代汉语方言中,经济发达的中心城市往往在其方言区中具有区域共同语的地位,像广州方言之于粤方言、上海方言之于吴方言。

5. 在不同的历史时期,共同语的性质、作用及影响并不相等。现代汉民族共同语普通话无论从哪一方面都大大地超越于以往的共同语。第一,普通话有明确的标准,就是"以北京语音为标准音,以北方话为基础方言,以典范的现代白话文为语法规范"。这个标准是在对汉民族共同语的形成过程及汉语方言特点做了全面研究的基础上,总结了长期的汉语规范化运动的实践经验之后才确定的,是广大语文工作者对汉语发展的客观规律自觉运用的成果,因而也就具有了高度的科学性和可行性。第二,普通话推广声势之浩大、范围之宽广、影响之深远,也是任何一个历史时期的共同语不能相比的。第三,作为交际工具,普通话的推广,对我国的政治统一及经济、文化建设起到了前所未有的作用。

6. 推广普通话和"保护方言"。普通话是法定的现代汉民族共同语,推广普通话是汉语规范化的主要内容之一。有人认为,因为推广普通话,导致许多方言特点消失,因此提出"保护方言"。关于这个问题,我说三点想法:

第一,方言的演变并非完全是因为推广了普通话。推广普通话无疑加速了方言的发展，致使方言一些特点的消失而向普通话靠拢，但是这种结果并不完全是由于推广普通话而造成的。因为语言随社会的发展而发展，语言的演变是客观规律，任何人都无法阻挡。每一种方言都以自身的演变规律向前发展，例如方言语音新老和文白异读有很长的历史，反映了方言发展的不同阶段，并不是推广普通话以后才有的现象。再如方言词语演变的重要方式是新陈代谢，旧事物消失，新事物产生，久而久之，表示旧事物的词语消亡、表示新事物的词语产生。某些旧风俗、旧习惯不存在了，反映这些风俗习惯的词语最终消失，想留也留不住的；进入信息时代，"网吧""短信"一类新词产生，想不要也无法阻挡。这都是很自然的，是社会发展的结果，也不是推广普通话造成的。

方言总是要发展的，发展中肯定要受到共同语、其他方言乃至外语的影响。推广普通话，引领方言的发展走向同一途径，这对完善语言这一交际工具的职能有百利而无一害。

第二，方言无须消灭，更不可能消灭。据我所知，是吕叔湘先生最早提出"抢救方言"的口号。吕先生的原意是，方言迅速变化而向普通话靠拢，要及时调查记录，为后世保存现时方言的实况，作为汉语史研究的资料。这些，都是所有方言研究工作者为之奋斗的目标。

方言本身就是一种地域文化，是我国极为丰富的语言资源，在语言交际中具有特殊的地位。方言也是地域文化的载体，我国丰富悠久的地域文化借方言传承。不能想象，各地风俗习惯的特有用语，如果不用方言将如何表达；地方戏曲如果离开了方言，又会是什么样子，还能不能为当地的人们接受？同乡之间、家人之间的亲和力，也常由方言维系。

方言不能消灭，实际上也消灭不了。像汉语这样分布地域如此广泛、承载着如此丰厚的地域文化的语言，即使普通话普及率达到100%，人们在掌握普通话的同时，也不可能完全脱离方言，因为推广普通话，是要求人们有能力使用普通话，并不是绝对不允许说方言。

第三，方言与普通话互补共荣。普通话以官话方言为基础，有广泛的地域优势，普通话还是书面语的基础，普通话的首要地位无可替代。方言向普通话靠拢是客观规律，大势不可逆转。但是普通话也不是一成不变的，普通话过去吸收了方言中许多具有表现力的成分，在继续发展中仍然要不断吸收方言的营养来丰富自己。汉语规范化要及时总结，这方面我们还有许多工作要做。

人人都离不开语言，人人都可以按照自己的意愿、在不同的场合选择说普通话还是说方言。但是如果不会普通话，那就没有选择的余地。建立和谐社会，要有宽容的心态，宽松的语言环境。在"推广普通话"的前提下，普通话跟方言互相补充、共同繁荣。

## （二）地域方言与社会方言

广义的方言分为地域方言与社会方言。我国传统所称的方言是指地域方言，是指因为分布地区的不同而存在语言上有所不同的地方话，这也正是我们现在所说的方言。

社会方言是指由于社会的原因而产生了变异的语言。语言与社会共变，作为社会现象，人类最重要的交际工具，语言受社会的影响是必然的，显而易见的。人的不同社会地位、职业、文化水平、信仰、思想修养、性别、年龄、心理、生理，等等，都会影响到语言的使用，使他们的个人言语带有一定的社会色彩。所谓社会习惯语、行业语（行话）、隐语、黑话、秘密语、忌讳语，等等，都是属于社会方言。研究社会方言的学科在我国已经发展为一门独立的学科，称为社会语言学。这方面的研究成果很多。

地域方言跟社会方言的异同可以作以下比较：

首先，地域方言具有地方性，方言的区分按不同分布地域的语言特点从地区划定；社会方言的不同则是缘于社会因素，并不绝对受地域的限制，以行业语来说，一种行业并非集中在同一地域，一个地方也不限于一种行业。

第二，就服务对象看，地域方言具有全民性，服务于该分布区内的全体成员；社会方言则决定于不同社会成员的特殊需要，主要服务于本社群的成员，当然也有可能在一定程度上被其他社群的成员使用。

第三，就语言特点看，地域方言有自己的语音系统、基本词汇和语法结构；社会方言则只是牵涉语言要素的一部分，例如一些特殊的用词、某些措辞法，用词义的特殊化使之具有不同于常规的含义，等等。当然，这并不排斥某一种具体的社会方言在某一特定范围内的语音、词汇、语法的一些特定结构。

但是，在地域方言和社会方言之间的绝对的鸿沟是不存在的，因为从总体来看，地域方言的产生和发展也都离不开社会的原因，地域方言也是跟社会密切相关的。如果从语言的角度说，社会方言没有自己的语音系统、基本词汇和语法结构，社会方言在不同地区的语言形式是地域方言。也就是说，社会方言是借助于地域方言而存在的。例如，据侯精一的研究报告，山西境内理发社群行话的用词在各地是基本相同的，但是由于说话的人用的是自己的方音，所以听起来仍然有明显的差别。再如，叫卖语言的运用历来为话剧、电影、电视等文艺表演所青睐，北京的叫卖语言是以北京方言为基础的。

## （三）描写与比较（静态与动态）

丹麦叶斯柏森《语法哲学》："对语言现象，可以从两种不同的角度，即描写的和历史的角度来考察。它们相当于物理学中的静力学和动力学（或运动学），它们的区别在于：前者把现象看成是静止的，后者把现象看成是运动的。"（何勇、夏宁生、司辉、韩有毅译，廖序东审订，语文出版社1988年版，第21页）动和静是任何学科研究都必须具有的基本观念。

1. 描写。对方言的某一时期的现象进行调查、分析、描写，属于静态研究。语言是发展的，但在某一时间内，则又可以看作静止的。静态研究，就是截取一种方言在其发展的历史长河中一个相对静止的横断面进行研究。例如：1956—1957年，全国进行了两千多个县市的方言普查，主要是对现代汉语方言的现状进行描写；《中原音韵》记述了反映元代北方官话的语音实况。描写方言学是方言学研究的必要基础，也是每一种语言研究的基础。

2. 比较。属于动态研究。比较法无处不在。任何事物的特点，都是从比较中得来。甲和乙比较，两者有差别，甲对乙来说有特点，乙对甲来说也有特点；个别方言不同于一般，那个别必有特点。没有比较就谈不上特点。

方言比较的内容，也就是比较项，可以是全面的系统比较，也可以是局部的特征比较，由研究课题决定。例如某某方言语音与普通话的系统比较；描写某某方言的语法特点，当然可以直接分项描述，但是如果加上与其他方言比较的内容，就可以使描写的特点更为显明。比较都得有尺度，也就是参照系，是用于说明特征的标准。例如语音比较用普通话或是中古音，词汇某某方言多少词语与普通话的比较。普通话、中古音都是方言研究用于方言比较研究的参照。

汉语方言的比较，内容多种多样，但都不外乎时和地，即纵和横的两向比较。

纵向比较是将方言跟历史上某一时期的语言记载进行比较，或者历史上两个不同时期的比较，通过比较总结语言发展的规律。现在多数的成果是将某一方言语音跟《切韵》音系比较。赵荫棠讲到周德清《中原音韵》的三个要点是："一分韵，二平分阴阳，三入派三声。"（《中原音韵研究》，商务印书馆1957年重印版）是将以《中原音韵》为代表的近代北方官话的音系跟中古音系进行比较。

横向比较是方言跟方言的共时比较，也是属于动态研究。目前方言研究一个重要的内容是给方言进行分区。正如上面所说，方言现象在地域中的分布是绵延的。邻近地区的方言往往具有大小不等、相同或相似的特点。这给方言分区带来许多麻烦。有人提出方言分区要求做到"对内有一致性，对外有排他性"，要达到这一目标很不容易，而要绝对做到几乎是不可能的，因为地域相通，又隔不断人们的异地交往。也就难以避免方言间"同中有异、异中有同"的局面。

方言研究中时与地（纵与横）的两向比较研究密切相关。尤其是，方言特点的地域流变现象，为我们研究语言演变的历史规律提供了广阔的天地。例如：1984年我和研究生奉命调查河北靠山东的39县市方言，发现邯郸地区的方言存在入声字自西向东逐渐消失现象，通过比较发现，这个地区入声的消失，经历了先全浊声母、再次浊声母、后清声母的过程。

以上说明，任何方言都是处于发展的过程中，任何方言都是位于跟其他方言相接邻的地域中，都会在自身的发展中受到周围外方言的各种影响，那么，任何方言都是处于时和地纵横两向发展的交叉点上。全面认识方言，便是要从动态的角度观察方言，时中有地、地中有时，从单纯的线性认识提高到立体认识。

有人在描写方言学和比较方言学之外，还分出方言地理学。实际上方言地理学也是属于比较方言学的范围。方言地理学的特点是将所调查得到的各地方言现象用地图的形式描写出来，达到直观的效果。

3. 描写和比较的关系。[①]

第一，描写是基础，只有在描写的基础上才有可能进行比较。叶斯柏

---

[①] 一种观点认为，现在的方言语法研究，描写已经很多了，以后应该着重进行比较研究。

森《语法哲学》:"在任何情况下,历史语言学决不可能使描写语言学成为多余,因为历史语言学应当一直是建立在对我们可以直接了解到的语言发展各阶段所作的描写之上的。"

第二,描写和比较相辅相成。方言比较研究只有在描写的基础上进行,方言的描写也必须借助于比较的内容和方法。例如,描写一个方言音系 p、pʻ 两个声母的例字:

p 巴比布班帮包　　　　pʻ 怕批普潘怕配
p 巴爬　　　　　　　　pʻ 怕爬

前者举了六个例字,后者只举两个,但是后面的隐含着与古音的比较,"静中求动",比前者提供了更多的方言信息。(丁声树先生曾在我的作业"长乐方言音系"的例字部分批示:"表现尖团",是说要用例字体现长乐方言分尖团的特点,四个字使我受益终生。)

## (四) 一般与个别

1. 规律与例外。

语言的系统性决定语言演变的规律性。

方言研究中的规律,主要指方言与方言之间、方言与共同语之间、现代方言与历史上某一时期的语言之间、两个不同历史时期的语言之间的对应关系。上述各种对应关系决定于语言系统的有规则发展,也就是规律性。语言有规律演变的理论基础是语言的系统性。

方言调查研究中一项重要的内容就是寻求方言发展的规律。不同方言的不同历史演变规律是一种方言的重要特征之一。在当前汉语方言研究中,对于方言语音特点的说明,一个重要的参照系,或者说"语音坐标"是《切韵》音系。将方言语音系统跟《切韵》音系进行对照,可以求出古今语音演变的规律。例如,丁声树、李荣《汉语音韵讲义》中说:"古代的开合口、摄等和今音的开齐合撮四呼大致都有相当整齐的对应关系。但是错综的情况也要注意。"将《切韵》音系的四等二呼跟今北京音的开齐合撮四呼对照,大体上有以下关系:

|  | 古一等 | 古二等 | 古三等 | 古四等 |
|---|---|---|---|---|
| 古开口 | 今开口呼 |  | 今齐齿呼 |  |
| 古合口 | 今合口呼 |  | 今撮口呼 |  |

但是这种对应关系并不是百分之百的，上表今开齐合撮四呼的古来源几乎没有一项没有例外，这就是丁、李两位先生所说的"错综的情况"。通过对这些情况的分析，可以将古四等二呼跟今四呼对应关系的例外分为两类（以下统计的反切数字按照陈汉清、邓希敏《〈古今字音对照手册〉的计算机处理》）：

一类是有条件的系统分化。例如：①古开口二等今北京读开口呼，在《古今字音对照手册》的 381 个古开口二等的反切中，今读开口呼的是 248 个，占 65.1%。另有 108 个反切读齐齿呼，占古开口二等字的 28.3%，从开口呼中分化出来的条件是见系声母。②古合口一等今读合口呼，《古今字音对照手册》415 个古合口一等的反切，今读合口呼的是 326 个，占 78.4%。另有 88 个反切读开口呼，占 21.2%，分化条件是唇音声母。③古开口一等今读开口呼，在《古今字音对照手册》459 个古开口一等的反切中，今读开口呼的是 427 个，占 93%。另有 32 个读合口呼，占 7%，分化条件是果摄字。

另一类是个别字的读音特殊。例如：①《古今字音对照手册》247 个古开口四等的反切，今读齐齿呼的有 243 个，占 98.4%，规律比较整齐。另有"喫谜<sub>猜谜儿</sub>鼈"读开口呼、"婿"读撮口呼。②古合口二等有 69 个反切，读合口呼的是 65 个，占 94.2%，另有"傻还横<sub>横直</sub>横<sub>横竖</sub>"读开口呼。③古合口一等一般读合口呼、唇音读开口呼已见上文，此外，"坏"读齐齿呼、"逊"读撮口呼。

上述有条件的分化还有一定的规律可循，个别字的读音则基本没有什么规律。但从本质上说，两者都是属于分化。语音演变分化的原因是多种多样的，有发音顺口的要求，如见系开口二等从开口呼分化出来为齐齿呼、唇音合口从合口呼分化出来为开口呼。此外还有社会、心理等多方面的因素。

19 世纪新语法学派强调"语音演变规律无例外"，就是基于对语言系统性的认识。"语音演变无例外"的理论在我国语言学界影响很大，所谓语音演变"类同变化同，条件同变化同，没有例外，有例外必有解释"，"没有分化"，等等。方言调查的无数事实都足以证明：类同变化同固然是带有普遍性的规律，但也并不绝对。事实上语音演变既有合并，也有分化；除了符合规律的发展以外，也存在例外。

列宁《谈谈辩证法问题》："任何一般都只是大致地包括一切个别事

物。任何个别都不能完全地包括在一般之中。"规律与例外实质上也是一般与个别的关系。规律是一般,例外属于个别。个别并非全部符合一般,例外是超规律的。

关于例外,赵元任《语言问题》说过:"例外字是件讨厌的事情,我常常说一百个字有九十五个都是规则的,你用几条规则就可以记下去。可是有五个不规则的,你为这五个不规则的字上就得花百分之五十的工夫上去,比规则的还麻烦。不过没有办法,因为事实如此,因为中国是一个国,不是交通完全隔绝的,方言之间是有借来借去的情形的。"

可见例外是客观存在,需要花大力气去研究的。

2. 顺势发展与逆行演变。

语言都是处于不断发展的过程之中,各种语言都有自己的演变规律。汉语方言虽然千差万别,却存在内部的一致性和大体相同的发展方向。这种大体一致的顺势发展是汉语方言演变的主导方面,我们对每一种方言的调查研究,掌握这种方言在发展中的基本走势是不在话下的,但也不能无视与此相背的逆行演变的存在。

不同地域方言的借用使方言之间的特点互相渗透,是方言发生变化的原因之一。方言之间相互的渗透力是不等同的,大体来说,是政府所在地影响其所管辖的区域、经济发达地区影响不发达的地区。在我国,推广普通话是国家基本国策,中华人民共和国宪法规定"国家推广全国通用的普通话",普通话测试在全国范围内推行,加上广播、电视的作用,全国各地方言向普通话靠拢,这种向心力的趋势十分明显,是方言发展的主流。

但是,也不可忽略离心力的存在。离心力,是跟向心力相背的发展,具体说是背离共同语标准的演变。以北京话为例,最明显的如"女国音"。所谓"女国音",是指北京年轻的女性将舌面前音 j、q、x(tɕ、tɕʻ、ɕ)发得比较靠前,成为舌尖前音 z、c、s(ts、tsʻ、s)或接近舌尖前音。这种发音已经成为一种社会时尚,还影响到除北京以外的济南等许多地方。山东方言也有许多这种逆向发展的例子,像"资此丝"读为齿间音 tθ、tθʻ、θ 的现象,过去只分布于青岛、潍坊等地,现在在济南市郊、淄博地区已有发现,而且还有扩展之势。

从语言发展的历史来看,汉语声调演变中入声消失的地域范围分布很广,约占汉语分布区的三分之二。例如北京没有入声,古入声字在北京分化为阴平、阳平、上声、去声四类。入声消失的前提是塞音韵尾（入声韵尾）的失落，所以，凡是入声消失的方言一概没有塞音尾。有的方言已经消失了塞音韵尾，但是入声还是一个独立的调类，例如大多数湘语及官话方言的四川、山东等地。入声调转变为舒声，是汉语语音发展的总趋势。跟这个总趋势相反的是舒声促化，指一些古音系属于舒声的字，现代方言中读成了入声，这在汉语有入声的方言中还相当普遍。例如山西的大同、太原等地，将"提_{提溜}"（古平声）、"只_{只能}"（古上声）、"这_{这里}"（古去声）等字读为入声，笔者母语浙江嵊州将"阿_{阿妈}、些_{一些}、萝_{萝卜}、猢_{猢狲}"（古平声）读为入声。山东的高青、邹平、桓台、章丘、滨州、利津等地，入声只有清声母字在老派中保留，而且已经没有了塞音韵尾，最后消失是必然的，但是这些地方也有一些舒声字读成了入声，例如利津有"他初_{古平}以妥_{古上}际示_{古去}"等近40个古舒声字读为入声。

韵母简化也是汉语方言发展的走势，简化的内容之一是鼻辅尾（阳声韵尾）的合并、弱化乃至消失。合并的，例如北京将古代 m、n 两个韵尾合并为一个 n 韵尾，而山西的霍州则将古代的三个韵尾 m、n、ŋ 全都合并为只有一个 ŋ 韵尾。弱化的，例如青海的西宁，凡古鼻辅音韵尾全部读为鼻化元音。消失的，例如苏州，古咸山两摄的字读为纯口元音（阴声韵）。从读音看，以上演化读音的轨迹是：鼻辅尾→鼻化元音→阴声韵。汉语方言中合并最早、合并范围最广的是 m 韵尾，现代方言中只有粤、客、闽等少数地区还保留，但是现在山东的平邑和平度西部的一些地方，却从古 ŋ 尾中分出了一个 m 尾，来源于古代通摄唇音声母以外的舒声，如"东宗虫公翁胸"等字的韵母都是 om。m 韵尾在山西的祁县也存在，来自臻曾梗通四摄的合口，如"村_{臻}弘_{曾}轰荣_{梗}公_{通}"等字的韵母读为 ūm，"均_{臻}永_{梗}胸_{通}"等字的韵母读为 yūm。值得注意的是，少数方言还存在古阴声韵读为阳声韵类的情况。例如：西南官话的成都、昆明等地将部分流摄的明母字"亩、谋、贸"等字读为带鼻辅音韵尾 ŋ 的阳声韵；宁夏的中卫，把蟹、止两摄"贝腿回_{蟹}美醉规_{止}"的韵母，读为 ẽi、uẽi；山东平邑话将鼻音声母后的 ei 韵母读为 ə̃（妹＝闷、内＝嫩），等等。

以上逆行演变的现象，说明语言发展的多元化因素。全面认识这些因素，对汉语发展史的研究，普通话的推广，乃至国家语言文字政策的制定，都是很有必要的。

## (五) 表象与实质

从总体来说，表象是实质的反映，表象与实质是一致的。但是有时并不一致。

这里先举一个很明显的文字学方面的例子：简化汉字是我国文字改革的一项重要内容（1977年公布第二批简化汉字），其中一个方法是同音代替。有人说，简化汉字的同音代替法古亦有之，就是假借。确实，简化字的同音代替在利用同音字这一点上，跟假借在形式上是相同的。但是两者有实质性的差别。主要是：两者所处的时代不同，目的不同，结果也不同。假借是文字初创时期，语言中有的词还没有文字可写，就借用同音字表示，《说文·叙》解释假借是"本无其字，依声托事"，如用象形字"裘皮"的"求"，表示"要求""求恳"的"求"，用会意字柴火的"薪"，表示"新旧"的"新"。假借的发展结果是增加了汉字，如"求"加"衣"为"裘""新"加"草"为"薪"，使"衣裘"的"裘"跟"要求"的"求"有别、柴火的"薪"跟"新旧"的"新"有别。汉字简化的同音代替是文字发达时期，汉字太多了，为了减少学习负担，用同音代替的方法合并一些汉字，如"表（錶）""丑（醜）""出（齣）""斗（鬥）"，其结果自然是减少了汉字。

方言中相同现象而实质不同的例子很多。

语音方面，不同方言相同的音值并非属于同一音类，例如声调的调值55，在北京话中是阴平，在济南话中则是上声。在广大的官话地区，中古的平声字大多按古声母的清浊分化为阴平和阳平两类，但是也有一些方言是阴阳平不分的。阴阳平不分的方言，例如吐鲁番和太原：

新疆吐鲁番（中原官话南疆片）：平声214、上声51、去声33

山西太原（晋语并州片）：平声11、上声53、去声45、阴入2（次浊入）、阳入54

王福堂先生根据太原方言平声字能够在上声和阴入后分出阴阳平（阴平变44，阳平不变），认为太原方言平声字原来曾经分化为阴平和阳平，以后又合流了。

上面讲到我国东南地区粤闽客方言和山东、山西一些方言都有m韵尾。但是性质不同：东南地区方言的m韵尾是古音的保留，来源于《切韵》音系咸深两摄；而山东平度和山西祁县等方言的m韵尾则是《切韵》

音系咸深两摄的 m 韵尾与其他韵尾合并以后,在新的条件下新的发展,发生这种变化的条件是合口高元音。

罗福腾《牟平方言的比较句和反复问句》(1981 年第 4 期)在说明牟平方言反复问句的特点时有这样的例句:他是不爱吃干饭？ 你是不看电影？ 我穿这件衣裳是不合身？ 你自个儿走道是不害怕？ 老王是不是牟平人？最后一句,字面上的形式完全和普通话一样,实际上这两种问句并不相同。其不同有二:

第一,普通话和牟平话都是用肯定加否定的形式表示提问,但普通话用"是不是""去不去"等,牟平话用"是不"提问。普通话"老王是‖不是牟平人？"回答的人在"是"和"不是"中选择;牟平话"老王是不‖是牟平人？"回答的人在"是"和"不"中选择,回答后面表示肯定的意思"是"什么、"不"是什么。牟平话"是不"是专用来表示反复问的固定结构。

第二,牟平话"是不"后的表肯定的"是"字可以省略。

## (六) 创新与继承

创新对每一个学者来说都是永恒的主题,创新是每一个学者不息的追求。以下谈谈对创新的几点理解:

1. 在继承的基础上创新。创新不是一蹴而就,说创新就能创新的。先进文化要有传统文化作为基石,我国传统语言学有许多值得继承发扬的东西,不能一概摒弃,例如扬雄所开创的古典方言学的求实精神、明代陈第"时有古今,地有南北"的时空观,至今仍不能说已经过时。开拓前进必须有丰厚的积累,继往才能开来。不继承而想创新,这正如鲁迅所说,"恰如用自己的手拔着头发,要离开地球一样,他离不开"。

2. 只要前进就有创新。在现代汉语方言学的历史上,我觉得有几项重要的创新,例如,赵元任先生《现代吴语的研究》(1928 年作为清华研究院丛书第四种在北京出版,1956 年科学出版社再版),标志着现代方言学的开始,可以说是汉语方言研究的模式;再如,瑞典学者高本汉《中国音韵学研究》(原著法文,赵元任、罗常培、李方桂合译,1940 年上海商务印书馆出版,1948 年再版),第一次将历史比较语言学的方法运用于汉语研究,用方言实地调查的材料来拟测古音,成功地构拟了汉语中古音系统。

要人人都有这样的创新真是太难了。但是汉语的方言实在是太丰富了，有许许多多的空白，有待我们去开发。我们会不断发现新的语料，这些语料又会给我们提出许多新的课题。只要脚踏实地，我们就会在前人的基础上有所前进，有所创获。创新未必非要是翻天覆地的，一点一滴的、只要有所发现，就是创新。众人拾柴火焰高，只要我们方言工作者共同努力，我们方言学的领域就会不断创新，创造方言学研究新的辉煌。

3. 创新要勇于战胜自我，在自己的基础上创新。我的体会是，只要你一直在调查研究，就会不断有新的问题出现。这些问题，有的需要我们继续深入探讨，有的则改变原先的看法，需要重新认识。

王力先生1980年《汉语史稿》："语音的变化都是制约性的变化。这就是说，必须在完全相同的条件下，才能有同样的发展。反过来说，在完全相同的条件下，不可能有不同的发展，也就是不可能有分化。""这一个原则并不排斥一些个别的不规则的变化。由于某种外因，某一个字变了另一个读法，而没有牵连到整个体系，那种情况也是有的。不过，那只是一些例外，我们并不能因此怀疑上述的原则。"1985年《汉语语音史》则说："有分化而无合流，语音系统会变得太复杂了，不利于交际；有合流而无分化，语音系统会变得太简单了也不利于交际。因此，分化与合流交相为用，这是语音发展的规律。"王力先生1985年的说法无疑比1980年更为严密周到。王力先生这样的高龄，还在不断前进，我很佩服。

50年以前我相信：推广普通话，方言差异就会消失，汉语就会达到完全统一，实际上方言没有必要、事实上也不可能消失。

尖团问题，《辞海》对"尖团音"的解释是："尖音和团音的合称。声母 z [ts]、c [ts‘]、s [s] 跟 i [i]、ü [y] 或以 i [i]、ü [y] 开头的韵母相拼，叫尖音；声母 j [tɕ]、q [tɕ‘]、x [ɕ] 跟 i [i]、ü [y] 或以 i [i]、ü [y] 开头的韵母相拼，叫团音。如有的方言里，'精'念 zing [tsiŋ]，'经'念 jing [tɕiŋ]；'青'念 cing [ts‘iŋ]，'轻'念 qing [tɕ‘iŋ]；'星'念 sing [siŋ]，'兴'念 xing [ɕiŋ]，各分尖团。普通话不分尖团，'精经''青轻''星兴'都读团音。"

但是，方言中有尖团音区别的，其读音未必一定是《辞海》所说的尖音读舌尖前音而团音读舌面前音，据我所知，汉语方言中尖团音的读音主要有以下7种：

|  | 1 | 2 | 3 | 4 | 5 | 6 | 7 |
|---|---|---|---|---|---|---|---|
| 尖音 | ts ts' s | tʃ tʃ' ʃ | tɕ tɕ' dʑ ɕz | ts ts' s | tɕ tɕ' ɕ | tθ tθ' θ | ts ts' s |
| 团音 | k kʰ h | k kʰ j | k kʰ g h fi | c c' ç | c c' ç | tɕ tɕ' ɕ | tɕ tɕ' ɕ |
| 方言点举例 | 厦门 梅县 | 广州 | 天台 | 平度 | 烟台 高平 | 衡水 | 南京 郑州 |

辞海的解释难以概括上述第7类以外的情况，用一种音值来对音类做出解释，难以避免以偏概全的错误。

尖音与团音是汉语方言学研究中经常要遇到的一对概念，指中古的精组和见晓组声母字在今韵母细音（齐齿呼和撮口呼）前面同音不同音。同音的叫不分尖团，不同音的叫分尖团。在分尖团的方言里，由精组来的字叫尖音，由见晓组来的字叫团音。

山东诸城方言的尖团音对上述定义提出了挑战，诸城尖团音如下：

尖音：tʂ tʂ' ʂ　　团音：tʃ tʃ' ʃ（＝知庄章乙类：战＝见、钳＝缠、兴＝声）

团音韵母不是细音而是洪音，这就要我们对这一现象做出解释，或者修改我们的定义。

人的知识是一点一滴的积累，认识也是一步一步逐渐提高的。在学术研究的生涯中，难免有这样那样的错误认识，应该坦然面对。我想，这对自己，也算是一种创新。

祝同志们在汉语方言学研究的道路上不断前进，不断有所创新。

（钱曾怡　济南　山东大学文学院　zyqian@sdu.edu.cn）

# 连读变调专题研究

# 再论词调
## ——从词汇、语法层面透视汉语方言的连调问题

邢向东

**提　要**：本文首先解释"单字调""连读调""词调"的概念，接着举例分析、论证词调在词汇、语法构造中的作用，以词调为视角来透视汉语方言中的连调问题。在晋语和西部官话中，AA 式、AAB 式、ABB 式名词，AA 儿式、ABB 式形容词都形成了特定的词调模式，而且名词 ABB 式与形容词 ABB 式的词调往往有别；有的方言 ABB 式名词与 AA 式名词、ABB 式形容词与 AA 式形容词的词调模式密切相关；词调作为构词形态的重要组成部分，对词语结构和功能具有一定的辨识作用。

**关键词**：方言；词调；词汇；语法；功能

邢向东、马梦玲（2019）提出在西北方言研究中建立"词调"的概念。本文试图证明，词调的概念不仅对西北方言的调查研究具有重要价值，而且晋语和西南官话中的不少连调现象，也可从词调的角度加以考察。本文的目的在于从词汇、语法层面透视晋语和西部官话中的连调问题。

## 一　词调的概念

词调是一种处于词汇、语法层面的连调现象，它同声调系统中的单字调、连读调关系密切。事实上，过去一般是将它作为连读变调来分析的。因此，需要首先明确词调与相关现象的关系。

单字调（monosyllabic tone）：指一个字（一个音节，可能是单音词或单音节语素，乃至一个非语素的音节）单独出现时的声调。这个概念基本没有争议。方言学界现在很少用"本调"的概念来指称"单字调"，原

因是"本调"的内涵有争议,有人认为"连调即原调",即词语连读中出现的单字的读法,应当反映了早期的调类乃至调值(丁邦新,1998[1984];丁邦新,1998[1989];五臺,1986)。"单字调"可以避免这个争议。

连读调(tone sandhi):或称"组合调""语音变调"。指单字组合起来以后,由于单字调之间的互相影响而读的调子。它既包括"连读变调",也包括单字调组合以后不发生变化的调子①。所谓"不包含轻声的两字组连调、三字组连调",都指的是本文所说的连读调。

词调(word-tone):指方言中双音节以上的词语中不能从单字调的连读音变推导出来的调子。在描写方言的声调变化和调位系统时,我们一般会将包含轻声和一些特殊变调规则的连调式,从一般的连调规则中独立出来,单独描写。而轻声和特殊变调都是发生在特定的词汇、句法位置或特定的词法、句法格式中,前者如包含功能词(语素)"子、儿、的、着、了"等的名词、动词等,后者如晋语和西部官话中的重叠式名词、形容词重叠式,都有特殊的连调模式,都可包括在词调的范围内。当然,词调的范围远远不止这些内容,比如还有大量的复合词(尤其是并列式、偏正式复合词)读词调。

## 二 几种名词的词调

晋语和西部官话中,重叠式名词、带"子缀""儿缀"的名词,一般都形成了词调。

### (一) 名词重叠式的词调

名词重叠式是西部官话、晋语表小称义的主要构词形态(曹志耘,2008:图059 单音节名词重叠;邢向东,2017)。名词重叠式有的可以独立表小称义,有的需要带"儿、子"等后缀表小。不同结构类型的重叠词,都会发生变调,这些变调规律性很强,已经构成特定的词调。

陕北神木话有4个单字调:阳平44,阴平上213,去声53,入声4。

---

① 过去经常用"连读变调"指连读中变调和不变调的情况,笔者认为这样的用法名实不符,应当用"连读调"来表示统称。

连读中区分阴平和上声，所以从连读看有 5 个声调。神木话中 AA 式、ABB 式、AAB 式名词的词调，规律性和关联性很强。AA 式词调如下：

阳平重叠 44+21：牛牛 niəu niəu　猴猴排行最小的孩子,同类东西中最小的 xəu xəu　行行 xɑ̃ xɑ̃　须须织物、饰物末端吊的条状须子 suei suei

阴平重叠 24+21：摊摊 tʰɛ tʰɛ　羔羔小孩儿的昵称 kɔ kɔ　蛛蛛 tʂu tʂu　爹爹爸爸 ta ta

上声重叠 21+24：哥哥 kuo kuo　嫂嫂 sɔ sɔ　女女 ny ny　草草 tsʰɔ tsʰɔ　颗颗 kʰuo kʰuo

去声重叠 53+21：舅舅 tɕiəu tɕiəu　褂褂半袖衫 kua kua　穗穗 suei suei　架架汗衫 tɕia tɕia

入声重叠 4+21：叔叔 ʂuaʔ ʂuaʔ　窟窟 kʰuəʔ kʰuəʔ　洦洦小坑儿 pəʔ pəʔ　刷刷 ʂuaʔ ʂuaʔ

神木话中，ABB 式名词的词调是"D（D 代表连读中能区分开的声调的调值，是'单字调'的首字母，下同）+AA 式词调"，AAB 式的词调是"AA 式词调+D"，都是在 AA 式词调的基础上扩展而成，不必一一单独描写。

西北方言可以青海贵德河阴镇话 AA 儿式名词为例。河阴镇话的"儿"缀是独立的儿尾，音［ɛ21］。河阴镇话有 2 个单字调：

阴平上 55　东通灯天懂统九草有百拍六麦

阳平去 214　门铜动冻洞罪半去乱毒白盒罚

河阴镇话的 AA 儿名词，只有 3 个词调，其中单字调合流的阴平、上声有别，阳平、去声相同。列举如下：

阴平重叠+儿：55+55+21　杯杯儿 pɪ pɪ ɛ　包包儿 po po ɛ　角角儿 tɕɥ tɕɥ ɛ　刀刀儿 tɔ tɔ ɛ

上声重叠+儿：55+21+214　铲铲儿 tsʰan tsʰan ɛ　水水儿 fɪ fɪ ɛ　底底儿 tsʅ tsʅ ɛ　坎坎儿 kʰan kʰan ɛ

阳平/去声重叠+儿：21+55+21　毛毛儿 mo mo ɛ　匣匣儿 ɕia ɕia ɛ　茬茬儿 tsʰɑ tsʰɑ ɛ　泡泡儿 pʰo pʰo ɛ　罩罩儿 tsɔ tsɔ ɛ　褂褂儿 kua kua ɛ　摞摞儿 lu lu ɛ

河阴镇话的 AA 式名词有 6 种词调（详见邢向东、马梦玲，2019），AA 儿式只有 3 种。所以，AA 儿式的词调比 AA 式还简单，整合程度更高。

下面看四川西充方言的 AA、AA 儿式的词调。据王春玲（2011）描写，西充话有 5 个单字调：阴平 445，阳平 21，上声 42，去声 24，入声 33。AA 儿式词调为：

阴平重叠：445+445

阳平重叠：21+33

上声重叠：42+21（AA）/42+33（AA 儿）①

去声重叠：24+445

入声重叠：33+33

王春玲从单字调出发讨论重叠式的连调式。她指出："除阴平和入声为平调的不变调外，其他调的音节重叠后的第二音节都变调，其变调规律是平调不变调，非平调大多变成平调。上声变调因儿化重叠和非儿化重叠而有所不同，在非儿化重叠式中，重叠式的第二音节读同阳平，在儿化重叠式中，第二个音节变成中平调 33。"（王春玲，2011：30）

值得注意的是，西充话上声重叠的儿化与非儿化形式不同，AA 式读 42+21，AA 儿式读 42+33，后字也像其他调一样读平调。这应当跟儿化变调有关。西充话的儿化变调，涉及阳平字儿化和重叠时的 2 条规则：

规则一：普通儿化词中，阳平字部分可自由地读单字调 21 或变调 33，部分必须变 33，部分只能读 21。例如：

自由变（33/21）：豆芽儿　围裙儿　家门儿

必须变（33）：汤圆儿

不变调（21）：钉锤儿　洗脸盆儿②

规则二：阳平字重叠并儿化时，一律变 33 调，这一条具有强制性。

因此，上声重叠并儿化时后字读平调 33，当是重叠后第二音节发生二次变调所致：

上声重叠：42+42→ 42+21（AA）→ 42+33（AA 儿）

可见西充话名词重叠式中阳平变 33（阴平）是一条很强的规则，因此导致原来的非阳平字也发生二次变调。其结果是，所有儿化重叠词的后一音节一律读成平调，显示了词调具有较强的制约力量。

---

① 蒙作者王春玲告知，上声重叠构成的 AA 儿式名词如：手手儿，雨雨儿，马马儿，果果儿，粉粉儿，眼眼儿。

② 这些不同变化当与前字有关，此不赘述，重要的是它可以变读 33 调。这一条规则亦蒙王春玲告知。谨此致谢。

西充话名词重叠式的词调，基本可以代表四川方言的情况。邓英树、张一舟（2009）指出，四川方言双音节重叠式名词变调规律是"本调是阴平和上声的字，两个字都不变；本调是阳平或去声的，除少数外，第二个音节变为阴平（55）"，例如：盆盆 $p^h ən^{21} \, p^h ən^{21-55}$  柜柜 $kuei^{214} kuei^{214-55}$"（邓英树、张一舟，2009：76）。

总之，四川方言的低降调、曲折调处于重叠式后字的位置时，一般会变成高平调。

云南昆明话的词调模式，与西充话非儿化重叠式几乎完全一致。根据桂明超（1999），昆明话有4个单字调：阴平44，阳平31，上声53，去声212。其AA重叠式的连调式如下①：

阴平重叠：44+44　　（杯杯 包包口袋　箱箱 圈圈）
阳平重叠：31+44　壳壳 索索 皮皮 毛毛 篮篮 棚棚
上声重叠：53+31　爪爪 胯胯（铲铲 水水 眼眼 嘴嘴 草草）（前二例为儿语）
去声重叠：212+44　棍棍 柜柜 裤裤 豆豆 罐罐儿 泡泡 气气

看起来，西南官话的重叠式名词的词调，基本上由以下四种调型构成：

①高/中平+高/中平；②低降+高/中平；③高降+低降；④低凹+高/中平。

以上调型如果用后字的变调来描写，就是低降调、低凹调一般变成高/中平调，高降调可能变成低降调。

下面再来看一个模式化程度很高的名词重叠式——贵州晴隆喇叭苗人话的词调。喇叭苗人话是处于西南官话包围中的湘语娄邵片方言岛。据吴伟军（2019），苗人话有5个单字调：阴平44，阳平21，上声41，去声35，入声13。苗人话名词叠字组的变调模式比较固定。见表1。

表1　　　　　　　　晴隆喇叭苗人话重叠式变调简表

| 单字调 | 词调 | 例词 |
| --- | --- | --- |
| 阴平44 | 44+44 | 灰灰 huei huei　沟沟 kiɯ kiɯ　筋筋 tʂen tʂen　窝窝 vɤ vɤ |

---

① 桂明超（1999）没有举阴平、上声重叠（除了儿语）的词例。括号中的词例引自张宁（1987）。

续表

| 单字调 | 词调 | 例词 |
|---|---|---|
| 阳平 21 | 21+35 | 塘塘 do do　苗苗 miɯ miɯ　槽槽 dzɔ dzɔ　桥桥 dzɯ dzɯ |
| | 21+44 | 瓶瓶 pʰin pʰin　盆盆 ben ben　抬抬 dai dai　盘盘 bō bō |
| 上声 41 | 21+35 | 板板 pā pā　点点 tiā tiā　果果 ko ko |
| 去声 35 | 21+35 | 棒棒 pō pō　洞洞 dŋ dŋ　褂褂 kuɑ kuɑ　罐罐 kō kō |
| 入声 13 | 13+35 | 格格 kai kai　勺勺 ʂo ʂo　坨坨 dʉ dʉ |
| | 21+13 | 壳壳 kʰo kʰo　刷刷 sɑ sɑ |

晴隆喇叭苗人话名词重叠式词调的模式化程度很高，共有5种词调：44+44，21+35，21+44，13+35，21+13。吴伟军指出："阳平、上声、去声重叠，都可以变为［21+35］。［21+35］是一个'词调'，是一种强势的变调模式。"（吴伟军，2019）苗人话阴平字重叠不变调，因为后字44调在周边的西南官话中功能相当于轻声。阳平重叠的两个词调21+35、21+44，可能属于不同的层次，21+35当传承自喇叭话自身，21+44则属于受周边西南官话影响的层次。

20世纪80年代以来，人们经常讨论到"轻声不轻"现象。西南官话相当于普通话轻声的高平调，也是重要的例子。为了避免"轻声不轻"的矛盾，学界提出了区分"轻声"与"轻音""音系学的轻声""连调乙""中和调""音义变调"等，用来特别指称这类现象。我们主张，对这类"轻声不轻"的现象，在关注后字的声调是否轻短的同时，更应当关注整个词的调子，关注其连调式。如果一定的结构形成了特定的连调模式，不妨将其分析为词调，而特定的词调作为一种韵律形式，正好和这种结构的结构特点、句法功能、语义功能相匹配，是语言中语音形式与结构、语义、句法之间互动、调适的结果。这种处理思路，对于更加深入地认识语音与语义、语法的关联，认识语言的性质、特点和类型，具有重要的意义。可以把连读变调的研究从仅仅限于语音层面，提升到关注语音与词汇、语法之间相互关联的层面。总之，对西南官话的后字读高平现象，可以从所在词语的词调的视角来分析，不必纠结于这种高平调的读音是否属于"轻声"。

## （二）亲属称谓语的词调

西北方言中，亲属称谓词的声调类化现象比较普遍，在有些方言中已经形成了词调。如青海民和县回民方言表近亲的亲属称谓词，都带前缀"阿"，模式化程度很高，词调以"前重后轻"的 55+21 为主，不是按照前后字单字调的连读调来读，具有极强的形式标记的特点。见表2①。

表2　　　　　　　　民和回民汉语的亲属称谓词表

|  | 川　口 | 李二堡 | 马　营 | 官　亭 |
|---|---|---|---|---|
| 祖父 | 阿爷 a⁵⁵ ziɛ²¹ | 阿爷 a⁵⁵ ziɪ²¹ | 阿爷 a⁵⁵ ziɛ²¹ | 阿爷 a⁵⁵ ziɛ²¹ |
| 祖母 | 阿奶 a⁵⁵ nɛe²¹ | 阿奶 a⁵⁵ nɛe²¹ | 阿奶 a⁵⁵ nɛ²¹ | 阿奶 a⁵⁵ nɛ²¹ |
| 父亲 | 阿大 a⁵⁵ ta²¹ | 阿大 a⁵⁵ ta²¹ | 阿大 a⁵⁵ ta²¹ | 阿大 a⁵⁵ ta²¹ |
| 母亲 | 阿妈 a⁵⁵ ma²¹ | 阿妈 a⁵⁵ ma²¹ | 阿妈 a⁵⁵ ma²¹ | 阿妈 a⁵⁵ ma²¹ |
| 叔父 | 阿爸 a⁵⁵ pa²¹ | **阿爸 a²¹ pa³⁵** | 阿爸 a⁵⁵ pa²¹ | 阿爸 a⁵⁵ pa²¹ |
| 舅父 | **阿舅 a²¹ tɕiɯ³⁵** | 阿舅 a⁵⁵ tɕiɯ²¹ | **阿舅 a²¹ tɕiɯ⁵⁵** | **阿舅 a²¹ tɕiɯ⁵⁵** |
| 姑母 | 阿孃 a⁵⁵ niaŋ²¹ | 阿姑 a⁵⁵ kʊ²¹ | **阿姑 a²¹ kʊ⁵⁵** | **阿姑 a²¹ kʊ⁵⁵** |
| 哥哥 | 阿哥 a⁵⁵ kɤ²¹ | 阿哥 a⁵⁵ ka²¹ | 阿哥 a⁵⁵ kɤ²¹ | 阿哥 a⁵⁵ ka²¹ |
| 姐姐 | 阿姐 a⁵⁵ tɕiɛ²¹ | 阿姐 a⁵⁵ tɕiɪ³⁵ | 阿姐 a⁵⁵ tɕie²¹ | 阿姐 a⁵⁵ tɕie²¹ |

据马梦玲告知，李二堡回民汉语中，指示代词、疑问代词也形成了固定的词调。此不赘述。

## 三　形容词重叠式的词调

### （一）AA儿重叠式的词调

形容词重叠是汉语方言中的普遍现象。而各个方言的AA儿式形容词，后一音节一般都会在儿化的同时发生变调，从而形成特定的词调。

---

① 引自博士生马梦玲的学位论文稿。特此致谢。表中粗体字表示词调与其他亲属称谓不同。

甘肃静宁方言属于中原官话陇中片。静宁话有 3 个单字调：平声 213，上声 52，去声 44。单字调平声不分阴阳，但连调行为有别，故可以分为平声 a（阴平）、平声 b（阳平）两小类。静宁话的 AA 儿式形容词重叠式，后一音节一般要拖长，词尾是"来"。例如：

阴平重叠：21+24+21　高高儿来 kɔu kɔuːr lɛi　　多多儿来 tuo tuoːr lɛi

阳平重叠：24+24+21　长长儿来 tʂʰaʁ tʂʰaʁːr lɛi　　白白儿来 pei peiːr lɛi

上声重叠：52+24+21　好好儿来 xɔu xɔuːr lɛi　　紧紧儿来 tɕĩŋ tɕĩŋːr lɛi

去声重叠：44+44+21　大大儿来 ta taːr lɛi　　慢慢儿来 mæ mæːr lɛi

类似静宁话这样连读变调不很复杂的方言，也许以"单字调在一定格式中发生变调"为出发点，来描写声调变化，比从词调的角度描写要更简明更经济。但是由于变调的条件并非声调的组合，所以要解释为什么要这么变，仍然得从词调出发才能讲到要害。

晋语中形容词 AA 儿式重叠式后字变调的规律与官话相同，也是后字一律变调，但具体情况不尽相同。如神木话有 4 个单字调，阴平和上声连调行为部分有别（见上文），所以实际上是 5 个声调。重叠时后字一律变（读）53（去声）[1]。例如：

阳平重叠：44+53+21　凉凉儿的 liã liʌɯ tɕi　　强强儿的 tɕʰiã tɕʰiʌɯ tɕi

阴平重叠：24+53+21　高高儿的 kɔ kʌɯ tɕi　　端端儿的 tuɛ tuʌɯ tɕi

上声重叠：21+53+21　软软儿的 zuɤ zuʌɯ tɕi　　好好儿的 xɔ xʌɯ tɕi

去声重叠：53+53+21　俊俊儿的 tɕyʁ tɕyʌɯ tɕi　　快快儿的 kʰuɛ kʰuʌɯ tɕi

入声重叠：4+53+21　直直儿的 tʂɤʔ tʂʌɯ tɕi　　密密儿的 miəʔ miʌɯ tɕi

## （二）ABB 式形容词的词调

有些西北方言的 ABB 式形容词，词调的基本规则是"A 的声调+固定

---

[1] 不同方言的形容词 AA 儿重叠式后字变调时选择哪一个声调（调值、调类），是个非常有趣的问题。北京话选择阴平，关中片方言选择阳平，不少晋语选择去声，倾向性非常明显。同时，不同方言的 AA（A）重叠式象声词选择哪一种声调，还同 AA 儿式后字的声调具有某种关联。这种关联体现了语言在处理某些对象时，存在严格的内在规律性。这个问题值得深入观察、研究，而且只有在词调的框架下才能看得清楚。

模式"，规律性极强。如甘肃静宁话的 ABB 式形容词，共形成下列四种词调：

首字阴平：21+52+213　干嘣嘣烙或烤的食品又干又脆 kã pəŋ pəŋ　黑洞洞 xei tũŋ tũŋ　轻飘飘 tɕʰĩŋ pʰiəu pʰiəu　精溜溜指人光着身子 tɕĩŋ liəu liəu　松懈懈 sũŋ iɤ iɤ　新铮铮崭新的样子 ɕĩŋ tsəŋ tsəŋ

首字阳平：24 + 52 + 213　齐刷刷 tɕʰi ʃua ʃua　黄葱葱烙或烤的食物火候好，又黄又脆 xuaɤ tsʰũŋ tsʰũŋ　白煞煞 pɛi ʂa ʂa　甜哇哇食物味淡 tʰiæ̃ va va

首字上声：52+21+213　软塌塌 ʒuæ̃ tʰa tʰa　死哇哇呆板、不灵活 sĩ va va　紫根根 tsĩ kəŋ kəŋ　苦哇哇 kʰu va va　吵哇哇 tsʰəu va va

首字去声：44+52+213　晒哇哇 sɛi va va　饿哇哇 ŋuo va va　乱董董 luæ̃ tũŋ tũŋ　重约约 tɕʰũŋ yɤ yɤ　肉呼呼 ʐəu xu xu　硬邦邦 ɲĩŋ paɤ paɤ

静宁方言中，一部分 ABB 式形容词可加中缀"格/不"构成四字格，除了在阴平后，中缀均读轻声。BB 的调式一律是 52+213。例如：

阴平+Z+BB：21+213+52+213　黑不唧唧 xei pu tɕi tɕi　松不懈懈 sũŋ pu xɛi xɛi　脏不约约 tsaɤ pu yɤ yɤ　绿不唧唧 liəu pu tɕi tɕi

阳平+Z+BB：24+21+52+213　齐格铮铮 tɕʰi kuo tsəŋ tsəŋ　白格生生 pɛi kuo səŋ səŋ　明格纠纠 mĩŋ kuo tɕiəu tɕiəu

上声+Z+BB：52+21+52+213　苦不哇哇 kʰu pu va va　软不塌塌 ʒuæ̃ pu tʰa tʰa

去声+Z+BB：44+21+52+213　垫不约约 tiæ̃ pu yɤ yɤ　饿不哇哇 ŋuo pu va va

在静宁这类方言中，我们看到西北方言中特定语法格式的词调的严整程度。体现了语法形式、语法意义和语音形式之间的严格对应性。是对词调理论的强有力支持。

## 四　ABB 式名词、形容词的词调及其与 AA 式名词、形容词词调的关系

ABB 是重叠式名词的主要格式之一。同时，汉语方言中普遍具有 ABB 式形容词。这两种格式尽管字面形式相同，但内部构成和句法功能迥异，在一部分方言中词调也不同。反映了作为韵律特征的词调在词语构

成中的重要作用。

关中岐山话（秦陇片）有 4 个单字调：阴平 31，阳平 24，上声 53，去声 44。ABB 式名词与 ABB 式形容词的词调，都由首字的单字调控制，但词调模式有所不同。见表 3（粗体字表示词调有区别）。

表 3　　　　　岐山话 ABB 式名词与形容词词调比较表

| 首字声调 | 名词词调 | 例词 | 形容词词调 | 例词 |
|---|---|---|---|---|
| 阴平 | **31+53+21** | 心尖尖 siŋ ȶiæ ȶiæ 疼爱的人 | 31+21+0 | 烟烘烘 iæ xuŋ xuŋ |
| | 31+21+0 | 椿姑姑 tʂʰəŋ ku ku 椿树的果实 | | 黑丢丢 xei ȶiu ȶiu 形容皮肤黑而不难看 |
| 阳平 | 31+44+0 | 崖哇哇 ŋE vA vA 回声 | 31+44+0 | 甜希希 tʰiæ ɕi ɕi |
| 上声 | 44+21+0 | 煮馍馍 tʂʅ mo mo 米汤锅里煮的锅盔 | **53+21+0** | 暖烘烘 luæ xuŋ xuŋ |
| 去声 | | 尿卷卷 ɲiɤ tɕyæ tɕyæ 粪堆旁生长的菌子 | 44+21+0 | 瘦卡卡 sou tɕʰiA tɕʰiA 很瘦的样子 |

岐山话中，名词 ABB 式有 4 种词调，其中 A 为阴平时有 2 种，依 $B_1$ 是否变读高降调而异（宝鸡地区的"阴平+阴平""阴平重叠式"亦有 2 种连调，前字有时变读高降调，有时读原调 31）；上声、去声在 ABB 中合流，读去声的调值 44。形容词 ABB 也有 4 种词调，其中 A 为阳平、去声时，与名词 ABB 式相同，A 为阴平、上声时不同。

ABB 式名词与形容词词调是否相同，与 AA 式名词、形容词有密切关系。我们以陕北绥德话为例，讨论这个问题。

绥德话有 4 个单字调：阳平 33，阴平上 213①，去声 52，入声 ʔ3。下面列表比较绥德话 ABB 式名词与形容词的词调，并观察它们同 AA 式名词、形容词的关系。

表 4　　　绥德话 ABB 式名词连调表（据黑维强，2017：73—75 改制）

| 后 2 字 首字 | BB 阳平 33+33 | BB 阴平上 213+213 a | b | BB 去声 52+52 | BB 入声 3+3 |
|---|---|---|---|---|---|
| A 阳平 33 | 33+33+21 窑须须 iɔ suei suei | 33+24+21 平滩滩 pʼiŋ tʼæ tʼæ | 33+21+24 油点点 iəu tie tie | 33+52+21 崖画画 nai xua xua | 33+5+21 桃核核 tʼɔ xuəʔ xuəʔ |

---

① 阴平上中，阴平、上声在部分连调中行为有别，故黑维强先生分为 a、b 两小类。

续表

| 首字 \ 后2字 | | BB 阳平 33+33 | BB 阴平上 213+213 a | BB 阴平上 213+213 b | BB 去声 52+52 | BB 入声 3+3 |
|---|---|---|---|---|---|---|
| A 阴平上 213 | a | 21+33+21 花蝉蝉 xua ʂæ ʂæ | 24+24+21 挨身身 ŋai ʂəŋ ʂəŋ | 24+21+24 歪嘴嘴 vai tsuei tsuei | 21+52+21 干面面 kæ mie mie | 21+5+3 怵屎屎 tɕʻiəu tuaʔ tuaʔ |
| | b | 21+33+21 柳毛毛 liəu mɔ mɔ | 21+24+21 水杯杯 ʂuei pei pei | 24+21+24 碗底底 væ ti ti | 21+52+21 碾把把 nie pa pa | 21+5+3 枣核核 tsɔ xuəʔ xuəʔ |
| A 去声 52 | | 52+33+21 豆角角 təu tɕie tɕie | 52+24+21 树根根 ʂu kɯ kɯ | 52+21+24 嫩水水 nuŋ ʂuei ʂuei | 52+52+21 豆蔓蔓 təu væ væ | 52+5+3 杏核核 xɯ xuəʔ xuəʔ |
| A 入声 3 | | 3+33+21 绿毛毛 luəʔ mɔ mɔ | 3+24+21 不摊摊 pəʔ tʻæ tʻæ | 3+21+24 黑水水 xəʔ ʂuei ʂuei | 3+52+52 石缝缝 ʂʅ fəŋ fəŋ | 5+5+3 圪搽搽 kəʔ tʂʻuəu tʂʻuəu |

**表5　绥德话ABB式形容词连调表（据黑维强，2017：75—77改制）**

| 首字 \ 后2字 | | BB 阳平 33+33 | BB 阴平上 213+213 a | BB 阴平上 213+213 b | BB 去声 52+52 | BB 入声 3+3 |
|---|---|---|---|---|---|---|
| A 阳平 33 | | 33+33+33 白刷刷 pi ʂua ʂua | 33+21+33 绵囊囊 mie nã nã | 33+21+33 红崭崭 xuŋ tsæ tsæ | 33+52+52 黄暗暗 xuã ŋæ ŋæ | 33+3+21 白秃秃 pi tʻuəʔ tʻuəʔ |
| A 阴平上 213 | a | 21+33+33 灰蒙蒙 xuei məŋ məŋ | 24+21+33 松弯弯 suŋ væ væ | 24+21+33 清崭崭 tɕʻiŋ tsæ tsæ | 21+52+52 憨兴兴 xæ ɕiŋ ɕiŋ | 21+3+21 光秃秃 kuã tʻuəʔ tʻuəʔ |
| | b | 21+33+33 软绵绵 ʐuæ mie mie | 21+21+33 紧绷绷 tɕiŋ pəŋ pəŋ | 24+21+33 死板板 sʅ pæ pæ | 21+52+52 水害害 ʂuei xai xai | 21+3+21 粉秃秃 fəŋ tʻuəʔ tʻuəʔ |
| A 去声 52 | | 52+33+33 乱翻翻① luæ fæ fæ | 52+21+33 厚墩墩 xəu tuŋ tuŋ | 52+21+33 乱浑浑 luæ tuŋ tuŋ | 52+52+52 溜㧯㧯 liəu va va | 52+3+3/21 硬捋捋 niŋ lyəʔ lyəʔ |
| A 入声 3 | | 3+33+33 囫囵囵 xuəʔ ləŋ ləŋ | 3+21+33 湿囊囊 ʂəʔ nã nã | 3+21+33 湿楚楚 ʂəʔ tʂʻu tʂʻu | 3+52+52 绿茂茂 luəʔ mɔ mɔ | 3+3+3/21 黑漆漆 xəʔ tɕʻiəʔ tɕʻiəʔ |

---

① 原文作"乱番番"。

绥德话两种 ABB 式的词调，从上往下比，首字 A 完全相同，除了阴平上以外都不变调。BB 则基本不同。其中最大的不同在于后字 $B_2$。从音节轻重看，名词 ABB 的 $B_2$ 除阴平上 b（来自上声，读 24）、入声（ʔ3）之外，基本上读轻声（21）；形容词 ABB 的 $B_2$ 重读，除了去声（52）、入声（21）以外，都读 33 调（同阳平）。名词 ABB 的 $B_1$ 中，阴平上按照阴平、上声的来源不同，分别变读 24、21，BB 与 AA 式名词的连调式相同；形容词的 $B_1$，连阴平、上声的读音都是相同的，BB 与 AA 式形容词连调式相同。因此形成不同词调。

下面比较绥德话 AA 式名词、AA 式形容词的词调。见表 6。

**表 6　绥德话 AA 式名词、形容词词调比较表（据黑维强，2017 表 4-3、表 4-4 改制，详见黑维强，2017：71-72）**

| 单字调 | | AA 式名词 | | AA 式形容词 | |
|---|---|---|---|---|---|
| | | 连调模式 | 例词 | 连调模式 | 例词 |
| 阳平 33 | | 33+21 | 篮篮 læ læ | 33+33 | 牢牢 lɔ lɔ |
| 阴平上 213 | a | 24+21 | 筐筐 kʻuā kʻuā | 21+33 | 悄悄 tɕʻiɔ tɕʻiɔ |
| | b | 21+33 | 桶桶 tʻuŋ tʻuŋ | | 远远 ye ye |
| 去声 52 | | 52+21 | 瓮瓮 vəŋ vəŋ | 52+52 | 厚厚 nex xəu |
| 入声 3 | | 5 +3/21 | 鼻鼻 pieʔ pieʔ | 5 +3/21 | 直直 tʂeʔ tʂeʔ |

比较表 4、表 5 与表 6，我们会发现，ABB 式名词中的 BB 与 AA 式名词的词调相同，ABB 式形容词中的 BB 与 AA 式形容词的词调相同。即从词调上说，ABB 式名词可以看作 AA 式名词的扩展，ABB 式形容词可以看作 AA 式形容词的扩展。在名词、形容词内部，不同的重叠式之间具有内在的联系。在这里，我们观察到表面相同、结构不同的组合之间韵律构造的差异，同时观察到性质相同、层级不同的语法构造之间，在韵律构造上具有一定的递归性（recursiveness）。

## 五　词调对词语功能、性质的标示作用

一些结构成分相同、句法功能不同的结构，往往用词调相区别。下文以关中方言为例讨论这个问题。

## （一） AA 式名词、形容词的词调不同

西北方言中普遍存在形容词语素重叠而成的 AA 式、AA 子式名词。如关中合阳话（邢向东、蔡文婷，2012：246、254）：

斜斜　端端　顺顺　横横　歪歪　黑黑　正正　坏坏　瞎瞎

斜斜子　歪歪子　反反子　坏坏子　瞎瞎子　黑黑子

正正子　端端子　横横子　长长子　顺顺子

关于其词性还存在争议。我们认为，它们是一种特殊的状态名词（stative nouns），语义上指称事物的状态或具有该状态的事物（邢向东，2018）。这一点可以从词调得到印证。

关中方言中，AA 式重叠名词的词调为：D（阴/上/去）+21，D（阳）+52，后字分别读轻声（低降）和高降。例如：

阴平重叠：31+21　　阳平重叠：21+52　　上声重叠：52+21
去声重叠：55+21

而 AA（儿）式形容词的词调模式是：D（阴/阳/上）+高升；D（去）+高降，即阴平、阳平、上声字的重叠式，后字要重读且上升，一般同阳平；去声重叠式后字高降，一般同上声。如下：

阴平重叠：31+24　　阳平重叠：24+24　　上声重叠：52+24
去声重叠：55+52

因此，AA 式名词和 AA 式形容词的词调，就形成如下对立关系：

（1） AA 名词　D+21/52（阳平）　　（2） AA 形容词　D+24/52（去声）

"横横、歪歪、反反"等词，都采取词调（1）：

阴平重叠：31+21 端端 tuã tuã　　瞎瞎 xa xa

上声重叠：52+21 反反 fã fã

去声重叠：55+21 顺顺 fẽ fẽ　　坏坏 xuɛ xuɛ

阳平重叠：21+52 斜斜 sia sia　　横横 çyɛ çyɛ

据此可以判断，这一类由形容词语素重叠而成的 AA 式，词性当属名词，而不是形容词。它们的语义功能是指称（不是形容）对象的某种状态。

至于 AA 子式（瞎瞎子、斜斜子、反反子、正正子），其词调是：D+21/52+1，与一般的 AA 子式名词（刀刀子、盒盒子、拐拐子、道道子）的词调相同，当属名词无疑。

## （二） ABB 式形容词名词化时的变调

关中话中，与 AA 式、AA 子式形容词、名词词调有别相平行的是，ABB 式形容词实现名词化的手段，也是词调的变化。词调可以用来区分同形异构的形容词和名词。如合阳话，ABB 式形容词中 BB 的连调式是"24+21"，后字为轻声；名词化后 BB 读"21+0"，连续出现两个轻声（邢向东、蔡文婷，2010：140、260）：

精溜溜<sub>形容精光的样子</sub>tsiəŋ³¹ liou²⁴ liou²¹（A）≠ 精溜溜<sub>指光着身子的状态</sub>tsiəŋ³¹ liou²¹ liou⁰（N）

乱汪汪<sub>形容混乱的样子</sub>yã⁵⁵ uaŋ²⁴ uaŋ²¹（A）≠ 乱汪汪<sub>指混乱</sub>yã⁵⁵ uaŋ²¹ uaŋ⁰（N）

硬梆梆<sub>形容东西很硬</sub>ȵiə⁵⁵ paŋ²⁴ paŋ²¹（A）≠ 硬梆梆<sub>指性格刚强的人</sub>ȵiə⁵⁵ paŋ²¹ paŋ⁰（N）

软绵绵<sub>形容性格软弱</sub>vã⁵² miã²⁴ miã²¹（A）≠ 软绵绵<sub>缺乏个性、性格软弱的人</sub>vã⁵² miã²¹ miã⁰（N）

岐山方言中也有类似的现象。不过它的词调完全固化了，A 读 31 调（同阴平），BB 均读 44 调（同去声）："值得注意的是，岐山话中还有一种由 ABB 式形容词变成名词的特有连调模式，即［31+44+44］，例如'精溜溜 tiŋ liu liu<sub>指光身子</sub>、明晃晃 miŋ xuaŋ xuaŋ<sub>指闪光发亮的物体</sub>'。只是这种情况数量较少。"（吴媛、韩宝育，2016：74）

据孙立新（2013），户县话的部分 ABB 式形容词可以通过变调实现名物化。具体来说，形容词后字是轻声，变成名词后读成 55 调（同去声）。例如（孙立新，2013：263-268）：

长嘎嘎：瓜蔓长嘎³¹嘎⁰的。/这截路是个长嘎³¹嘎⁵⁵。

平塌塌：事平塌³¹塌⁰地没人管。/这事是个平塌³¹塌⁵⁵。

大拉拉：他大拉³¹拉⁰的。/他是个大拉³¹拉⁵⁵。

圆哈哈：眼窝睁得圆哈³¹哈⁰的。/眼窝睁成咧圆哈³¹哈⁵⁵咧。

白啪啪［pʰia pʰia］：他的脸白啪³¹啪⁰的。/她的脸是个白啪³¹啪⁵⁵。

瘦掐掐：娃长得瘦掐³¹掐⁰的。/他是个瘦掐³¹掐⁵⁵。

干掐掐：菜干掐³¹掐⁰的没水分。/菜是干掐³¹掐⁵⁵。

以上词语，形容词形容某种状态，并有程度较高的意义，在句子中作谓语、补语、状语。名词指这种状态本身或具有这种状态的事物，在句子中作"是""成"的宾语最多，前面往往加"个"，以凸显其名词性。据目前掌握的情况，岐山、户县的变调类型在关中方言中具有一定的普遍性。

也许有人会说，对于 AA 式、ABB 式中这种将变调作为分化同形异构体的不同功能的手段，为什么要分析为词调的变化呢？将它们归纳为一种特殊的变调现象，说它们的后字发生变调不是更直截了当吗？事实上到目前为止，所有对这类现象的观察，都是把它作为一种特殊的变调现象来描写的。就事实本身来看，说"这个结构的后字发生变调"比较简单明了，而说"这两个结构的词调中后字不同（或变调）"似乎把简单的问题说复杂了。"变调"是语音层面上的概念，某种词汇、语法结构中发生的声调变化，在语音层面上难以得到充分的描写。比如，现代汉语教材中介绍连读变调时，只能将 AA 儿式形容词后字一律读高平调的现象，作为一种特殊变调来处理，至于为什么要这样读，它在语法上的价值是什么，在语音层面上是无法讲清楚的，因为语音中容纳不下这么多东西。如果此类现象的数量、功能超出了一定的限度，那么语音部分的"特殊变调"就会不堪重负。所以，我们主张在连读变调比较复杂、词调的规律性较强的西北方言中使用"词调"的概念和理念。

即使就事论事，在词调的范围内讨论这类变调，也有着深层次的理由：变调是以单字调为出发点的，它的着眼点在这个音节上；无论变与不变，都以这个音节为观察对象。ABB 式作为一种特定格式，其整体的韵律形式，得不到应有的关注和描写，那么在形容词和名词之间发生转换的时候，也就只能看到词中的 $B_1$、$B_2$ 的声调变化。而我们以"词调"为出发点时，它的观察对象是整个词的连调模式，而不仅仅是其中某个音节及其变化。当形容词名词化时，是词调中的某一个或几个音节发生了变化，因此形成两种不同功能的格式之间韵律形式的对立。两种观察角度的本质区别在于，前者是在语音层面上来说明"某某音节的声调之变"；后者是在词汇、语法层面上说明"某某结构的调式之变"，能够在词汇、语法层面来讨论这个问题，更有利于解释发生变调的动因和机制。两种视角着眼点不同，视野不同，观察到的东西也有所不同。

## 六 结语

本文的目的，并不在于证明"词调"适合于所有的或大部分汉语方言。而是想说明，对一些特定结构的连读变调，也可以从词调的角度来认识，以此来透视语音和词汇、语法之间的关联性，更深刻地认识连读变调的本质。

"词调"概念，是基于西北方言中单字调严重合流，单字调与连调式关系难以理清的复杂局面提出的。我们认为，词调也可以作为观察其他方言连读变调的一个新视角。词调是一种韵律特征，它和特定的词义表达手段、语法结构紧密相关。不少晋语和官话方言的附加式合成词、重叠式名词、重叠形容词、动词重叠式、形容词重叠式，乃至象声词等，都形成了固定的词调。有些方言的词调模式化程度很高，有些方言的相关词调之间存在一定的对应性，有些同形异构的组合采用了不同的词调，因此可以从韵律特征上区分开来。这些事实都证明了词调是现实的存在，证明了词调概念的理论价值。在西北方言之外的其他方言中，我们也可以跳出只在语音框架内考察连读变调的框框，尝试运用词调理论和方法对特定语法结构的连调式加以考察。

## 参考文献

曹志耘：《汉语方言地图集·语法卷》，商务印书馆2008年版。

陈保亚、张婷：《对立的充分性和最大对立环境》，《中国语文》2018年第2期。

邓英树、张一舟主编：《四川方言词汇研究》，中国社会科学出版社2009年版。

丁邦新：《吴语声调之研究》，原载《历史语言研究所集刊》55本第4分，又载《丁邦新语言学论文集》，商务印书馆1998 [1984] 年版。

丁邦新：《汉语声调的演变》，原载《第二届汉学会议论文集》语言文字组，又载《丁邦新语言学论文集》，商务印书馆1998 [1989] 年版。

黑维强：《绥德方言调查研究》，北京师范大学出版社2016年版。

兰宾汉：《西安方言语法调查研究》，中华书局2011年版。

李蓝：《甘肃红古方言的单字调与连读调——兼论甘肃汉语方言的连读调》，《语文研究》2018年第1期。

吕超荣：《甘肃静宁方言语音研究》，硕士学位论文，陕西师范大学，2013年。

孙立新：《关中方言语法研究》，中国社会科学出版社 2013 年版。
王春玲：《西充方言语法研究》，中华书局 2011 年版。
吴伟军：《中国濒危语言志·贵州晴隆长流喇叭苗人话》，商务印书馆 2019 年版。
吴媛、韩宝育：《岐山方言调查研究》，中华书局 2016 年版。
邢向东：《西部官话中名词小称形式的分布和类型研究——兼及动词重叠式的分布》，第九届汉语方言语法国际学术研讨会论文，安徽·合肥，2017 年 6 月。
邢向东：《关中方言的状态名词及其句法、语义功能》，未刊，2018 年。
邢向东、蔡文婷：《合阳方言调查研究》，中华书局 2010 年版。
邢向东、马梦玲：《论西北官话的词调及其与单字调、连读调的关系》，《中国语文》2019 年第 1 期。
张宁：《昆明方言的重叠式》，《方言》1987 年第 1 期。
朱德熙：《自指和转指——汉语名词化标记"的、者、所、之"的语法功能和语义功能》，《方言》1983 年第 1 期。
Mingchao Gui（桂明超）：The Effect of Reduplication Structure On Semantics and Tones of the Words in KunMing Hua（昆明方言重叠结构对词的语义和声调的影响），《语言研究》1999 年第 2 期。

（邢向东　西安　陕西师范大学语言资源开发研究中心　xingxd@snnu.edu.cn）

# 变调的条件与声调的接近[*]
## ——以山西省的两字组连读变调为例

八木坚二

**提 要**：在山西东南部的一些方言点，有些调类的单字调不合并，但是当它们作为变调的条件时会有相同的表现。本文主要着眼于古清平和古清上两个调类，认为这种变调中的相同表现可能反映两个调类正在发生合并。首先给出由笔者调查的长治故南方言连读变调的实例，然后进行基频曲线的分析，结果显示清平和清上的变调功能上的相似性。然后把产生该现象的区域透射到地图上，这些变调现象分布在单字调已合并或调值趋近的区域周围。类似的分布格局也在清平和浊平的语言地图有所体现。

**关键词**：连读变调；变调条件；晋语；声调合并

## 一 引言

关于连读变调的类型及其主要原因，已有许多论著讨论过。例如，熊正辉（1984）在讨论连读变调的条件时举出三点：（一）今音的语音环境；（二）古音来历；（三）语法结构。Yue-Hashimoto（1987）也按照变调发生的位置、调形的变化模式等标准对汉语方言的连读变调进行了分类。李小凡（2004）将汉语方言的连读变调分为语音变调和语义变调两层，再将语音变调分为三种：（一）为使发音省力而简化连调式的调型的"简化型"；（二）为使字组内部相邻音节调型有所区别而发生异化的"异化型"；（三）为减少连调式总数而构建较为简化的连调系统而发生调类中和的"中和型"。Chen, Mathew Y、Yip, Moira 等欧美学者主要就变调

---

[*] This work was supported by JSPS KAKENHI Grant Numbers JP16K16820, JP18H00670.

理论方面进行讨论，已有许多研究成果。

日本学者关注的声调问题主要集中在声调的历史演变上。平山久雄提出了著名的"声调调值变化环流说"，该说以单字调和变调调值的不同作为构拟"古调值"的基础（平山久雄，2005）。岩田礼也对汉语方言的连读变调进行了系统性的分析，按照语言地理学的看法讨论声调系统的发展（岩田礼，2001）。

关于20世纪汉语方言的连读变调研究的综述可参看刘俐李（2002）。最近也有用新方法研究声调问题的尝试，例如李子鹤（2013）对北方方言的连读变调和调型、调高等的关系的计量分析。

以整体山西方言为对象的连读变调研究有韩沛玲（2012）。围绕清平和清上，她按照单字调和连读调合并情况的不同，归纳出阳曲型、忻州型、左权型等类型，并进一步讨论调值变化的方向。

之前的研究主要着眼于发生变调的调类，很少对引起变调的调类的共通性条件进行讨论。本文就引起变调的条件性质，从语音学和地理语言学两方面讨论。

## 二 以清平和清上为共通条件的连读变调

### （一）故南方言的变调

"引起变调的调类共通性"指的具体情况是：某种调类（或调值）A在邻接于某些调类B、C等的条件下发生（或不发生）变调，变为D。此时，B和C的调类和调值不同，但同样的引起A的变调。这种引起变调的一致性本文叫作"引起变调的调类共通性"。以下公式可以表示这种变调的情况。

| | |
|---|---|
| A→D/_ B or C | （A调在B调或C调的前面变为D调） |
| A→D/B or C_ | （A调在B调或C调的后面变为D调） |
| A→×D/_ B or C | （A调在B调或C调的前面不变为D调） |

以山西东南部为中心，这种变调的调类共通性比较常见。比如，清平和清上在山西东南部一般为两种不同调类，拥有两种不同调值，但在有些调类的旁边，有时会引起同样的变调。

表 1　　　　　　　　长治故南方言的两字组连读变调

| 前＼后 | 古清平 | 古浊平 | 古清上 | 古清去 | 古浊去 | 古清入 | 古浊入 |
|---|---|---|---|---|---|---|---|
| 古清平 | ①32+24<br>②24+312 | ①32+24<br>②32+44 | 24+534 | ①32+53<br>②32+44 | 32+44 | 32+23 | ①32+54<br>②32+23 |
| 古浊平 | 24+312 | 22+24 | 24+534 | ①22+53<br>②22+44 | 22+44 | ①24+23<br>②22+54<br>③22+23 | 22+54 |
| 古清上 | 44+312 | ①44+24<br>②53+44 | 44+534 | ①53+44<br>②53+53 | 53+44 | 44+23 | ①53+54<br>②44+23 |
| 古清去 | 44+312 | 44+24 | 44+534 | 53+53 | ①53+44<br>②44+32 | 44+23 | 53+54 |
| 古浊去 | ①45+312<br>②44+312 | 22+24 | 45+534 | ①22+53<br>②45+32 | ①22+44<br>②45+32<br>③53+44 | ①45+23<br>②22+23 | ①45+23<br>②22+54<br>③22+23 |
| 古清入 | ①5+312<br>②2+24 | ①2+24<br>②2+44 | 5+534 | ①2+53<br>②2+44 | 2+44 | 2+23 | ①2+54<br>②2+23 |
| 古浊入 | 5+312 | ①5+32<br>②2+24 | 5+534 | ①5+53<br>②2+53 | ①5+44<br>②2+44 | 5+23 | ①5+23<br>②2+54 |

　　笔者以前在长治市故南村做连读变调的调查时，发现故南方言有很多这种变调的例子。比如，前字为清平，后字为清平和清上时，前字调值为 24。但是当后字是清平、清上之外的调类时，前字不变为 24。同样，前字为浊平，后字为清平和清上时，前字为 24；后字为其他调类的字时，前字调值为 22①。表 1 表示故南方言的两字组的连调格式〔引自八木（2011），有调整〕。

表 2　　　　　　　　长治故南方言的单字调

| 古清平 | 古浊平 | 古清上 | 古清去 | 古浊去 | 古清入 | 古浊入 |
|---|---|---|---|---|---|---|
| 312 | 24 | 534 | 53 | 44 | 23 | 54 |

　　看单字调（表 2）的话，清平、清上两者调型一致，都是曲折调②，

---

① 这种情况下，后字为清入时前字也变为 24，如此清入有时也是变调的共通条件之一。
② 故南方言有七个单字调，大概是北方方言中最古老的声调系统。长治周边存在几个保持七个单字调的方言。但这样的方言点数量比较少，且分布范围也在缩减。目前，长治市区方言已经只有六个单字调了（侯精一，1985）。

两者调值不同，清平为 312，清上为 534。这种曲折调可能给邻接音节以同样的影响，引起同样的变调。

后字为清平和清上时这种共通变调比较常见，但它们在前音节时也时有同样的变调。

下面给出在故南话以清平和清上为共通条件的变调：

【后字为清平和清上时发生或不发生的变调】

（1）清平→24/_ 清平 312 or 清上 534

cf. 清平→32/_ 清平・清上以外

后字为清平和清上时，前字的清平变为 24。后字为清平和清上以外的调类时，前字的清平变为 32。

（2）浊平→24/_ 清平 312 or 清上 534（or 清入 23）

cf. 浊平→22/_ 清平・清上以外

后字为清平和清上（和清入）时，前字浊平为 24。后字为清平和清上以外的调类时，前字的浊平变为 22。

（3）清・次浊上→×53/_ 清平 312 or 清上 534（or 清入 23）

cf. 清・次浊上→53/_ 清平・清上以外

后字为清平和清上（和清入）时，前字清上的调值不为 53，为 44。后字为清平和清上之外的调类时，前字的清上调值为 53，但也有时候为 44（浊平和浊入）。

（4）浊去→×22/_ 清平 312 or 清上 534

cf. 浊去→22/_ 清平・清上以外

后字为清平和清上时，前字浊去的调值不为 22。后字为清平和清上之外的调类时，前字浊去的调值可以是 22。

（5）清入→5/_ 清平 312 or 清上 534

cf. 清入→×5/_ 清平・清上以外

后字为清平和清上时，前字清入的调值为 5。后字为其他调类时，前字的清入不能为 5。

（6）浊入→×2/_ 清平 312 or 清上 534 or 清入 23

cf. 浊入（一部）→2/_ 清平・清上以外

后字为清平和清上（和清入）时，前字浊入的调值不为 2。

【清平和清上在前音节时发生的变调】

（7）浊平（部分）→44/清平・清上・（清入）_

cf. 浊平（部分）→×44/清平・清上・清入以外_

前字为清平和清上（和清入）时，后字浊平的调值为 44。前字为其他调类时，后字浊平的调值不为 44。

故南方言连读变调的情况比较复杂。但是除了以清平和清上（和清入）为条件的共通变调以外，大部分是用"回避低调连续"和"回避高调连续"这两种规则就能解释的。关于其他变调的解释，请参看八木（2011）。

## （二）其他方言的例子

变调的调类共通性在山西省其他方言里也能看到。如：

(8) 浊去 343→35/_ 清平 213 or 清上 434（动宾结构） （潞城：报告：502）

(9) 清平 31→35/_ 清平 31 or 清上 42 （左权：白云、杨萌、石琦，2012：12）

(10) 清平 33→35/_ 清平 33 or 清上 312 （永和：李建校、刘明华、张琦，2009：13）

在潞城，后字为清平和清上时，前字浊去发生变调。同样，在左权和永和，后字为清平和清上时，前字清平发生变调。在其他方言，一般没有故南方言那么多的共通变调条件。值得注意的是，清平和清上的调值各地都不同，但潞城和左权的清平和清上的调形是一致的，永和的调域都为中低域，两种调值相当接近。

如上可见，引起变调的调类共通性就是两种调类对邻接音节拥有某些共通的影响，可以视为反映两种调类（上述场合是清平和清上）的趋近。

# 三 关于清平和清上的接近

上面我们观察了山西东南部的以清平和清上为共通条件的变调现象，提出了这种现象的背后有清平和清上趋近的可能性。本节主要讨论邻近地区的清平和清上的接近。

## （一）地理语言学上的角度

首先看以清平和清上为共通条件的变调现象及其相关现象在山西省内

的分布情况（地图1）。

地图1

地图1，+号表示单字调的清平和清上合并的区域，主要分布在代县、朔州等山西中北部。还在蒲县、大宁等的中南西部，沁县、左权等中东南地区也有分布。-号表示清平和清上的单字调尚未合并，但其调形相同。比如在沁源，清平为212，清上为424，两者尚未合并，但是其调形都为曲折调（侯精一等，1993）。同样，在洪洞清平21和清上42都为降调（乔全生，1999）。这些类型分布在整个山西，特别是在清平和清上已合并的地方周边的分布比较多。这种情况可以解释为在调类合并之前出现的调形接近的表现。

△号表示清平和清上在后音节引起前音节的变调的共通性。▲号表示清平和清上在前音节引起后音节的变调的共通性。像故南前后音节都有的

时候两个记号重叠在一起①。

△号和▲号的分布主要以山西东南部为中心，同时其分布还在清平和清上合并地区的周边。这种分布情况也支持调类共通性变调反映两种调类的接近。

清平和清上历史上属于不同的调类，山西方言也有很多两种调类不合并的方言，所以合并应该是后起的现象。笔者确认过沁源县交口乡清平和清上是正在合并的过程中（八木，2015）。

### （二）故南方言单字调的清平和清上的语音声学分析

如上所述，在有这些变调的地区，单字调的清平和清上是不合并的。但其调值相当接近。如：

潞城：清平 213、清上 434（侯精一等，1993）

左权：清平 31、清上 42（王希哲，1991）

永和：清平 33、清上 312（李建校等，2009）

以下语料来源于笔者的调查，笔者考察并分析了长治故南方言清平和清上的基频曲线，观察清平和清上的差异度。

故南方言的清平和清上的单字调五度制调值为 312 和 534，都是曲折调。图 1 表示两种单字调曲线的实例②。

如图所示，两种调形的中位存在着很明显的喉头调节，形成曲线上的曲折。清上的曲线后半没有清平的曲线后半的那种上升，整体上表现出下降的趋势（为了醒目起见，五度制调值强调曲折，记为 534）。但其曲折是比较强，听感上也是很明显的曲折调。总体来说，清上的曲线比清平高，但是清平曲线后半的上升段比较明显，所以也有清平的声调末尾的高度比清上高的时候。这或许表现清平和清上的调域上的接近。

## 四 结论

本文观察了山西方言中清平和清上引起变调的共通性，根据单字调的

---

① 在地图上也表示单字调的清平和浊平已经合并的场合。

② 本图的曲线是一位话者发音单字调清平和清上的平均值。每 0.03 秒采取样本，用 z 法归一化。av1a 表示清平的平均曲线，av2a 表示清上的平均曲线。

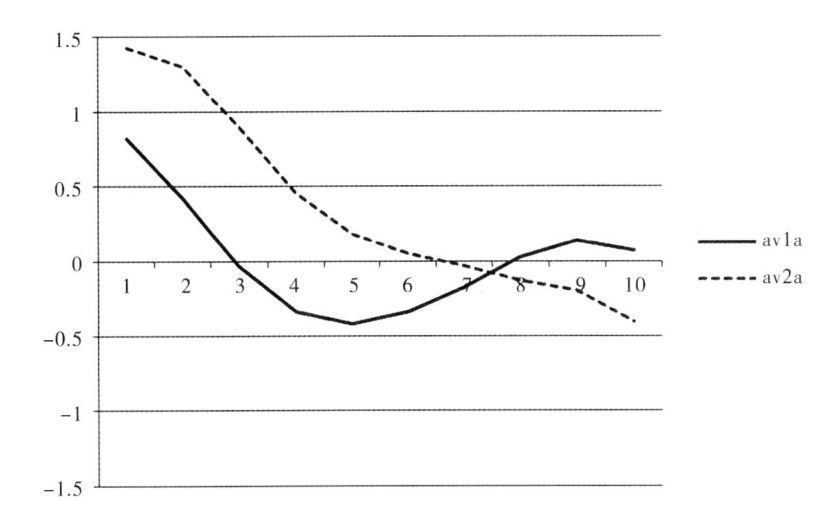

**图 1　单字调清平、清上**

语音曲线的类似性并从地理语言学的角度说明这种共通性反映两种调类的趋近。与此类似的情况也存在于清平和浊平之间。

地图2表示山西省及其周边地区所见的清平和浊平的接近。以太原为中心的山西中央部和石家庄、张家口等地区，清平和浊平合并（×号）。其邻接地区的山西东北部和东南部等分布着清平和浊平，虽然尚未合并，但是调形相同（|号）。此外，周围地区也分布着清平和浊平尚未合并的方言，但是它们有着共通的变调条件（〇号和●号）。

除了这些例子，清上和浊入、清平和去声也较多作为引起变调的共通条件。比如，在太原城区，上声在上声和入声之前变调。入声也成为上上变调的条件，这是常见的山西连读变调的特征。

这些调类的单字调的合并不一定是常见的。但入声舒化是北方方言的大趋势。所以这些变调也可能体现了今后声调合并的方向性。

声调变化的方向非常复杂，有时在同一个地方两种变化的方向共存，其解释也很不容易。本文所探讨的变调条件的共同性也可能可以为解释声调变化提供一点线索。

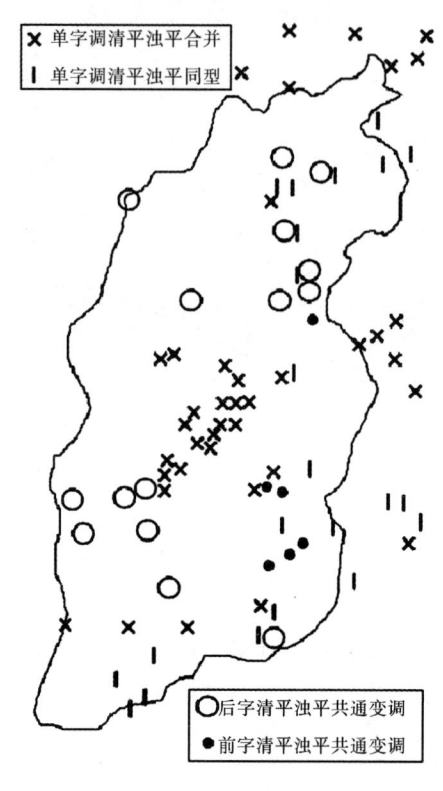

**地图 2**

## 参考文献

［日本］八木坚二：《沁源交口方言における単字调の変化过程》，［日本］《中国语学》2015年第262号。

［日本］八木坚二：《山西长治故南和沁源王陶的双字调》，载严翼相主编《中国方言中的语言学与文化的意蕴》，［首尔］韩国文化社2011年版。

白云、杨萌、石琦：《山西东部方言研究》，九州出版社2012年版。

韩沛玲：《山西方言音韵研究》，商务印书馆2012年版。

侯精一：《长治方言志》，语文出版社1985年版。

侯精一、温端政主编：《山西方言调查研究报告》，山西高校联合出版社 1993 年版。

李小凡：《汉语方言连读变调的层级和类型》，《方言》2004 年第 1 期。

李子鹤：《北方方言两字组连读变调的类型学考察》，《语言学论丛》2013 年第 48 辑。

李建校、刘明华、张琦：《永和方言研究》，九州出版社 2009 年版。

刘俐李：《20 世纪汉语连读变调研究回望》，《南京师范大学文学院学报》2002 年第 2 期。

［日本］平山久雄：《平山久雄语言学论文集》，商务印书馆 2005 年版。

乔全生：《洪洞方言研究》，中央文献出版社 1999 年版。

王福堂：《汉语方言语音的演变和层次（修订本）》，语文出版社 2005 年版。

王希哲：《左权方言志》，山西高校联合出版社 1991 年版。

熊正辉：《怎样求出两字组的连读变调规律》，《方言》1984 年第 2 期。

［日本］岩田礼：《中国语の声调とアクセント》，［日本］《音声研究》2001 年第 5 卷第 1 号。

Chen Mathew Y, *Tone Sandhi：Patterns across Chinese Dialects*, England：Cambridge University Press, 2000.

Yip and Moira, *Tone*, England：Cambridge university press, 2002.

Yue-Hashimoto and Anne O, *Tone sandhi across Chinese dialects*, Wang Li Memorial Volumes, 1987.

（八木坚二　日本　国士馆大学　bamuji2@yahoo.co.jp）

# 方言语音研究

# 甘南临潭、卓尼音系的简化与繁化*

张维佳  李相霖

**提　要**：甘南临潭、卓尼地处青藏高原边缘地带的农区与牧区、藏区与汉区的结合部，其汉语方言跟周边方言多有接触，在音系上呈现出简化与繁化的倾向，成为西北方音类型演化的一个案例。本文拟从音系类型及其演化角度来分析两地方言音系的演化类型及其背后的机制。

**关键词**：音系；简化；繁化；演化机制

## 0　引言

　　临潭、卓尼两县地处甘肃省南部甘南藏族自治州东部，是青藏高原边缘地带的农区与牧区、藏区与汉区的结合部。两县东接岷县、漳县，北靠渭源、康乐、和政，南邻迭部、四川省若尔盖县，西通合作、碌曲，在中部两县插花环接。境内多为低山深谷，峰峦叠嶂，地形复杂，沟壑纵横，海拔在2200—3926米。临潭县总面积1557.68平方公里，辖16个乡（镇）、141个行政村，总人口15万人；卓尼县总面积5419.68平方千米，下辖1个镇，15个乡，1个民族乡，总人口9.5万人。自北周武帝保定元年（公元561年）首置洮州以来，临潭、卓尼几经汉吐蕃两属，隋唐、五代、宋时多次陷于吐蕃，元时辖地多属汉之洮州。明代洪武年，朱元璋为平定洮州十八族头目叛乱，徙江淮一带军士及其家属来此屯垦守边。在以后六百多年间，藏、汉、回各族人民分片聚居，共同繁衍生息，在洮州这块土地上创造了灿烂多元的历史文化。

---

\* 本文是教育部人文社会科学研究规划基金项目"汉语方言传统吟诵调韵律研究"（项目号：18YJA740069）阶段性成果。

古代洮州，藏语、羌语是优势语言，明初，朱元璋为休养生息和巩固边疆，将大量安徽凤阳、江苏南京、定远一带的居民迁入洮州，这些居民与西征留守洮州的部分士兵一道，改变了这里人口的结构，汉语成为优势语言。根据《中国语言地图集》（1987），临潭方言归属中原官话秦陇片。根据口音可分为新城和旧城两种，北路冶力关、羊沙等一带方言主要受临夏、临洮方言（中原官话陇中片）的影响，东路陈旗、陇原、石门等一带则受渭源、岷县方言（中原官话秦陇片）的影响，西路以旧城为主，夹杂少量藏语和西域语言成分（敏春芳，2016[①]）。卓尼县为藏区，可能是藏民较多，未划入汉语方言区。实际上，卓尼也有大量汉族居民，即便是藏民也多会藏汉双语。

临潭、卓尼方言引起我们注意有以下几个原因：（1）古洮州是地处"西控番戎，东蔽湟陇""南接生番，北抵石岭"之要冲。自古以来，由于战争、屯垦等原因，使众多民族在洮州杂居融合。今天这一带汉、藏、回等民族分片聚居，相互交流频繁，语言多有接触；（2）史载明初朱元璋为休养生息和巩固边疆，"移福京（南京）无地农民三万五千于诸卫所"，大量应天府（南京）和安徽凤阳、江苏定远一带的居民迁入洮州，加上随明代将军沐英西征留守洮州的部分士兵，使大量汉族流入临潭，成为临潭人口的主体。至今，民间洮绣、生活装饰、民居雕刻、剪纸艺术等还透露出江淮文化的遗风，这不能不让人对其方言来源及其与甘南本土语言或方言的关系产生浓厚的兴趣；（3）在临潭、卓尼两地汉语方言词汇中，称谓系统保留着江淮一带方言的特点。如下对话："阿婆，您在哪儿？家下们都到齐了，姨娘要您最拿手的吃食呢！"阿婆在不远处应声答道："先把家下们让在堂屋里，像往常一样陪侍着照应看承妥当，我给娃娃们寻几个盘缠就来。"听着这样的话语，你仿佛来到了清波荡漾的江南水乡，遐思清悠的秦淮歌声和江淮吴语的韵味。

甘南临潭、卓尼汉语方言跟周边方言多有接触，在音系上呈现出简化与繁化的倾向，成为西北方音类型演化的一个案例。本文拟从音系类型及其演化角度来分析两地方言音系的演化类型及其背后的机制。

---

[①] 2016年6月，兰州大学敏春芳教授主持的中国语言资源保护工程《甘肃汉语方言调查·临潭》项目课题组深入临潭调查整理，对临潭话的面貌有了基本的了解。见 http://www.sohu.com/a/133536736_721357。

## 二　两地音系

### （一）临潭话音系

1. 声母 28 个。

| | | | | |
|---|---|---|---|---|
| p 比布帮抱 | pʰ 怕盘杯步 | m 米灭慢门 | f 飞翻冯服 | v 位万文王 |
| t 到端队敌 | tʰ 腿透同读 | n 娘拿你南 | | l 乱路吕驴 |
| ts 左贼坐祖 | tsʰ 茄茶粗错 | | s 沙三酸扫 | |
| tʃ 鸡局居朱 | tʃʰ 气去泣取 | | ʃ 许居写徐 | |
| tʂ 张纸主早 | tʂʰ 车春查茄 | | ʂ 十手书顺 | ʐ 惹入让然 |
| tɕ 九交纠夹 | tɕʰ 权轻去恰 | | ɕ 响县想下 | ʑ 怡益亿医 |
| k 古贵高广 | kʰ 开考巩跪 | ŋ 我恶恩安 | x 好灰活吓 | |
| ø 儿引又月 | | | | |

2. 韵母 29 个。

| | | | |
|---|---|---|---|
| ɿ 师丝戏试 | i 新心星兵 | u 五猪步苦 | y 居雨许鱼 |
| ʅ 知直吃世 | | | |
| ɚ 而儿尔二 | | | |
| ᴀ 茶牙八法 | iᴀ 牙下亚鸭 | uᴀ 花华耍夸 | |
| ə 鹅破客蛇 | iə 夜姐界茄 | uə 学郭桌科 | yə 药月穴决 |
| ɛi 开鞋半短 | iɛ 盐烟县前 | uɛi 快官穿砖 | yɛ 全权卷宣 |
| ei 飞非北色 | | uei 对鬼灰围 | |
| au 宝饱道告 | iau 笑桥校要 | | |
| əu 豆走头收 | iəu 油牛留秋 | | |
| | | un 春寸滚弄 | |
| aŋ 糖房汤当 | iaŋ 响讲相象 | uaŋ 床王双亡 | |
| eŋ 横灯根闷 | | | yŋ 荣永用兄 |

3. 声调 4 个。

| 阴平 | 44 | 天欢观宽安 |
| 阳平 | 24 | 门龙铜白毒 |
| 上声 | 51 | 九草老罪有 |
| 去声 | 34 | 四洞动哭六 |

## （二）卓尼话音系

**1. 声母 28 个。**

| p 比伴步八 | pʰ 皮平片匹 | m 门马木毛 | f 飞凤福蜂 | v 万屋午汪 | |
| t 队电打得 | tʰ 头团土贴 | n 牛女奶业 | | | l 令那农力 |
| ʦ 字贼争装 | ʦʰ 草寸茶床 | | s 三事山双 | | |
| tʂ 张主知直 | tʂʰ 车春船池 | | ʂ 手顺十树 | ʐ 热软如然 | |
| tʃ 鸡基举聚 | tʃʰ 棋去茄取 | | ʃ 西洗写徐 | | |
| tɕ 酒九叫夹 | tɕʰ 清前全秦 | | ɕ 响县下些 | ʑ 一鱼雨医 | |
| k 个共柜各 | kʰ 狂口开客 | ŋ 我岸恩鹅 | x 火好红活 | | |
| ø 儿引又月 | | | | | |

**2. 韵母 30 个。**

| ɿ 丝戏米弟 | i 林巾心冰 | u 苦五猪出 | ɤ 鱼雨许举 | y 女率局 |
| ʅ 知吃制尺 | | | | |
| a 茶把打法 | ia 加家押牙 | ua 瓜抓刷话 | | |
| ə 歌车蛇社 | iə 夜姐界茄 | uə 坐多昨洛 | | yə 靴月药角 |
| ɚ 二耳而儿 | | | | |
| ɔ 宝饱高贸 | iɔ 桥笑标鸟 | | | |
| ei 杯飞得客 | | uei 对会赔水 | | |
| əu 斗瘦口肉 | iəu 九秋牛六 | | | |
| æi 盘担派卖 | iæ 边点减烟 | uæi 关宽怪快 | | yæ 捐全远圆 |
| āŋ 当房刚王 | iāŋ 良江向养 | uāŋ 壮窗黄装 | | |
| əŋ 蓬灯冷更 | | uəŋ 龙中东公 | | yəŋ 兄穷永用 |

**3. 声调 3 个。**

| 平声 | 24 | 门龙牛铜皮糖毒白节切 |
|---|---|---|
| 上声 | 41 | 懂古鬼九统苦讨草女有 |
| 去声 | 44 | 罪怪痛路地东开百哭六 |

两地音系说明：

（1）tʂ、tʂʰ发音有翘舌塞音ʈ、ʈʰ色彩，像白涤洲20世纪30年代记录关中方音的读音，但明显还是塞擦音。

（2）tʃ、tʃʰ、ʃ、ʒ等舌叶声母，是由于i、y元音高化而产生的，只有在i、y作韵母（或ie韵母，如"茄、夜"i元音也高化，其前声母也随之变成舌叶音）的音节中如此读。

（3）i、y元音高化，使音系多出两个舌叶元音。因无法用音标记写，暂且用ɿ、ʮ记写。

（4）临潭共有四个声调，平分阴阳，其中阴平调值44，与去声调值34接近。卓尼只有三个声调，其中，平声无阴阳对立，古平声逢全清、次清声母读入去声；古入声逢全浊声母读入平声，逢次浊、清声母读入去声。在词语连读中存在四个声调，具体模式见后。

## 三　简化与繁化：音系不规则演化中的规则

临潭、卓尼两地方言音系最大的特点是韵母、声调简化，声母繁化，连读变调不规则分布。

### （一）简化

1. 韵母简化

韵母简化主要是由阳声韵鼻音脱落引起的，咸山摄鼻音脱落后与蟹摄一二等韵母合流。为便于比较，下面将临潭、卓尼及与此相关的兰州、银川、天水、宝鸡列举在一起。

| 例字 | 中古音 | 临潭 | 卓尼 | 兰州 | 银川 | 天水 | 宝鸡 |
|---|---|---|---|---|---|---|---|
| 埋 | 蟹开二平皆明 | mɛi | mæi | mɛ | mɛ | mai | mæ |
| 戴 | 蟹开一去代端 | tɛi | tæi | tɛ | tɛ | tai | tæ |
| 来 | 蟹开一平哈从 | lɛi | læi | nɛ | lɛ | lai | læ |
| 财 | 蟹开一平哈从 | tsʰɛi | tsʰæi | tsʰɛ | tsʰɛ | tsʰai | tsʰæ |

| 盖 | 蟹开一去泰见 | kɛi | kæi | kɛ̃ | kæ̃ | kai | kæ |
| 爱 | 蟹开一去代影 | ŋɛi | ŋæi | ɵɛ̃ | ɵæ̃ | ŋai | ŋæ |
| 快 | 蟹合二去夬溪 | kʰuɛi | kʰuæi | kʰuɛ̃ | kʰuæ̃ | kʰuai | kʰuæ |
| 慢 | 山开二去谏明 | mɛi | mæi | mɛ̃ | mæ̃ | man | mæ̃ |
| 蛋 | 山开一去翰定 | tɛi | tæi | tɛ̃ | tæ̃ | tan | tæ̃ |
| 蓝 | 咸开一平谈来 | lɛi | læi | lɛ̃ | læ̃ | lan | læ̃ |
| 参 | 咸开一平覃清 | tsʰɛi | tsʰæi | tsʰɛ̃ | tsʰæ̃ | tsʰan | tsʰæ̃ |
| 敢 | 咸开一上敢见 | kɛi | kæi | kɛ̃ | kæ̃ | kan | kæ̃ |
| 安 | 山开一平寒影 | ɵɛi | ŋæi | ŋɛ̃ | ɵæ̃ | ŋan | ŋæ̃ |
| 宽 | 山合一平桓溪 | kʰuɛi | kʰuæi | kʰuɛ̃ | kʰuæ̃ | kʰuan | kʰuæ̃ |

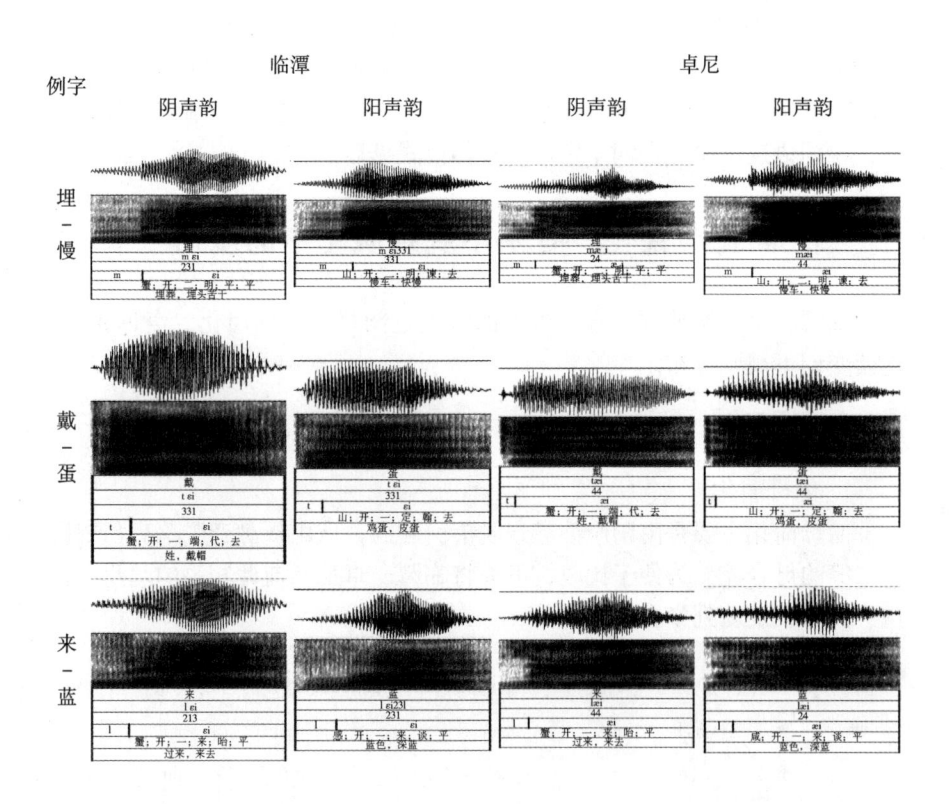

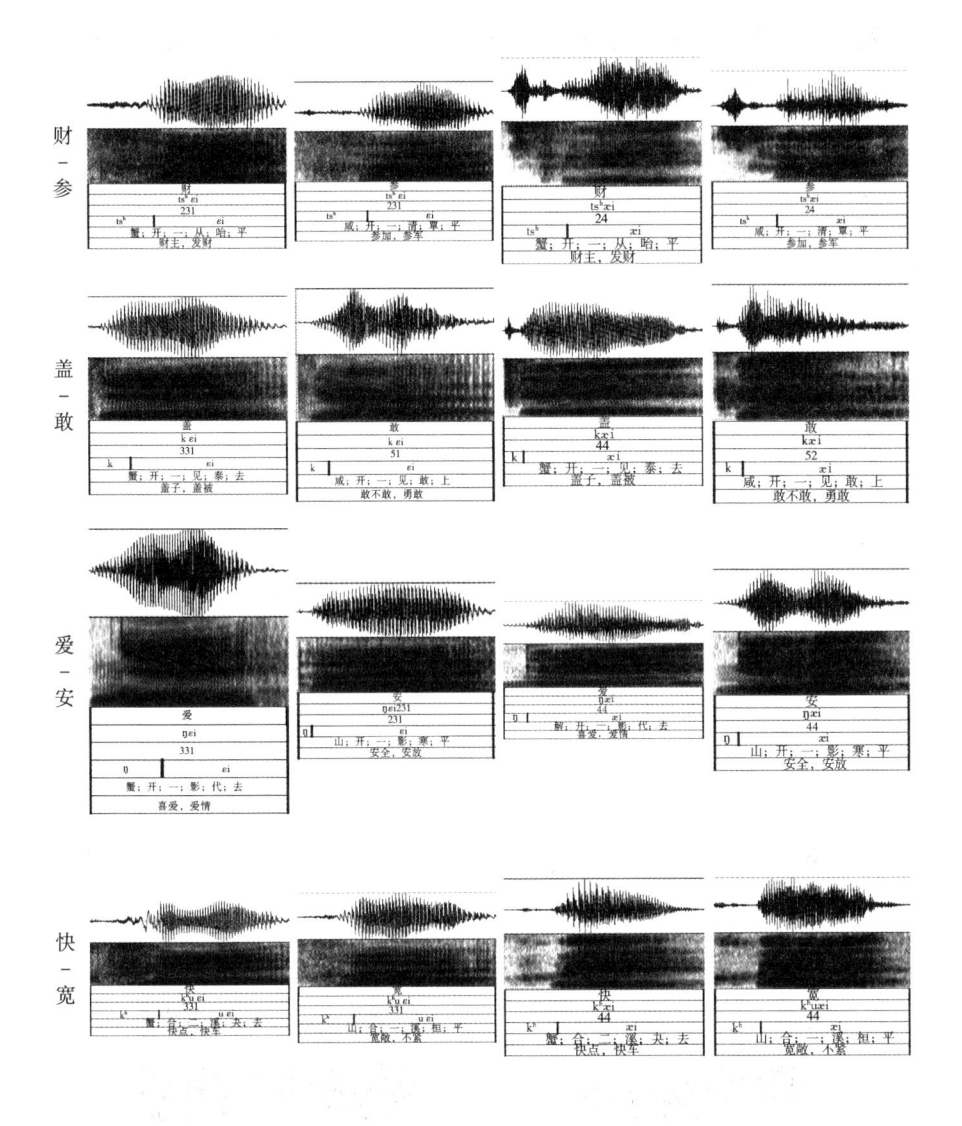

以上，临潭、卓尼两地咸山摄开口一等二等（喉牙音除外）舒声韵和阳声韵已经合流，阳声韵鼻音脱落，读-ɛi（-æi）、-uɛi（-uæi）。以低元音为主元音的相关方言，多为鼻化韵。兰州为ɛ̃/uɛ̃，银川为æ̃/uæ̃，天水为an/uan，宝鸡为æ̃/uæ̃。

韵母简化还表现在以高元音为主元音的阳声韵中。曾摄三等、梗摄

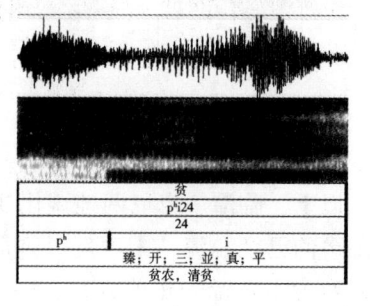

三四等开口韵跟臻摄和深摄三等开口韵合并，并鼻音脱落，念-i 韵。如下：

| 例字 | 中古音 | 临潭 | 卓尼 | 兰州 | 银川 | 天水 | 宝鸡 |
|---|---|---|---|---|---|---|---|
| 贫 | 臻开三平真並 | pʰi | pʰi | pʰiə | pʰiŋ | pʰin | pʰiəŋ |
| 临 | 深开三平侵来 | li | li | niə | liŋ | lin | liəŋ |
| 金 | 深开三平侵见 | tɕi | tɕi | tɕiə | tɕiŋ | tɕin | tɕiəŋ |
| 民 | 臻开三平真民 | mi | mi | miə | miŋ | min | miəŋ |
| 进 | 臻开三去震精 | tɕi | tɕi | tɕiə | tɕiŋ | tɕin | tɕiəŋ |
| 心 | 深开三平侵心 | ɕi | ɕi | ɕiə | ɕiŋ | ɕin | ɕiəŋ |
| 冰 | 曾开三平蒸帮 | pi | pi | piə | piŋ | pin | piəŋ |
| 平 | 梗开三平庚並 | pʰi | pʰi | pʰiə | pʰiŋ | pʰin | pʰiəŋ |
| 听 | 梗开四平青透 | tʰi | tʰi | tʰiə | tʰiŋ | tʰin | tʰiəŋ |
| 灵 | 梗开四平青来 | ni | ni | niə | liŋ | lin | liəŋ |
| 精 | 梗开三平清精 | tɕi | tɕi | tɕiə | tɕiŋ | tɕin | tɕiəŋ |
| 轻 | 梗开三平清溪 | tɕʰi | tɕʰi | tɕʰiə | tɕʰiŋ | tɕʰin | tɕʰiəŋ |
| 形 | 梗开四平青匣 | ɕi | ɕi | ɕiə | ɕiŋ | ɕin | ɕiəŋ |
| 影 | 梗开三上梗影 | ∅i | ∅i | ∅iə | ∅iŋ | ∅in | ∅iəŋ |

| 例字 | 临潭 | 卓尼 |
|---|---|---|
| 贫 | 贫<br>pʰi231<br>231<br>pʰ　　　i<br>臻；开；三；並；真；平<br>贫农，清贫 | 贫<br>pʰi24<br>24<br>pʰ　　　i<br>臻；开；三；並；真；平<br>贫农，清贫 |

甘南临潭、卓尼音系的简化与繁化

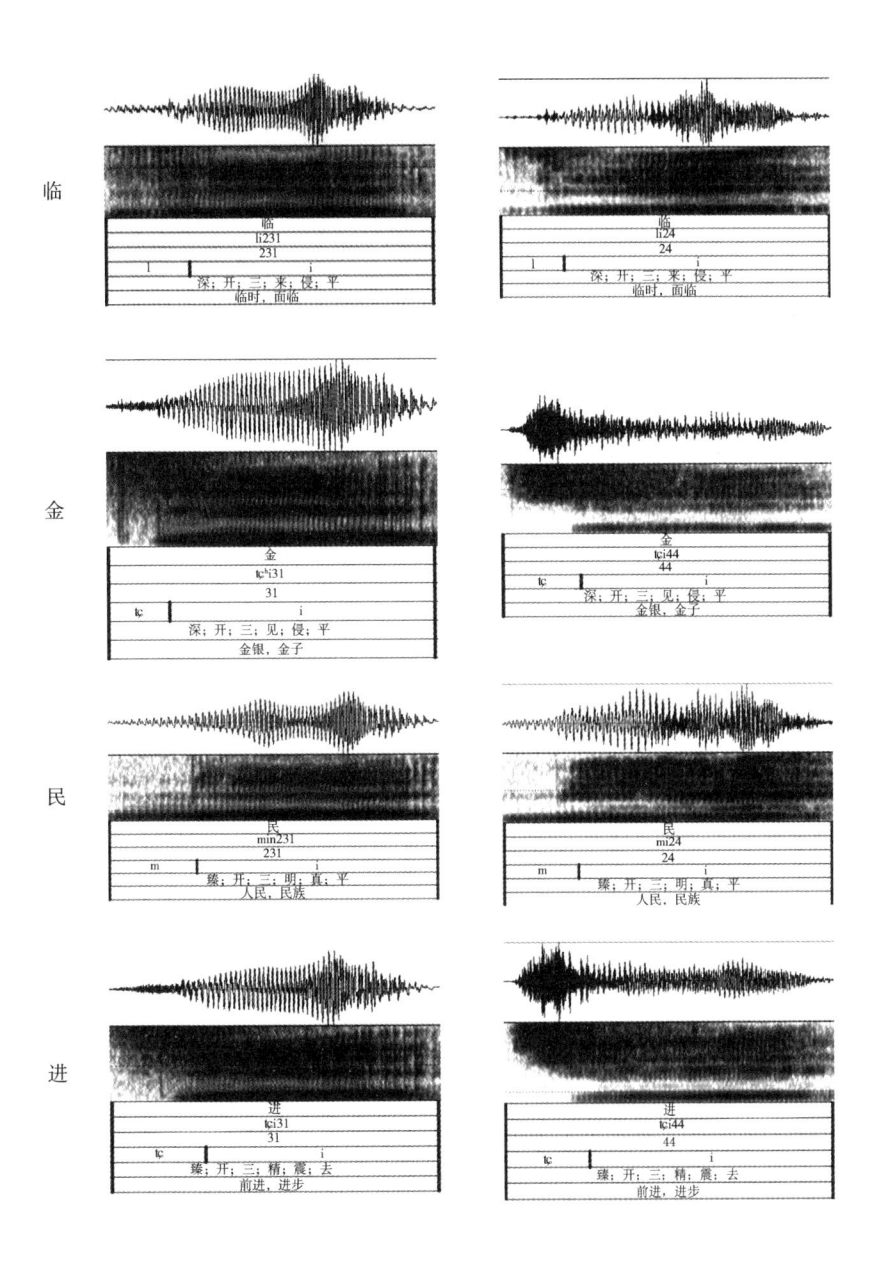

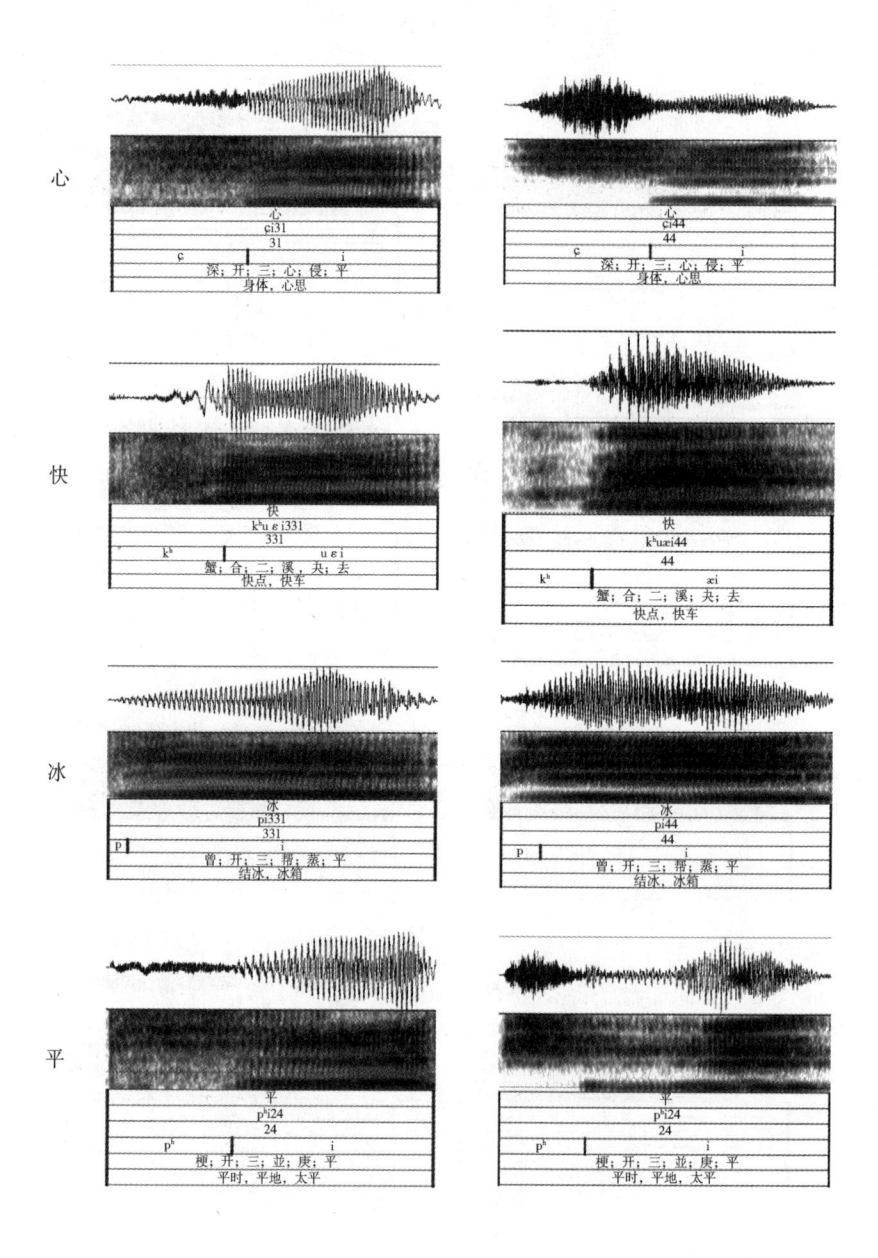

| | | |
|---|---|---|
| 心 | 心<br>ɕi31<br>31<br>ɕ　　　　　i<br>深；开；三；心；侵；平<br>身体，心思 | 心<br>ɕi44<br>44<br>ɕ　　　　　i<br>深；开；三；心；侵；平<br>身体，心思 |
| 快 | 快<br>kʰuɛi331<br>331<br>kʰ　　　uɛi<br>蟹；合；二；溪；夬；去<br>快点，快车 | 快<br>kʰuæi44<br>44<br>kʰ　　　　æi<br>蟹；合；二；溪；夬；去<br>快点，快车 |
| 冰 | 冰<br>pi331<br>331<br>p　　　　i<br>曾；开；三；帮；蒸；平<br>结冰，冰箱 | 冰<br>pi44<br>44<br>p　　　　i<br>曾；开；三；帮；蒸；平<br>结冰，冰箱 |
| 平 | 平<br>pʰi24<br>24<br>pʰ　　　　i<br>梗；开；三；並；庚；平<br>平时，平地，太平 | 平<br>pʰi24<br>24<br>pʰ　　　　i<br>梗；开；三；並；庚；平<br>平时，平地，太平 |

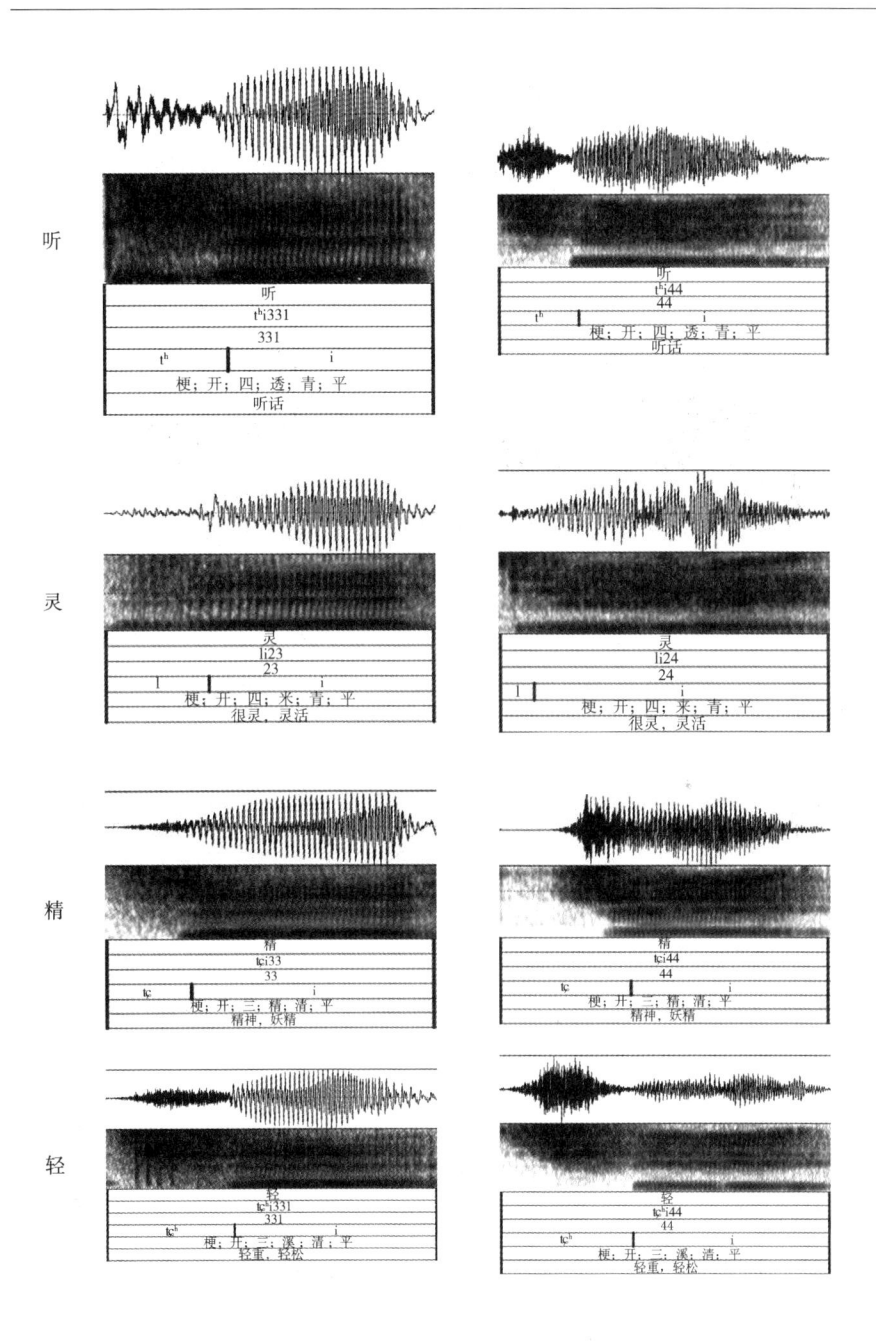

甘南临潭、卓尼音系的简化与繁化　　　　　　　63

听

| 听 |
| tʰi331 |
| 331 |
| tʰ | i |
| 梗；开；四；透；青；平 |
| 听话 |

| 听 |
| tʰi44 |
| 44 |
| tʰ | i |
| 梗；开；四；透；青；平 |
| 听话 |

灵

| 灵 |
| li23 |
| 23 |
| l | i |
| 梗；开；四；来；青；平 |
| 很灵，灵活 |

| 灵 |
| li24 |
| 24 |
| l | i |
| 梗；开；四；来；青；平 |
| 很灵，灵活 |

精

| 精 |
| tɕi33 |
| 33 |
| tɕ | i |
| 梗；开；三；精；清；平 |
| 精神，妖精 |

| 精 |
| tɕi44 |
| 44 |
| tɕ | i |
| 梗；开；三；精；清；平 |
| 精神，妖精 |

轻

| 轻 |
| tɕʰi331 |
| 331 |
| tɕʰ | i |
| 梗；开；三；溪；清；平 |
| 轻重，轻松 |

| 轻 |
| tɕʰi44 |
| 44 |
| tɕʰ | i |
| 梗；开；三；溪；清；平 |
| 轻重，轻松 |

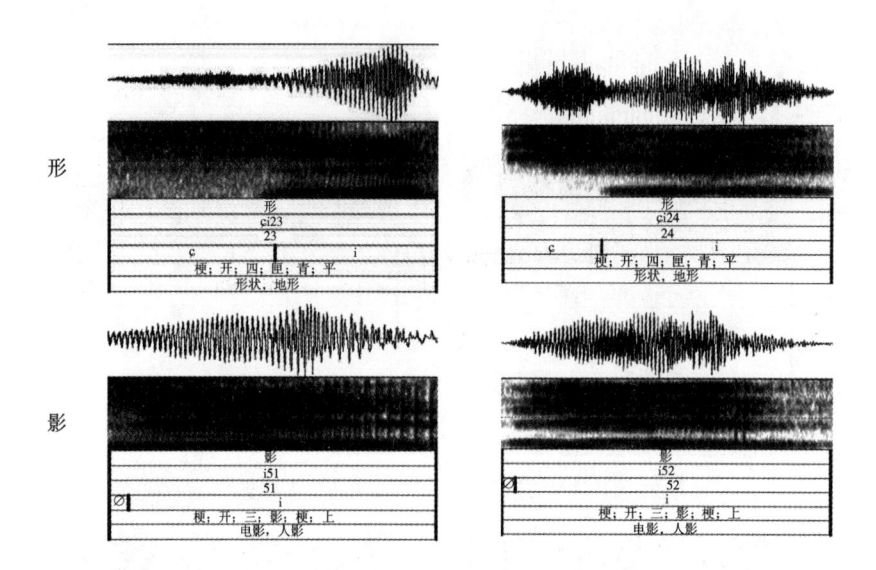

上图 F1 和 F2 并行，鼻音尾完全脱落。因为来自止摄非舌齿音声母的高元音韵母在这两地高化且破擦化为 ʮ，曾摄三等、梗摄三四等开口韵跟臻摄和深摄三等开口韵合流后并没有止摄合流。

2. 声调简化

对于临潭声调，雒鹏、马亚宏、周蓉（2006）和刘小丽（2010）曾做过描写，跟我们的调查有出入，主要表现为阴平跟去声的关系。如下表：

| 调类 | 本文调值 | 雒鹏等调值 | 刘小丽调值 | 中古调类 |
| --- | --- | --- | --- | --- |
| 阴平 | 44 | 33（雒） | 21 | 清平、次清入、次浊入 |
| 阳平 | 24 | 24 | 24 | 浊平、全浊入 |
| 上声 | 51 | 51 | 51 | 清上、次浊上 |
| 去声 | 34 | 44 | 44 | 去声、全浊上（次清去例外多） |

根据对临潭话源于 16 种中古调类的声调在每个取值点基频值平均值的统计，我们用 T 值公式（T = 5 × [（log $\overline{X_{1-30}}$ - log $\overline{B}$）/（log$\overline{A}$ - log$\overline{B}$）]）得出 T 值表并以此画出下图。

根据 T 值数据表，用 spss 进行绘图。图表如下：

临潭声调图

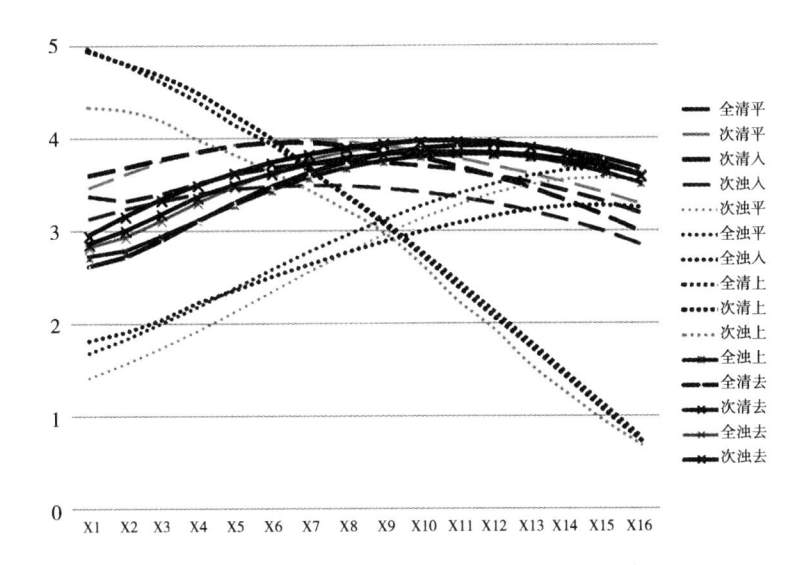

**临潭声调图**

在与临潭毗邻的卓尼话中，声调简化为三个，与临潭话相比，古浊和清声母去声、全浊声母上声、清声母平声、清声母和次浊声母入声合并，读44。具体如下：

平声24（古浊声母平声、古全浊声母入声）

上声51（古清声母、次浊声母上声）

去声44（古浊和清声母去声、全浊声母上声、清声母平声、清声母和次浊声母入声）

## （二）繁化

与其他方言相比，临潭、卓尼方言有四套塞擦音声母，即 ts、tsʰ、s，tʂ、tʂʰ、ʂ、z，tʃ、tʃʰ、ʃ、ʒ，tɕ、tɕʰ、ɕ。多出了 tʃ、tʃʰ、ʃ、ʒ，这些声母多来自精见晓匣组及影云以等母逢止摄、蟹摄齐韵及深臻曾梗三等入声韵字。如下：

| 例字 | 中古音 | 临潭 | 卓尼 | 兰州 | 银川 | 天水 | 宝鸡 |
|---|---|---|---|---|---|---|---|
| 鸡 | 蟹开四平齐见 | tʃʅ | tʃʅ | tɕi | tɕi | tɕi | tɕi |
| 集 | 深开三入缉从 | tʃʅ | tʃʅ | tɕi | tɕi | tɕi | tɕi |
| 妻 | 蟹开四平齐清 | tʃʰʅ | tʃʰʅ | tɕʰi | tɕʰi | tɕʰi | tɕʰi |
| 七 | 臻开三入质清 | tʃʰʅ | tʃʰʅ | tɕʰi | tɕʰi | tɕʰi | tɕʰi |
| 西 | 蟹开四平齐心 | ʃʅ | ʃʅ | ɕi | ɕi | ɕi | ɕi |
| 吸 | 深开三入缉晓 | ʃʅ | ʃʅ | ɕi | ɕi | ɕi | ɕi |
| 一 | 臻开三入质影 | zʅ | zʅ | øi | øi | øi | øi |
| 疑 | 止开三平之疑 | ŋʅ | ŋʅ | øi | øi | øi | øi |
| 笔 | 臻开三入质帮 | pʅ | pʅ | pi | pi | pi | pi |
| 鼻 | 止开三去至并 | pʅ | pʅ | pi | pi | pi | pi |
| 皮 | 止开三平支并 | pʰʅ | pʰʅ | pʰi | pʰi | pʰi | pʰi |
| 米 | 蟹开四上荠明 | mʅ | mʅ | mi | mi | mi | mi |
| 地 | 止开三去至定 | tsʅ | tsʅ | ti | ti | ti | ti |
| 提 | 蟹开四平齐定 | tsʰʅ | tsʰʅ | tʰi | tʰi | tʰi | tʰi |
| 犁 | 蟹开四平齐来 | lʅ | lʅ | ni | li | li | li |
| 泥 | 蟹开四平齐泥 | nʅ | nʅ | ni | li | ȵi | ȵi |

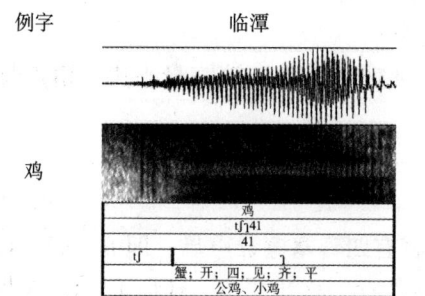

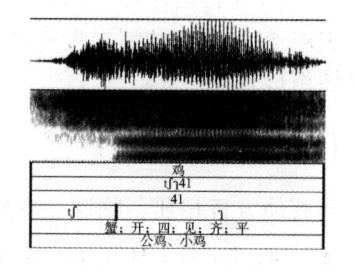

| 例字 | 临潭 | 卓尼 |
|---|---|---|
| 鸡 | 鸡 tʃ 41 蟹;开;四;见;齐;平 公鸡、小鸡 | 鸡 tʃ 41 蟹;开;四;见;齐;平 公鸡、小鸡 |

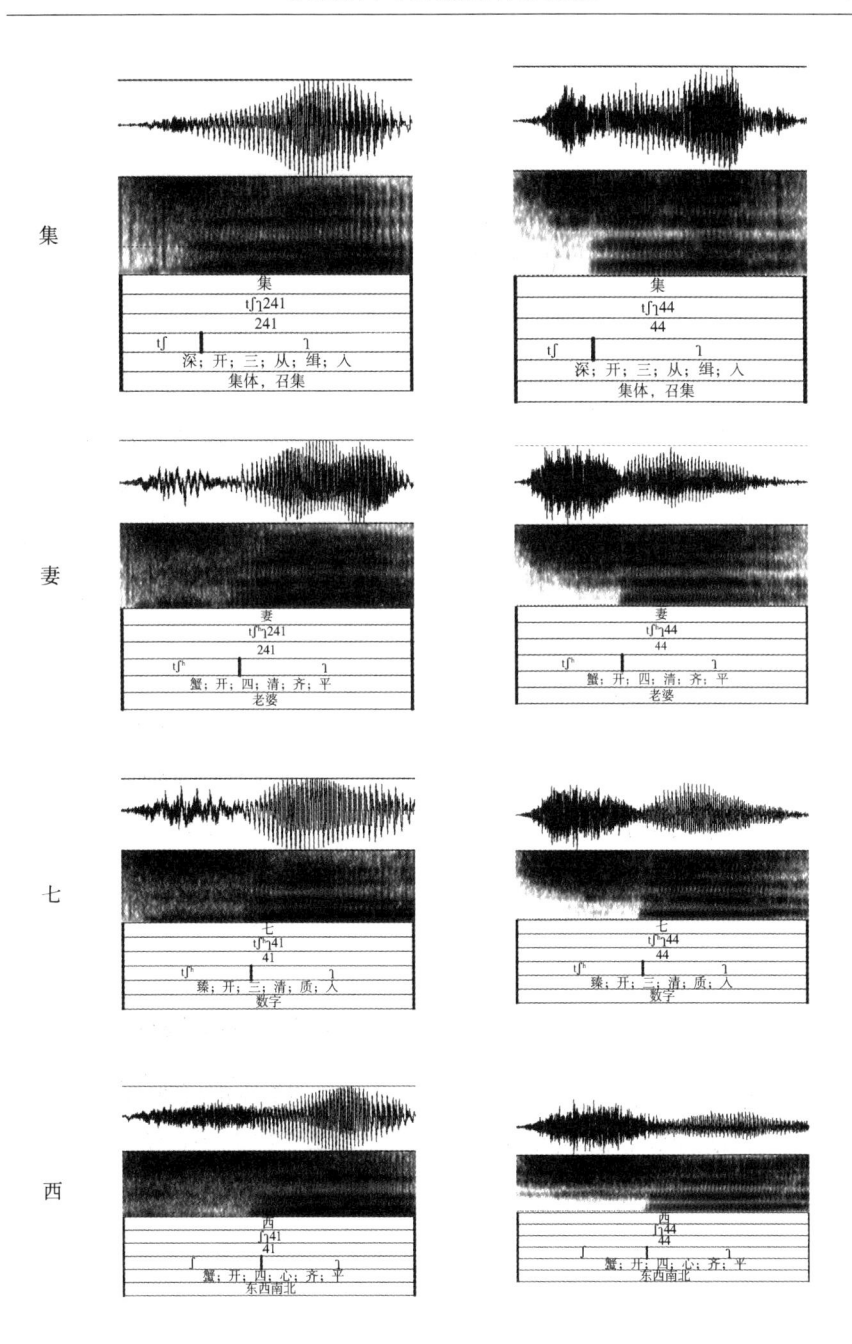

# 甘南临潭、卓尼音系的简化与繁化

| | | |
|---|---|---|
| 集 | 集<br>ʧ241<br>241<br>ʧ ˥<br>深；开；三；从；缉；入<br>集体，召集 | 集<br>ʧ44<br>44<br>ʧ ˥<br>深；开；三；从；缉；入<br>集体，召集 |
| 妻 | 妻<br>ʧ241<br>241<br>ʧ ˥<br>蟹；开；四；清；齐；平<br>老婆 | 妻<br>ʧ44<br>44<br>ʧ ˥<br>蟹；开；四；清；齐；平<br>老婆 |
| 七 | 七<br>ʧ41<br>41<br>ʧ ˥<br>臻；开；三；清；质；入<br>数字 | 七<br>ʧ44<br>44<br>ʧ ˥<br>臻；开；三；清；质；入<br>数字 |
| 西 | 西<br>ʧ41<br>41<br>ʧ ˥<br>蟹；开；四；心；齐；平<br>东西南北 | 西<br>ʧ44<br>44<br>ʧ ˥<br>蟹；开；四；心；齐；平<br>东西南北 |

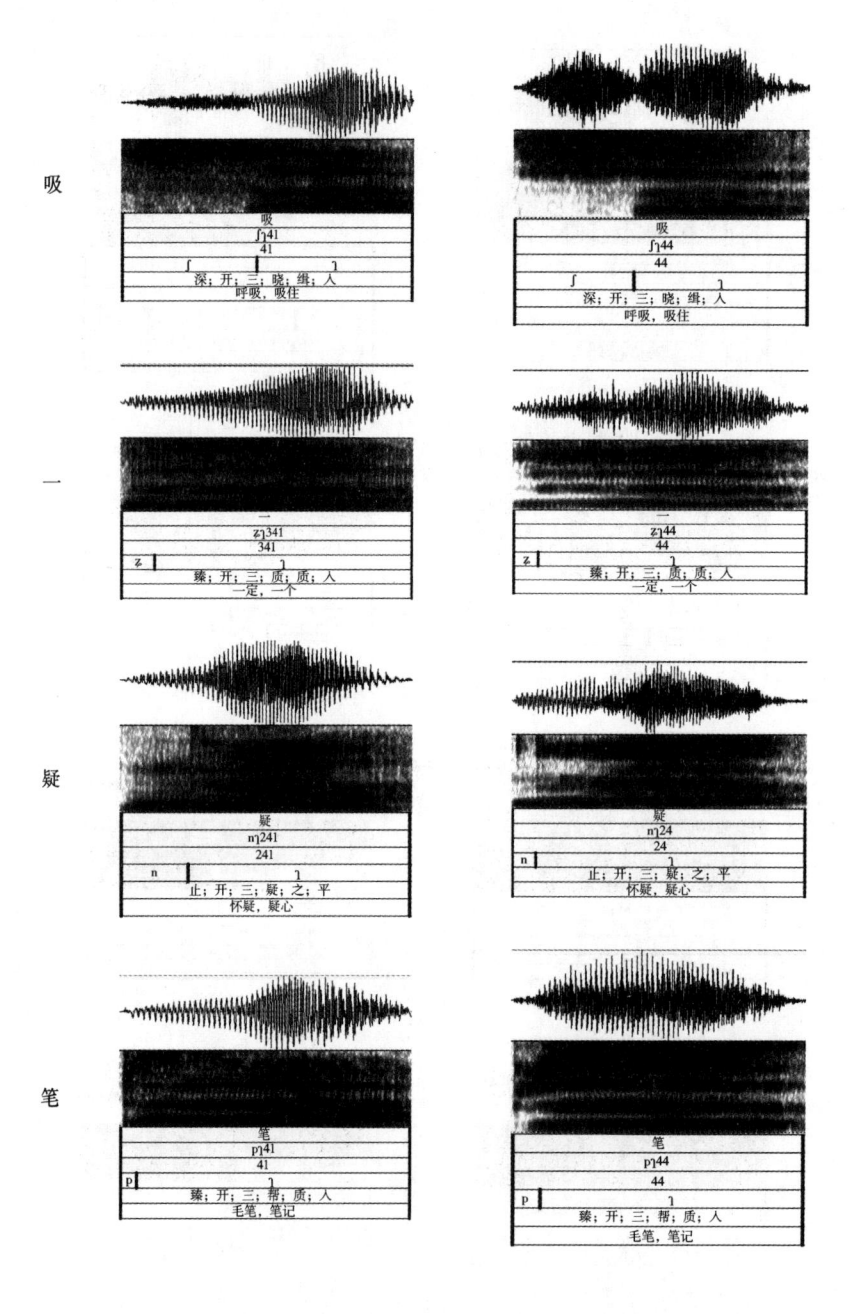

| | | |
|---|---|---|
| 吸 | 吸<br>ʃ]41<br>41<br>深；开；三；晓；缉；入<br>呼吸，吸住 | 吸<br>ʃ]44<br>44<br>深；开；三；晓；缉；入<br>呼吸，吸住 |
| 一 | 一<br>z]341<br>341<br>z 臻；开；三；质；质；入<br>一定，一个 | 一<br>z]44<br>44<br>z 臻；开；三；质；质；入<br>一定，一个 |
| 疑 | 疑<br>ŋ]241<br>241<br>n 止；开；三；疑；之；平<br>怀疑，疑心 | 疑<br>ŋ]24<br>24<br>n 止；开；三；疑；之；平<br>怀疑，疑心 |
| 笔 | 笔<br>p]41<br>41<br>p 臻；开；三；帮；质；入<br>毛笔，笔记 | 笔<br>p]44<br>44<br>p 臻；开；三；帮；质；入<br>毛笔，笔记 |

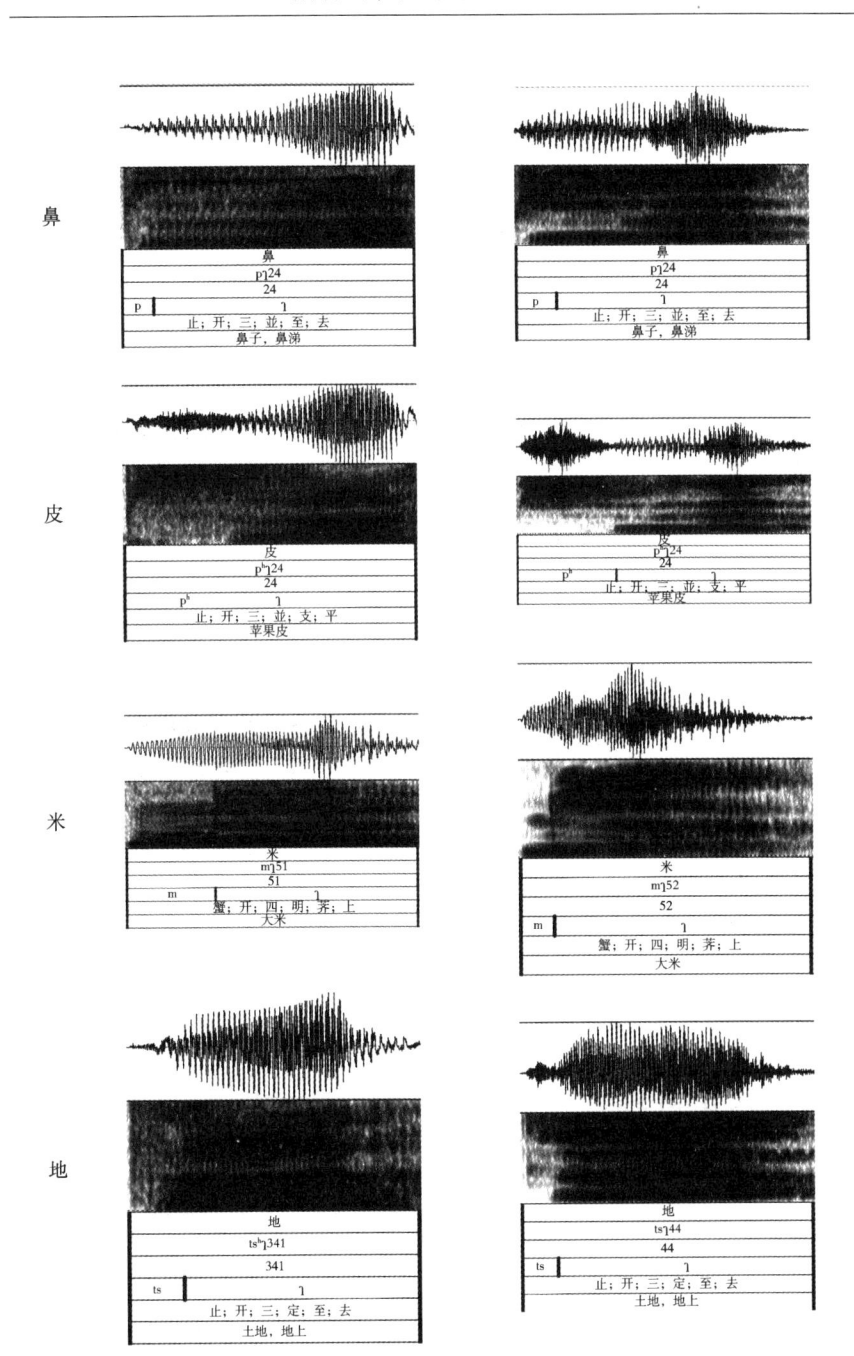

# 甘南临潭、卓尼音系的简化与繁化

| 鼻 | 鼻<br>pŋ24<br>24<br>p ŋ<br>止；开；三；並；至；去<br>鼻子，鼻涕 | 鼻<br>pŋ24<br>24<br>p ŋ<br>止；开；三；並；至；去<br>鼻子，鼻涕 |
|---|---|---|
| 皮 | 皮<br>pʰ24<br>24<br>pʰ ŋ<br>止；开；三；並；支；平<br>苹果皮 | 皮<br>pʰŋ24<br>24<br>pʰ ŋ<br>止；开；三；並；支；平<br>苹果皮 |
| 米 | 米<br>mŋ51<br>51<br>m ŋ<br>蟹；开；四；明；荠；上<br>大米 | 米<br>mŋ52<br>52<br>m ŋ<br>蟹；开；四；明；荠；上<br>大米 |
| 地 | 地<br>tsʰŋ341<br>341<br>ts ŋ<br>止；开；三；定；至；去<br>土地，地上 | 地<br>tsŋ44<br>44<br>ts ŋ<br>止；开；三；定；至；去<br>土地，地上 |

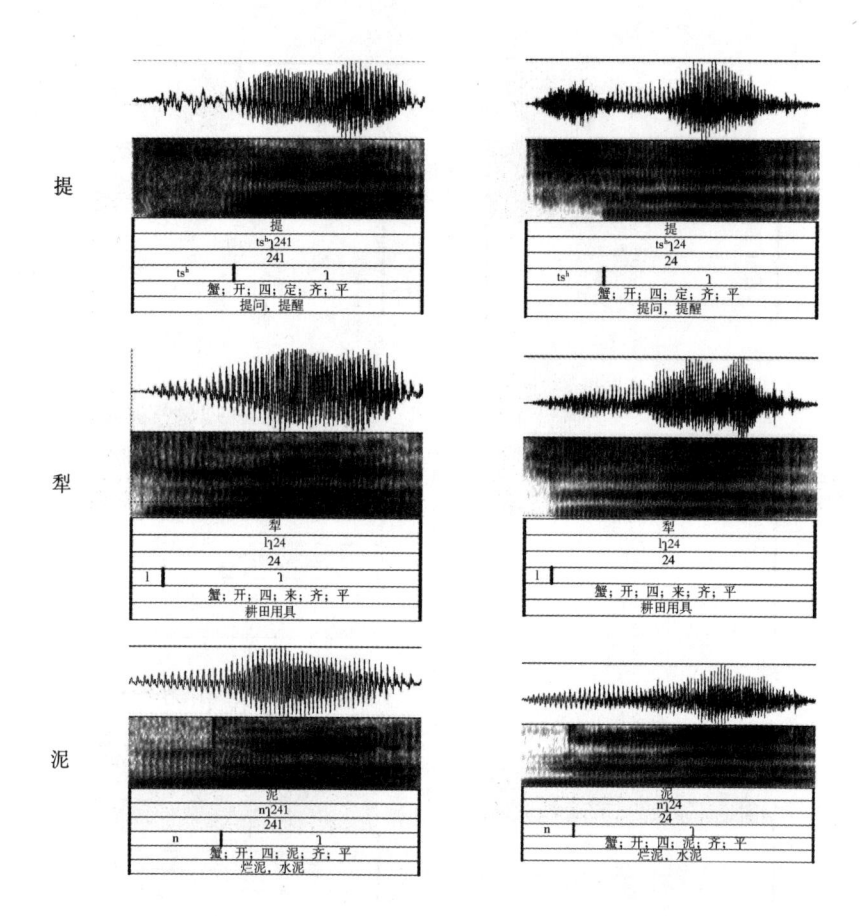

从总体上看，临潭、卓尼两地音系正处在激烈的简化过程中，鼻韵母鼻音脱落合并，声调合并简化。

## 四 演化机制

临潭、卓尼音系的简化可以看作西北方言的大的趋势，但又比其他方言走得更快。西北地区其他方言普遍存在鼻尾韵弱化现象，主要根据主元音和鼻音尾的性质而分为二维四类：一类以低元音为主元音的咸山宕江等为一类，以高元音为主元音的深臻曾梗通等为一类；以前鼻音为韵尾的咸山深臻等为一类，以后鼻音为韵尾的宕江曾梗通为一类。西北地区许多方言里，以低元音为主元音的鼻尾韵弱化为鼻化韵，以ṽ表示，以高元音为主元音的鼻尾韵有的弱化为鼻化韵，有的不弱化，以ṽ/v表示；以前鼻音为韵尾的鼻尾韵弱化为鼻化韵，以ṽ表示，以后鼻音为韵尾的鼻尾韵有的弱化有的不弱化，以ṽ/v表示。如下表：

|  | 前鼻音韵尾 | 后鼻音韵尾 |
| --- | --- | --- |
| 低元音主元音 | ṽ | ṽ |
| 高元音主元音 | ṽ/v | ṽ/v |

下表以西北方言的西安、宝鸡、兰州、银川、青海等地方言为例：

| 例字 | 中古音 | 西安 | 宝鸡 | 兰州 | 银川 | 西宁 |
| --- | --- | --- | --- | --- | --- | --- |
| 半 | 山合一去换帮 | pæ̃˧ | pæ̃˧ | pɛ̃˧ | pæ̃˧ | pã˧ |
| 翻 | 咸合三平元敷 | ₋fæ̃ | ₋fæ̃ | ₋fɛ̃ | ₋fæ̃ | ₋fã |
| 滩 | 山开一平寒透 | ₋tʰæ̃ | ₋tʰæ̃ | ₋tʰɛ̃ | ₋tʰæ̃ | ₋tʰã |
| 蓝 | 咸开一平谈来 | ₋læ̃ | ₋læ̃ | ₋nɛ̃ | ₋læ̃ | ₋lã |
| 边 | 山开四平先帮 | ₋piæ̃ | ₋piæ̃ | ₋piɛ̃ | ₋piæ̃ | ₋piã |
| 点 | 咸开四上忝端 | ᶜtiæ̃ | ᶜtiæ̃ | ᶜtiɛ̃ | ᶜtiæ̃ | ᶜtiã |
| 贫 | 臻开三平真並 | ₋pʰiẽ | ₋pʰiəŋ | ₋pʰiə | ₋pʰin | ₋pʰiə |
| 金 | 深开三平侵见 | ₋tɕiẽ | ₋tɕiəŋ | ₋tɕiə | ₋tɕin | ₋tɕiə |
| 镇 | 臻开三去震知 | tʂẽ˧ | tʂəŋ˧ | tʂə˧ | tʂəŋ˧ | tʂə˧ |
| 针 | 深开三平侵生 | ₋tʂẽ | ₋tʂəŋ | ₋tʂə | ₋tʂəŋ | ₋tʂə |
| 帮 | 宕开一平唐帮 | ₋pã | ₋pã | ₋pã | ₋paŋ | ₋pɔ̃ |
| 江 | 江开二平江见 | ₋tɕiã | ₋tɕiã | ₋tɕiã | ₋tɕiaŋ | ₋tɕiɔ̃ |
| 冰 | 曾开三平蒸帮 | ₋piəŋ | ₋piəŋ | ₋piə | ₋pin | ₋piə |
| 明 | 梗开三平庚明 | ₋miəŋ | ₋miəŋ | ₋miə | ₋min | ₋miə |
| 朋 | 曾开一平登並 | ₋pʰəŋ | ₋pʰəŋ | ₋pʰə | ₋pʰəŋ | ₋pʰə |
| 猛 | 梗开二上梗明 | ᶜməŋ | ᶜməŋ | ᶜmə | ᶜməŋ | ᶜmə |
| 冬 | 通合一平冬端 | ₋tuoŋ | ₋tuoŋ | ₋tuə | ₋tuŋ | ₋tuə |

西北方音的弱化表现在鼻尾韵上，但发展并不平衡。虽然以低元音为主元音的前鼻音韵母普遍鼻化，即ṽ、iṽ、uṽ、yṽ；以高元音为主元音的

前鼻音韵母分两种情况，中原官话关中片的西安话弱化为鼻化音ṽ、iṽ、uṽ、yṽ，但中原官话秦陇片的宝鸡、兰银官话的兰州和银川话皆合并于后鼻音韵母，有的鼻化有的不鼻化。西北方音中以低元音为主元音的后鼻音韵母也有许多地点弱化为鼻化音，例如：西安、宝鸡、兰州、西宁；但以高元音为主元音的后鼻音韵母，有的地方鼻化，有的地方不鼻化。可见，西北方言鼻音尾韵弱化首先以韵尾鼻音的前后为条件，前鼻音韵尾之前的元音变为鼻化韵，鼻音脱落；其次以主元音的高低为条件，以低元音为主元音的后鼻尾韵鼻化，鼻音脱落或保留。这种音变是基于音节协同发音的自然性的音变，龈鼻音之前元音鼻化在很多语言或汉语方言中普遍都存在。软腭鼻音之前低元音因其发音跟软腭鼻音冲突，由于软腭的鼻音传导的元音鼻化后弱化甚至脱落也是自然性的音变；而高元音与其后的软腭鼻音发音生理协调，一般不会发生鼻化传导的变化。

临潭、卓尼两地方言音系沿着西北方言音变的趋势而有更进一步的发展，即其咸山摄鼻音完全脱落，深臻和曾梗开口三四等合流后鼻音脱落。规律是：

(1) 前鼻韵：vN>ṽN>ṽ>v
(2) 后鼻韵：vN>ṽN>ṽ>v/_ H
(3) 后鼻韵：vN>ṽN>ṽ/_ L

对音系的影响是：咸山摄鼻音尾脱落后跟蟹摄一二等合流，深臻摄跟曾梗摄三四等合流后，鼻音尾脱落，以致韵母系统大大简化。

值得注意的是，根据音理，临潭、卓尼两地音系的曾梗摄三四等应该是合入深臻摄中，可能曾经历了 in>iẽ>iɪ>i。而在其周边的兰银官话和中原官话秦陇片方言中，深臻摄跟曾梗摄三四等合流后有两种读音类型，大多读为后鼻音韵尾，也有一部分读前鼻音韵尾。兰州读-iə̃，银川读-iŋ，西宁读-iə̃，而-iə̃的主元音偏央后，明显来自后鼻韵尾-iəŋ的鼻化。根据张燕来（2003）的研究，兰银官话各方言点韵尾的音值差异很大，银吴片汉民是-ŋ尾，回民是-n尾，年轻的回民有两种韵尾混读的倾向。北疆片为-ŋ尾，金城片是-n尾，河西片鼻尾的音值很不稳定，有-ŋ尾和-n尾，还有-ỹ尾。由此而知，临潭、卓尼读-i，应是西北方言-in的进一步发展。

从整个汉语方言来看，西北方音深臻曾梗合流后读-in很有可能来自江淮之间汉语方言，从江淮河口向西一直到西南地区，大多读前鼻音韵尾。而西北地区读-in 的方言，"深_深摄_""升_曾摄_"却读-əŋ/-eŋ。更有意思的是，银吴片回民是-n 尾，而年轻的回民有两种韵尾混读的倾向，与汉民-ŋ 尾不同。这些现象让人不得不猜测深臻曾梗合流后读-n 尾，可能来自西北以外的方言。史载，明初朱元璋为休养生息和巩固边疆，"移福京（南京）无地农民三万五千于诸卫所"，大量应天府（南京）和安徽凤阳、江苏定远一带的居民迁入洮州，加上随明代将军沐英西征留守洮州的部分士兵，使大量汉族流入临潭，成为临潭人口的主体。至今，民间洮绣、生活装饰、民居雕刻、剪纸艺术等还透露出江淮文化的遗风，这不能不让人对其方言来源及其与甘南本土语言或方言的关系产生浓厚的兴趣。

临潭、卓尼话声调简化一直伴随着异质方言声调的干扰。临潭话有四个调类，但阴平44 跟去声34 非常接近，这在卓尼话中，完全合并到一起，读44。如果看单字调，我们只会看到合流的结果，但考察连读变调，展现出来的可能就是不同方言声调竞争的过程。

**甘南临潭两字组变调规律**

| 前字＼后字 | 阴平 44 | 阳平 24 | 上声 51 | 去声 34 |
|---|---|---|---|---|
| 阴平 44 | 44+21 飞机 开车 | 44+24 耕田 开门 | 44+51 工厂 身体 | 22+34 书记 开店 |
| 阳平 24 | 24+21 农村 爬山 | 24+24 农民 皮鞋 | 24+51 门口 牛奶 | 24+34 棉裤 排队 |
| 上声 51 | 51+21 火车 打针 | 51+24 死活 水池 | 12+51 老板 水果 | 51+34 写字 满意 |
| 去声 34 | 34+21 背心 四月 | 34+24 过年 拜年 | 34+51 代表 户口 | 34+44 意见 34+34 政治 |

上表所示，灰色部分在连读变调中，保持单字调读音。有两处变调：一是阴平+去声时，前字的高平调变成低平调；二是上声+上声时，前字上声由高降调变成低升调。除此之外，在连读变调中主要有两处引人思考。

第一处是不同方言声调的竞争，阴平调在前字读本字调高平44，在后字读低降21。而后字调与秦陇方言的阴平同，如宝鸡话读21。其实在连读调中，轻声跟阴平读音相同。阴平在连读调中有两种读音，分明是两种方言在竞争。卓尼话尽管三个调类，但从连读调看，是四个声调，有阴平调，读21，与秦陇方言读音基本相同，也有跟临潭话一样的阴平调竞争的趋势。如下表：

| 前字＼后字 | 阴平44 | 阳平24 | 上声51 | 去声44 |
|---|---|---|---|---|
| 阴平44 | 44+21 飞机<br>44+44 开车 | 44+24<br>耕田 开门 | 44+51<br>工厂 乡长 | 22+34<br>书记 开店 |
| 阳平24 | 24+21 农村<br>24+44 爬山 | 24+24<br>眉毛 皮鞋 | 24+51<br>门口 牛奶 | 24+34<br>棉裤 排队 |
| 上声51 | 51+21 火车<br>51+44 打针 | 51+24<br>死活 水池 | 12+51<br>老板 手表 | 51+44 写字<br>51+34 满意 |
| 去声44 | 34+21<br>背心 四月 | 34+24 过年<br>44+24 拜年 | 34+51<br>代表 户口 | 44+44 意见<br>34+44 种菜 |

第二处是同一方言内部不同声调的合流。临潭方言总共有4个调值，卓尼方言中去声单字调大部分读成高平调，跟阴平调合流，在连读变调中，又呈现出34和44两种调值。说明，卓尼方言声调正处于两调值合流简化的过程中。

由于声带振动与否的作用，古平声在清声母中调值略高于浊声母，这可能反映在临潭、卓尼方言的早期声调系统中，正是这个原因，便会跟后来高化的去声合并。如果参照周边其他方言，这种现象很容易理解。见下表（引自张燕来，2003）：

| 类型 | 方言 | 平清 | 平浊 | 上清 | 上浊 | 去清 | 去浊 | 入清 | 入次 | 入全 | 分布 |
|---|---|---|---|---|---|---|---|---|---|---|---|
| 银川型 | 银川 | 阴55 | 阳平上53 | 去13 | | | | 去13 | | | 银吴片11点 |
| | 酒泉 | 阴55 | 阳平上53 | 去13 | | 去13 | | | | 阳平上53 | 河西片9点 |
| | 乌鲁木齐 | 阴44 | 阳平上51 | 去213 | | 阴44 去213 | | | | 阳平上51 | 北疆片19点 |
| 永登型 | 永登 | 平44 | | 上53 | | 去13 | | 去13 | | 平44 | 金城片3点 |
| 古浪型 | 古浪 | 阴平上44 | 阳53 | 阴平上44 | | 去13 | | 去13 | | 阳53 | 金城片1点<br>河西片1点 |
| 盐池型 | 盐池 | 阴平44 | 阳平去13 | 上53 | | 阳平去13 | | 阳平去13 | | | 银吴片1点 |

续表

| 类型 | 方言 | 平 || 上 || 去 || 入 ||| 分布 |
|---|---|---|---|---|---|---|---|---|---|---|---|
| | | 清 | 浊 | 清 | 浊 | 清 | 浊 | 清 | 次 | 全 | |
| 民勤型 | 民勤 | 一声 55<br>二声 213<br>三声 53 | | | | | | | | | 河西片 3 点 |

卓尼音系古清平跟去声合流，读高平 44。有两种猜测：一是去声调值高化，与高平调的阴平合流；二是阴平调值高化，与高平调的去声合流（周边秦陇片阴平多为低降调，去声多为高平调）。而后一种可能性要大一些，因为在连读变调里，古清平有许多读成低降调，跟周边秦陇片方言接近。如果第二种猜测的可能性大，那么，古清平由低调到高平调或许是受兰银官话的影响（见上表）。

早期　　　　　　　　现在
阴平 *21 ←------ 兰银官话权威方言 44
阳平 24　　　　　　　阳平 24
上声 41　　　　　　　上声 41
去声 44　　　　　　　去声 44

临潭、卓尼音系的繁化是通过单元音 i 韵母的演化来推动的。深臻摄和曾梗摄三四等鼻音脱落后读 i，但并没有跟止摄蟹摄四等合流，而是推动着后者继续高化舌尖化舌叶化，使该韵摄声母由舌面音 tɕ、tɕʰ、ɕ 变成舌叶音 tʃ、tʃʰ、ʃ，而来自深臻摄和曾梗摄三四等合流后的 i 韵仍然可以跟舌面音声母 tɕ、tɕʰ、ɕ 拼合。演变轨迹如下：

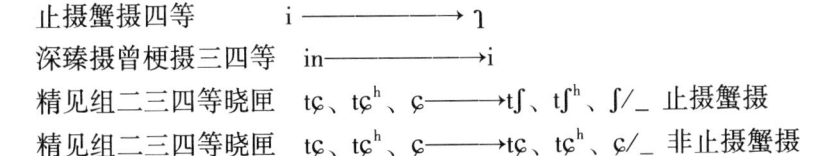

止摄蟹摄四等　　　　i ─────────→ ɿ
深臻摄曾梗摄三四等　　in─────────→i
精见组二三四等晓匣　　tɕ、tɕʰ、ɕ ──────→tʃ、tʃʰ、ʃ /_ 止摄蟹摄
精见组二三四等晓匣　　tɕ、tɕʰ、ɕ ──────→tɕ、tɕʰ、ɕ /_ 非止摄蟹摄

据上分析，甘南临潭、卓尼地处不同语言或汉语方言的结合部，两地汉语方言正是兰银官话和中原官话秦陇片激烈接触的地带。同时，由于历史上的移民关系，江淮官话的一些特点在这里也有一些踪迹，从而在音系上呈现出简化与繁化的倾向，而简化是其方音类型演化的总体方向。因此，这两地方言音系是研究西北方音类型演化的一个很好案例。

## 参考文献

曹志耘：《汉语方言地图集》，商务印书馆 2008 年版。

刘小丽：《临潭话词汇语法研究》，硕士学位论文，兰州大学，2010 年。

雒鹏、马亚宏、周蓉：《洮岷方言与普通话水平测试训练教程》，兰州大学出版社 2006 年版。

张维佳：《演化与竞争：关中方言音韵结构的变迁》，陕西人民出版社 2005 年版。

张燕来：《兰银官话语音研究》，博士学位论文，北京语言大学，2003 年。

中国社会科学院和澳大利亚人文科学院合编：《中国语言地图集》，（香港）朗文出版（远东）有限公司 1987 年版。

（张维佳　北京　北京师范大学文学院　zhangwj330@bnu.edu.cn；
李相霖　曲阜　曲阜师范大学文学院　lixianglin1228@163.com）

# 商州方言声调和《广韵》声调的比较

张成材

**提　要**：文章首先整体介绍今商州方言声调和中古音声调的演变关系，在此基础上重点讨论中古入声调在商州方言中的演变。
**关键词**：商州方言；古今声调；音韵地位；声调调类变化

近年来，我一直致力于我的母语的深入研究。先后写出《商州声母和〈广韵〉声母的比较》（张成材，2017a）、《商州韵母和〈广韵〉韵母的比较》（张成材，2017b），本文主要讨论商州方言声调和中古音声调的比较。

## 一　商州方言声调跟《广韵》声调的比较

请先看下表：

| 古类 \ 条件 \ 今类 | | 阴平 | 阳平 | 上声 | 去声 |
|---|---|---|---|---|---|
| 平 | 清 | 21 | | | |
| | 次浊 | | 35 | | |
| | 全浊 | | | | |
| 上 | 清 | | | 53 | |
| | 次浊 | | | | |
| | 浊 | | | | |
| 去 | 清 | | | | 55 |
| | 次浊 | | | | |
| | 全浊 | | | | |

续表

| 古类\今值\条件\今类 | | 阴平 | 阳平 | 上声 | 去声 |
|---|---|---|---|---|---|
| 入 | 清 | 21 | | | |
| | 次清 | | | | |
| | 次浊 | | | | |
| | 全浊 | | 35 | | |

下面顺便将商洛方言的声调和中古音的声调也一并列出以资对照：

| | | 平 | | | 上 | | | 去 | | | 入 | | | |
|---|---|---|---|---|---|---|---|---|---|---|---|---|---|---|
| | | 清 | 次浊 | 全浊 | 清 | 次浊 | 全浊 | 清 | 次浊 | 全浊 | 清 | 次清 | 次浊 | 全浊 |
| | | 诗天 | 麻龙 | 时同 | 史口 | 女老 | 士淡 | 试太 | 帽漏 | 事病 | 鸽节 | 铁切 | 热六 | 舌白 |
| 1 | 北京 | 阴平 55 | | 阳平 35 | 上声 214 | | | 去声 51 | | | 入派三声 | | | |
| 2 | 西安 | 21 | | 35 | 53 | | | 55 | | | 阴平 | | | 阳平 |
| 3 | 商州 | 21 | | 35 | 53 | | | 55 | | | 阴平 | | | 阳平 |
| 4 | 洛南 | 21 | | 35 | 53 | | | 55 | | | 阴平 | | | 阳平 |
| 5 | 山阳 | 21 | | 35 | 53 | | | 55 | | | 阴平 | | | 阳平 |
| 6 | 丹凤 | 21 | | 35 | 53 | | | 55 | | | 阴平 | | | 阳平 |
| 7 | 镇安 | 31 | | 53 | 55 | 22 | | 213 | 22 | | 阴平 | | | 阳平 |
| 8 | 柞水 | 31 | | 53 | 55 | 22 | | 213 | 22 | | 阴平 | | | 阳平 |
| 9 | 商南 | 31 | | 53 | 45 | | | 213 | | | 阴平 | | | 阳平 |

北京、商州都各是四个声调，镇安、柞水话去声分阴阳，具体说，去声清声字归为阴去，上声全浊字、去声次浊和全浊字归为阳去。镇安、柞水人学习普通话要注意声调的归并。

## 二 入声字的归类

下面我想着重对商州古入声字和今商州声调的变化加以详细讨论。商州方言属于中原官话的关中片。它的古清声母字、次清声母字和次浊声母字今读阴平。浊声母字今读阳平。当然规律之中有例外。我想对入声字根据《方言调查字表》逐一进行检查。清浊据《韵镜》，据《辞海·语言文字分册》（第43页）："【清浊】音韵学术语。①清音和浊音的合称。音韵学上分清音为全清、次清，分浊音为全浊、次浊。②《韵镜》称'次浊'为'清浊'。见'次浊'。"《韵镜》未收的字，参考了王力先生在《音韵学初步》一书中关于"清浊"的论述，用殷焕先、董绍克《实用音韵学》"古入声字今读表"作为补充。也参考了李新魁《汉语音韵学》P.146关于《广韵》声类表中对"清浊"的论述。看其走向，指出全清、次清、全浊、次浊的百分比和例外情况，这无论是对普通话学习时把握入声字的读音，对研究北方话入声的逐步消失过程，对研究方言的动态变化，研究汉语语音演变史都会有好处的。

| 汉字 | 中古音韵地位 | 清浊 | 今属调类 | 今音 | 备注 |
|---|---|---|---|---|---|
| 答 | 咸开一入合端 | 清 | 阴平 | $_\subset$ta | |
| 搭 | 咸开一入合端 | 次清* | 阴平 | $_\subset$ta | 所引殷书加"＊"号，下同 |
| 踏 | 咸开一入合透 | 浊 | 阳平 | $_\subset$tʰa | |
| 搨 | 咸开一入合透 | 次清 | 阴平 | $_\subset$tʰa | 搨本 |
| 沓 | 咸开一入合透 | 浊 | 阳平 | $_\subset$tʰa | 一沓纸 |
| 纳 | 咸开一入合泥（娘） | 次浊 | 阴平 | $_\subset$na | |
| 拉 | 咸开一入合来 | 次浊 | 阴平 | $_\subset$la | |
| 雜 | 咸开一入合從 | 浊 | 阳平 | $_\subset$tsa | |
| 合 | 咸开一入合见 | 浊 | 阴平 | $_\subset$kɤ | 十合一升 |
| 鸽 | 咸开一入合见 | 浊 | 阴平 | $_\subset$kɤ | |
| 喝 | 咸开一入合晓 | 清 | 阴平 | $_\subset$xɤ | |
| 合 | 咸开一入合匣 | 浊 | 阳平 | $_\subset$xɤ | |
| 盒 | 咸开一入合匣 | 浊* | 阳平 | $_\subset$xɤ | |

| | | | | | |
|---|---|---|---|---|---|
| 塔 | 咸开一入盍透 | 次清 | 阴平 | $_ct^ha$ | |
| 搨 | 咸开一入盍透 | 次清 | 阴平 | $_ct^ha$ | |
| 塌 | 咸开一入盍透 | 次清+ | 阴平 | $_ct^ha$ | +据王力《音韵学初步》补充 |
| 溻 | 咸开一入盍透 | 次清+ | 阴平 | $_ct^ha$ | |
| 臘 | 咸开一入盍来 | 次浊 | 阴平 | $_cla$ | |
| 蠟 | 咸开一入盍来 | 次浊+ | 阴平 | $_cla$ | |
| 鑞 | 咸开一入盍来 | 次浊* | 阴平 | $_cla$ | |
| 嗑 | 咸开一入盍溪 | 清 | 阴平 | $_ck^hɤ$ | |
| 劄 | 咸开二入洽知 | 清 | 阴平 | $_ctsa$ | 用针劄 |
| 眨 | 咸开二入洽照（莊） | 清 | 阴平 | $_ctsa$ | 眨眼 |
| 插 | 咸开二入洽穿（初） | 次清 | 阴平 | $_cts^ha$ | |
| 闸 | 咸开二入洽床（崇） | 清* | 阳平 | $_ctsa$ | 闸（牐） |
| 炸 | 咸开二入洽床（崇） | 清* | 阳平 | $_ctsa$ | 炸（煠，用油炸） |
| 夾 | 咸开二入合端 | 清 | 阴平 | $_ctɕia$ | |
| 袷 | 咸开二入合端 | 清* | 阴平 | $_ctɕia$ | |
| 恰 | 咸开二入洽溪 | 次清 | 上声 | $^ctɕ^hia$ | |
| 掐 | 咸开二入洽溪 | 次清+ | 阴平 | $_ctɕ^hia$ | |
| 狭 | 咸开二入洽匣 | 浊 | 阳平 | $_cɕia$ | |
| 峡 | 咸开二入洽匣 | 浊+ | 阳平 | $_cɕia$ | |
| 洽 | 咸开二入洽匣 | 浊 | 上声 | $^ctɕ^hia$ | |
| 甲 | 咸开三入狎见 | 次清 | 阴平 | $_ctɕia$ | |
| 胛 | 咸开三入狎见 | 清+ | 阴平 | $_ctɕia$ | 肩胛 |
| 匣 | 咸开三入狎匣 | 浊* | 阳平 | $_cɕia$ | 箱匣 |
| 鸭 | 咸开三入狎影 | 清 | 阴平 | $_cȵia$ | |
| 压 | 咸开三入狎影 | 清* | 阴平 | $_cȵia$ | |
| 聂 | 咸开三入葉泥（娘） | 次浊 | 阴平 | $_cȵiɛ$ | 聂（姓） |
| 镊 | 咸开三入葉泥（娘） | 次浊* | 阴平 | $_cȵiɛ$ | 镊（镊子） |
| 蹑 | 咸开三入葉泥（娘） | 次浊+ | 阴平 | $_cȵiɛ$ | 蹑（蹑脚走） |
| 獵 | 咸开三入葉来 | 次浊 | 阴平 | $_cliɛ$ | |
| 接 | 咸开三入葉精 | 清 | 阴平 | $_ctɕiɛ$ | |

## 商州方言声调和《广韵》声调的比较

| | | | | | |
|---|---|---|---|---|---|
| 妾 | 咸开三入葉清 | 次清 | 阴平 | ₋tɕʰiɛ | |
| 捷 | 咸开三入葉從 | 浊 | 阳平 | ₋tɕiɛ | |
| 摺 | 咸开三入葉照（章） | 清* | 阴平 | ₋tʂɤ | 摺（折）叠 |
| 褶 | 咸开三入葉照（章） | 浊 | 阴平 | ₋tʂɤ | 褶纹 |
| 攝 | 咸开三入葉審（書） | 清 | 阴平 | ₋ʂɤ | |
| 涉 | 咸开三入葉禅 | 浊 | 阴平 | ₋ʂɤ | |
| 腌 | 咸开三入葉影 | 清⁺ | 上声 | ᶜiaã | 酒腌 |
| 葉 | 咸开三入葉喻（以） | 次浊 | 阴平 | ₋iɛ | |
| 頁 | 咸开三入葉喻（以） | 次浊⁺ | 阴平 | ₋iɛ | |
| 劫 | 咸开三入業见 | 清* | 阴平 | ₋tɕiɛ | |
| 怯 | 咸开三入業溪 | 次清 | 阴平 | ₋tɕʰiɛ | 畏怯 |
| 业 | 咸开三入業疑 | 次浊 | 阴平 | ₋ȵiɛ | |
| 脅 | 咸开三入業曉 | 清 | 阴平 | ₋ɕiɛ | |
| 腌 | 咸开三入業影 | 清 | 阴平 | ₋ȵiã | |
| 跌 | 咸开四入帖端 | 浊* | 阴平 | ₋tsiɛ | |
| 帖 | 咸开四入帖透 | 次清* | 阴平 | ₋tsʰiɛ | 字帖，请帖 |
| 贴 | 咸开四入帖透 | 次清* | 阴平 | ₋tsʰiɛ | |
| 叠 | 咸开四入帖定 | 浊 | 阳平 | ₋tsiɛ | |
| 碟 | 咸开四入帖定 | 浊 | 阳平 | ₋tsʰiɛ | |
| 牒 | 咸开四入帖定 | 浊 | 阳平 | ₋tsiɛ | |
| 蝶 | 咸开四入帖定 | 浊 | 阳平 | ₋tsiɛ | |
| 諜 | 咸开四入帖定 | 浊 | 阳平 | ₋tsiɛ | |
| 茶 | 咸开四入帖泥（娘） | 次浊⁺ | 去声 | ȵiɛᶜ | 发茶 |
| 挾 | 咸开四入帖见 | 浊 | 阴平 | ₋tɕia | 挾菜 |
| 協 | 咸开四入帖匣 | 浊 | 阳平 | ₋ɕiɛ | |
| 法 | 咸合三入乏非 | 次清 | 阴平 | ₋fa | 方法，法子 |
| 乏 | 咸合三入乏奉 | 浊 | 阳平 | ₋fa | |
| 立 | 深开三入緝來 | 次浊 | 阴平 | ₋li | |
| 笠 | 深开三入緝來 | 次浊⁺ | 阴平 | ₋li | |
| 粒 | 深开三入緝來 | 次浊* | 阴平 | ₋li | |

| | | | | | | |
|---|---|---|---|---|---|---|
| 缉 | 深开三入缉清 | 次清* | 去声 | tɕʰi⁼ | | 缉鞋口 |
| 集 | 深开三入缉從 | 浊 | 阴平 | ₌tɕi | | 上集₌tɕʰi |
| 缉 | 深开三入缉從 | 次清 | 阴平 | ₌tɕi | | 编辑 |
| 習 | 深开三入缉邪 | 浊 | 阳平 | ₌ɕi | | |
| 襲 | 深开三入缉邪 | 浊⁺ | 上声 | ₌ɕi | | |
| 蛰 | 深开三入缉澄 | 浊 | 阳平 | ₌tʂɤ | | 惊蛰 |
| 澀 | 深开三入缉審（生） | 清 | 阴平 | ₌sei | | |
| 執 | 深开三入缉照（章） | 清 | 阴平 | ₌tʂʅ | | |
| 汁 | 深开三入缉照（章） | 清* | 阴平 | ₌tʂʅ | | |
| 濕 | 深开三入缉審（書） | 清 | 阴平 | ₌ʂʅ | | |
| 十 | 深开三入缉禅 | 浊 | 阳平 | ₌ʂʅ | | |
| 什 | 深开三入缉禅 | 浊* | 阳平 | ₌ʂʅ | | 什物 |
| 拾 | 深开三入缉禅 | 浊* | 阳平 | ₌ʂʅ | | 拾起来 |
| 入 | 深开三入缉日 | 次浊 | 阴平 | ₌zʯ | | |
| 急 | 深开三入缉见 | 清 | 阳平 | ₌tɕi | | |
| 级 | 深开三入缉见 | 清* | 阴平 | ₌tɕi | | |
| 给 | 深开三入缉见 | 清⁺ | 阴平 | ₌tɕi | | 供给 |
| 泣 | 深开三入缉溪 | 次清 | 去声 | tɕʰi⁼ | | |
| 嚛 | 深开三入缉溪 | 次清⁺ | 去声 | tɕʰiŋ⁼ | | 雨过路嚛啦！ |
| 及 | 深开三入缉羣 | 浊 | 阳平 | ₌tɕi | | |
| 吸 | 深开三入缉曉 | 清 | 阴平 | ₌ɕi | | |
| 揖 | 深开三入缉影 | 清 | 阴平 | ₌i | | 作揖 |
| 獺 | 山开一入曷透 | 清* | 阴平 | ₌tʰa | | 水獭 |
| 達 | 山开一入曷定 | 浊 | 阳平 | ₌ta | | |
| 捺 | 山开一入曷泥（娘） | 次浊 | 阴平 | ₌na | | 撒捺 |
| 辣 | 山开一入曷來 | 次浊* | 阳平 | ₌la | | 同粹① |
| 癞 | 山开一入曷來 | 次浊⁺ | 阳平 | ₌la | | |
| 擦 | 山开一入曷清 | 次清* | 阴平 | ₌tsʰa | | |

---

① 见《国音字典》P. 331，中国大辞典编纂处编，商务印书馆 1949 年。

## 商州方言声调和《广韵》声调的比较

| | | | | | |
|---|---|---|---|---|---|
| 撒 | 山开一入曷心 | 清* | 上声 | $^csa$ | 撒手，撒种 |
| 薩 | 山开一入曷心 | 清+ | 上声 | $^csa$ | |
| 割 | 山开一入曷见 | 清* | 阴平 | $_ckɤ$ | |
| 葛 | 山开一入曷见 | 清 | 阴平 | $_ckɤ$ | |
| 渴 | 山开一入曷溪 | 次清 | 阴平 | $_ck^hɤ$ | |
| 喝 | 山开一入曷晓 | 清 | 阴平 | $_cxuo$ | 喝彩，吆喝 |
| 八 | 山开二入黠帮 | 清 | 阴平 | $_cpa$ | |
| 拔 | 山开二入黠帮 | 浊 | 阳平 | $_cp^ha$ | |
| 抹 | 山开二入黠明 | 次浊* | 阴平 | $_cma$ | 抹布 |
| 札 | 山开二入黠照（莊） | 清 | 上声 | $^ctsa$ | |
| 紮 | 山开二入黠照（莊） | 清+ | 上声 | $^ctsa$ | |
| 察 | 山开二入黠穿（初） | 次清 | 阴平 | $_cts^ha$ | |
| 殺 | 山开二入黠審（生） | 清 | 阴平 | $_csa$ | |
| 軋 | 山开二入黠影 | 清 | 去声 | $ŋia^ɔ$ | 轧花 |
| 鍘 | 山开二入鎋床（崇） | 浊+ | 阳平 | $_cts^ha$ | 铡刀 |
| 瞎 | 山开二入鎋晓 | 清 | 阴平 | $_cxa$ | |
| 辖 | 山开二入鎋匣 | 浊 | 阳平 | $_cɕia$ | 管辖 |
| 別 | 山开三入薛帮 | 浊 | 阳平 | $_cpiɛ$ | |
| 鱉 | 山开三入薛帮 | 清 | 阴平 | $_cpiɛ$ | |
| 別 | 山开三入薛滂 | 浊 | 阳平 | $_cp^hiɛ$ | 离别 |
| 滅 | 山开三入薛明 | 次浊 | 阴平 | $_cmiɛ$ | |
| 列 | 山开三入薛來 | 次浊 | 阴平 | $_cliɛ$ | |
| 烈 | 山开三入薛來 | 次浊 | 阴平 | $_cliɛ$ | |
| 裂 | 山开三入薛來 | 浊* | 阴平 | $_cliɛ$ | |
| 薛 | 山开三入薛心 | 清 | 阴平 | $_cɕiɛ$ | |
| 泄 | 山开三入薛心 | 清* | 阴平 | $_cɕiɛ$ | 泄露 |
| 哲 | 山开三入薛知 | 清 | 阴平 | $_ctʂɤ$ | |
| 蜇 | 山开三入薛知 | 浊* | 阴平 | $_ctʂɤ$ | 蝎子蜇人 |
| 徹 | 山开三入薛徹 | 浊 | 阳平 | $_ctʂɤ$ | |
| 撤 | 山开三入薛徹 | 浊* | 上声 | $^ctʂ^hɤ$ | |

| | | | | | |
|---|---|---|---|---|---|
| 辙 | 山开三入薛澄 | 浊 | 阳平 | tʂɤ˗ | |
| 折 | 山开三入薛照（章） | 清⁺ | 上声 | tʂɤ˞ | 折断 |
| 浙 | 山开三入薛照（章） | 清* | 阴平 | ˗tʂɤ | |
| 舌 | 山开三入薛床（船） | 浊 | 阳平 | ʂɤ˗ | |
| 設 | 山开三入薛審（書） | 清 | 阴平 | ˗ʂɤ | |
| 折 | 山开三入薛禅 | 浊 | 阳平 | ʂɤ˗ | 弄折啦 |
| 热 | 山开三入薛日 | 次浊 | 阴平 | ˗z̩ɤ | |
| 傑 | 山开三入薛羣 | 浊 | 阳平 | ˗tɕiɛ | |
| 孼 | 山开三入薛疑 | 次浊 | 阴平 | ˗ɲiɛ | |
| 拽 | 山开三入薛喻（以） | 次浊 | 阴平 | ˗iɛ | 拖拽 |
| 揭 | 山开三入月见 | 浊 | 阴平 | ˗tɕiɛ | |
| 歇 | 山开三入月晓 | 清 | 阴平 | ˗ɕiɛ | |
| 蠍 | 山开三入月晓 | 清⁺ | 阴平 | ˗ɕiɛ | |
| 憋 | 山开四入屑帮 | 清* | 阴平 | ˗piɛ | |
| 撇 | 山开四入屑滂 | 次清* | 阴平 | ˗pʰiɛ | 撇捺，撇开 |
| 篾 | 山开四入屑明 | 浊* | 阳平 | ˗mi | 竹篾 |
| 鉄 | 山开四入屑透 | 次清 | 阴平 | ˗tsʰiɛ | |
| 捏 | 山开四入屑泥（娘） | 次浊* | 阴平 | ˗ɲiɛ | |
| 節 | 山开四入屑精 | 清 | 阴平 | ˗tɕiɛ | |
| 切 | 山开四入屑清 | 次清 | 阴平 | ˗tɕʰiɛ | 切削 |
| 截 | 山开四入屑従 | 浊* | 阴平 | ˗tɕiɛ | |
| 屑 | 山开四入屑心 | 清 | 阴平 | ˗ɕiao | 不屑 |
| 屑 | 山开四入屑心 | 清 | 阴平 | ˗ɕiɛ | |
| 楔 | 山开四入屑心 | 清⁺ | 阴平 | ˗ɕiɛ | 木屑，加楔子，楔橛子 |
| 結 | 山开四入屑见 | 清 | 阴平 | ˗tɕiɛ | |
| 潔 | 山开四入屑见 | 清* | 阳平 | ˗tɕiɛ | |
| 噎 | 山开四入屑影 | 清 | 阴平 | ˗iɛ | 噎住了 |
| 鉢 | 山合一入末帮 | 清⁺ | 阴平 | ˗puo | |
| 拨 | 山合一入末帮 | 清 | 阴平 | ˗puo | |
| 泼 | 山合一入末滂 | 次清 | 阴平 | ˗pʰuo | |

| 钹 | 山合一入末並 | 浊+ | 阴平 | ₋pʰuo | |
|---|---|---|---|---|---|
| 末 | 山合一入末明 | 次浊 | 阴平 | ₋muo | |
| 没 | 山合一入末明 | 次浊 | 阴平 | ₋muo | |
| 抹 | 山合一入末明 | 次浊* | 上声 | ᶜmuo | |
| 掇 | 山合一入末端 | 清 | 上声 | ᶜtuo | 拾掇，掂掇 |
| 脱 | 山合一入末透 | 次清* | 阴平 | ₋tʰuo | |
| 夺 | 山合一入末定 | 浊 | 阳平 | ₋tuo | ₋tuo（文）₋tʰuo（白）|
| 捋 | 山合一入末来 | 次浊 | 阴平 | ₋ly | 捋袖，捋胡子 |
| 撮 | 山合一入末清 | 次清 | 阴平 | ₋tsɥo | 一撮米 |
| 括 | 山合一入末见 | 清 | 阴平 | ₋kʰuo | 包括 |
| 聒 | 山合一入末见 | 清+ | 阴平 | ₋kuo | 聒耳朵 |
| 阔 | 山合一入末溪 | 次清 | 阴平 | ₋kʰuo | |
| 豁 | 山合一入末晓 | 清 | 阴平 | ₋xuo | 豁然，豁嘴，豁口 |
| 活 | 山合一入末匣 | 浊 | 阳平 | ₋xuo | |
| 滑 | 山合二入黠匣 | 浊 | 阳平 | ₋xua | |
| 猾 | 山合二入黠匣 | 浊* | 阳平 | ₋xua | 狡猾 |
| 挖 | 山合二入黠影 | 清* | 阴平 | ₋ua | 挖（㧟）|
| 刷 | 山合二入黠審（生）| 清 | 阴平 | ₋sɥa | |
| 刮 | 山合二入黠见 | 清* | 阴平 | ₋kua | |
| 劣 | 山合三入薛来 | 次浊 | 阴平 | ₋lyɛ | |
| 绝 | 山合三入薛从 | 浊* | 阳平 | ₋tɕyɛ | |
| 雪 | 山合三入薛心 | 清 | 阴平 | ₋ɕyɛ | |
| 拙 | 山合三入薛照（章）| 清 | 阴平 | ₋tɕyɛ | |
| 说 | 山合三入薛審（書）| 清 | 阴平 | ₋sɥo | 说话 |
| 悦 | 山合三入薛喻（以）| 次浊 | 阴平 | ₋yo | |
| 阅 | 山合三入薛喻（以）| 次浊* | 阴平 | ₋yo | |
| 髪 | 山合三入月非 | 清 | 阴平 | ₋fa | |
| 發 | 山合三入月非 | 清 | 阴平 | ₋fa | |
| 伐 | 山合三入月奉 | 浊 | 阳平 | ₋fa | |
| 筏 | 山合三入月奉 | 浊+ | 阳平 | ₋fa | |

| | | | | | |
|---|---|---|---|---|---|
| 罚 | 山合三入月奉 | 浊 | 阳平 | ₍fa | |
| 袜 | 山合三入月微 | 次浊 | 阴平 | ₍va | |
| 厥 | 山合三入月见 | 清 | 阳平 | ₍tɕyɛ | |
| 憠 | 山合三入月见 | 清⁺ | 去声 | tɕyɛ⁼ | 憠（脾气倔） |
| 掘 | 山合三入月群 | 浊 | 阴平 | ₍tɕyɛ | |
| 橛 | 山合三入月群 | 浊⁺ | 阳平 | ₍tɕʰyɛ | 橛子 |
| 月 | 山合三入月疑 | 次浊 | 阴平 | ₍yɛ | |
| 哕 | 山合三入月影 | 清 | 去声 | yɛ⁼ | 乾哕 |
| 越 | 山合三入月喻（云） | 次浊 | 阴平 | ₍yɛ | |
| 曰 | 山合三入月喻（云） | 次浊* | 阴平 | ₍yɛ | |
| 粤 | 山合三入月喻（云） | 次浊* | 阴平 | ₍yɛ | |
| 决 | 山合四入屑见 | 清* | 阴平 | ₍tɕyɛ | 解决 |
| 诀 | 山合四入屑见 | 清* | 阴平 | ₍tɕyɛ | 口诀 |
| 缺 | 山合四入屑溪 | 次清 | 阴平 | ₍tɕʰyɛ | |
| 血 | 山合四入屑晓 | 清 | 阴平 | ₍ɕiɛ | |
| 穴 | 山合四入屑匣 | 浊 | 阳平 | ₍ɕiɛ | |
| 笔 | 臻开三入质帮 | 清 | 阴平 | ₍pi | |
| 毕 | 臻开三入质帮 | 清⁺ | 阴平 | ₍pi | |
| 必 | 臻开三入质帮 | 清 | 阴平 | ₍pi | |
| 匹 | 臻开三入质滂 | 次清 | 阳平 | ₍pʰi | 一匹布，一匹马 |
| 弼 | 臻开三入质并 | 浊 | 上声 | ⁼pʰi | |
| 密 | 臻开三入质明 | 清 | 阴平 | ₍mi | |
| 蜜 | 臻开三入质明 | 次浊 | 阴平 | ₍mi | |
| 栗 | 臻开三入质来 | 次浊 | 阴平 | ₍li | |
| 七 | 臻开三入质清 | 次清 | 阴平 | ₍tɕʰi | |
| 漆 | 臻开三入质清 | 次清* | 阴平 | ₍tɕʰi | |
| 疾 | 臻开三入质从 | 浊 | 阳平 | ₍tɕi | |
| 悉 | 臻开三入质心 | 清* | 阴平 | ₍ɕi | |
| 膝 | 臻开三入质心 | 清⁺ | 阴平 | ₍tɕʰi | |
| 侄 | 臻开三入质澄 | 次清 | 阳平 | ₍tʂʅ | |

| | | | | | |
|---|---|---|---|---|---|
| 秩 | 臻开三入質澄 | 浊 | 阴平 | $_ctʂʅ$ | |
| 涩 | 臻开三入質審（生） | 清 | 阴平 | $_csei$ | |
| 瑟 | 臻开三入質審（生） | 清 | 阴平 | $_csei$ | |
| 質 | 臻开三入質照（章） | 清 | 阴平 | $_ctʂʅ$ | |
| 實 | 臻开三入質床（船） | 浊 | 阳平 | $_cʂʅ$ | |
| 失 | 臻开三入質審（書） | 清 | 阴平 | $_cʂʅ$ | |
| 室 | 臻开三入質審（書） | 清* | 阴平 | $_cʂʅ$ | |
| 日 | 臻开三入質日 | 次浊* | 阴平 | $_cɚ$ | |
| 吉 | 臻开三入質见 | 清 | 阴平 | $_ctɕi$ | |
| 乙 | 臻开三入質影 | 清 | 阴平 | $_ci$ | |
| 一 | 臻开三入質影 | 清 | 阴平 | $_ci$ | |
| 逸 | 臻开三入質喻（以） | 浊 | 阳平 | $_ci$ | |
| 讫 | 臻开三入迄见 | 清 | 阴平 | $_ctɕʰi$ | |
| 乞 | 臻开三入迄见 | 次清 | 阴平 | $_ctɕʰi$ | |
| 不 | 臻合一入没帮 | 清* | 阴平 | $_cpu$ | |
| 勃 | 臻合一入没並 | 浊 | 阳平 | $_cpuo$ | |
| 饽 | 臻合一入没並 | 浊 | 阴平 | $_cpʰu$ | 面饽 |
| 没 | 臻合一入没明 | 次浊 | 阴平 | $_cmuo$ | 没有，沉没 |
| 突 | 臻合一入没定 | 浊 | 上声 | $^ctʰou$ | |
| 卒 | 臻合一入没精 | 清 | 阳平 | $_ctsou$ | 兵卒 |
| 猝 | 臻合一入没清 | 次清* | 阴平 | $_ctsʰou$ | 仓猝 |
| 骨 | 臻合一入没见 | 清 | 阴平 | $_cku$ | 筋骨，骨头 |
| 窟 | 臻合一入没溪 | 清 | 阴平 | $_ckʰu$ | 窟窿 |
| 杌 | 臻合一入没疑 | 次浊⁺ | 阴平 | $_cvu$ | 杌子 |
| 忽 | 臻合一入没曉 | 清 | 阴平 | $_cxu$ | |
| 核 | 臻合一入没匣 | 清* | 阳平 | $_cxu$ | 核（槭） |
| 律 | 臻合三入術來 | 次浊 | 阴平 | $_cly$ | |
| 率 | 臻合三入術來 | 清 | 阴平 | $_cly$ | 效率 |
| 焌 | 臻合三入術清 | 次清⁺ | 阳平 | $_ctɕʰy$ | 焌米饭 |
| 黢 | 臻合三入術清 | 次清⁺ | 阴平 | $_ctɕʰy$ | 黢黑 |

| | | | | | |
|---|---|---|---|---|---|
| 戌 | 臻合三入術心 | 清⁺ | 阴平 | ₋ɕy | |
| 恤 | 臻合三入術心 | 清 | 阴平 | ₋ɕy | |
| 术 | 臻合三入術澄 | 浊 | 阴平 | ₋tsʮ | 苍术 |
| 率 | 臻合三入術審（書） | 清 | 去声 | sɥai⁻ | 率领 |
| 蟀 | 臻合三入術審（書） | 清⁺ | 去声 | sɥai⁻ | |
| 出 | 臻合三入術穿（昌） | 清 | 阴平 | ₋tsʰʮ | |
| 術 | 臻合三入術床（船） | 浊⁺ | 阳平 | ₋sʮ | |
| 述 | 臻合三入術床（船） | 浊* | 去声 | sʮ⁻ | |
| 秫 | 臻合三入術床（船） | 浊⁺ | 上声 | ⁻sʮ | |
| 橘 | 臻合三入術见 | 清* | 阴平 | ₋tɕy | |
| 彿 | 臻合三入物敷 | 次清⁺ | 阳平 | ₋fu | 彷彿 |
| 佛 | 臻合三入物奉 | 浊 | 阳平 | ₋fuo | |
| 物 | 臻合三入物微 | 次浊 | 阴平 | ₋vuo | |
| 勿 | 臻合三入物微 | 次浊* | 阴平 | ₋vuo | |
| 屈 | 臻合三入物溪 | 浊 | 阴平 | ₋tɕʰy | |
| 掘 | 臻合三入物羣 | 浊* | 阴平 | ₋tɕyɛ | |
| 倔 | 臻合三入物羣 | 浊 | 去声 | tɕyɛ⁻ | 倔强 |
| 博 | 宕开一入鐸帮 | 清 | 阴平 | ₋puo | |
| 泊 | 宕开一入鐸滂 | 次清 | 阴平 | ₋pʰuo | 梁山泊 |
| 薄 | 宕开一入鐸並 | 浊 | 阳平 | ₋puo | |
| 莫 | 宕开一入鐸明 | 次浊 | 阴平 | ₋muo | |
| 寞 | 宕开一入鐸明 | 次浊* | 阴平 | ₋muo | |
| 摸 | 宕开一入鐸明 | 次浊⁺ | 阴平 | ₋muo | "摸"又读 ₋mao |
| 膜 | 宕开一入鐸明 | 次浊⁺ | 阳平 | ₋muo | |
| 幕 | 宕开一入鐸明 | 次浊 | 去声 | mu⁻ | |
| 託 | 宕开一入鐸透 | 次清 | 阴平 | ₋tʰuo | |
| 托 | 宕开一入鐸透 | 次清* | 阴平 | ₋tʰuo | 托（手承物） |
| 鐸 | 宕开一入鐸定 | 浊 | 阳平 | ₋tuo | |
| 踱 | 宕开一入鐸定 | 浊⁺ | 阳平 | ₋tuo | |
| 諾 | 宕开一入鐸泥（娘） | 次浊 | 上声 | ⁻nuo | |

| 字 | 广韵 | 清浊 | 调 | 音 | 备注 |
|---|---|---|---|---|---|
| 落 | 宕开一入鐸來 | 次浊 | 阴平 | $_c$luo | |
| 烙 | 宕开一入鐸來 | 次浊* | 阴平 | $_c$luo | |
| 駱 | 宕开一入鐸來 | 次浊* | 阴平 | $_c$luo | |
| 酪 | 宕开一入鐸來 | 次浊* | 阴平 | $_c$luo | |
| 洛 | 宕开一入鐸來 | 次浊* | 阴平 | $_c$luo | |
| 络 | 宕开一入鐸來 | 次浊* | 阴平 | $_c$luo | |
| 樂 | 宕开一入鐸來 | 次浊* | 阴平 | $_c$luo | |
| 作 | 宕开一入鐸精 | 清 | 阴平 | $_c$tsɥo | 作坊，工作 |
| 错 | 宕开一入鐸清 | 次清 | 阴平 | $_c$tsʰɥo | 错杂 |
| 鑿 | 宕开一入鐸從 | 清* | 阳平 | $_c$tsʰɥo | |
| 昨 | 宕开一入鐸從 | 浊 | 阳平 | $_c$tsɥo | |
| 柞 | 宕开一入鐸從 | 浊⁺ | 去声 | tsa$^⊃$ | |
| 索 | 宕开一入鐸心 | 清 | 阴平 | $_c$sɥo | 绳索 |
| 各 | 宕开一入鐸見 | 清 | 阴平 | $_c$kɤ | |
| 阁 | 宕开一入鐸見 | 清 | 阴平 | $_c$kɤ | |
| 搁 | 宕开一入鐸見 | 清* | 阳平 | $_c$kɤ | |
| 胳 | 宕开一入鐸見 | 清* | 阴平 | $_c$kɯ | 胳膊 |
| 鄂 | 宕开一入鐸疑 | 次浊* | 阳平 | $_c$ŋɤ | |
| 郝 | 宕开一入鐸曉 | 清⁺ | 阴平 | $_c$xuo | 郝（姓） |
| 蠚 | 宕开一入鐸曉 | 清⁺ | 阴平 | $_c$tʂə | 一般称蜂蛰人 |
| 鹤 | 宕开一入鐸匣 | 浊* | 阴平 | $_c$xuo | |
| 恶 | 宕开一入鐸影 | 清 | 阴平 | $_c$ŋɤ | 善恶 |
| 掠 | 宕开三入藥來 | 次浊* | 上声 | $^c$luo | |
| 略 | 宕开三入藥來 | 次浊 | 上声 | $^c$luo | |
| 爵 | 宕开三入藥精 | 清 | 阳平 | $_c$tɕyo | |
| 雀 | 宕开三入藥精 | 清* | 上声 | $^c$tɕʰyo | 麻雀（白读$^c$tɕʰiao） |
| 鹊 | 宕开三入藥清 | 次清* | 阴平 | $_c$tɕʰyo | 喜鹊 |
| 嚼 | 宕开三入藥從 | 浊 | 阳平 | $_c$tɕʰyo | |
| 削 | 宕开三入藥心 | 清 | 阴平 | $_c$ɕyo | |
| 着 | 宕开三入藥知 | 浊 | 阴平 | $_c$tʂuo | 着衣 |

| | | | | | |
|---|---|---|---|---|---|
| 着 | 宕开三入藥澄 | 浊 | 阳平 | $tʂ^huo$ | 睡着啦 |
| 酌 | 宕开三入藥照（章） | 清* | 阴平 | $tʂuo$ | |
| 绰 | 宕开三入藥穿（昌） | 清* | 阴平 | $tʂ^huo$ | |
| [焯] | 宕开三入藥穿（昌） | 次清+ | 去声 | $tsao^⊃$ | 把菜放在开水里焯焯 |
| 勺 | 宕开三入藥禅 | 浊 | 阳平 | $ɕyo$ | 勺子 |
| 芍 | 宕开三入藥禅 | 浊* | 阳平 | $ɕyo$ | 芍药花 |
| 若 | 宕开三入藥日 | 次浊* | 阴平 | $luo$ | |
| 弱 | 宕开三入藥日 | 次浊* | 阴平 | $luo$ | |
| 脚 | 宕开三入藥见 | 清 | 阴平 | $tɕyo$ | |
| 却 | 宕开三入藥溪 | 次清 | 阴平 | $tɕ^hyo$ | |
| 虐 | 宕开三入藥疑 | 次浊 | 阴平 | $yo$ | |
| 疟 | 宕开三入藥疑 | 次浊* | 阴平 | $yo$ | 疟疾 |
| 约 | 宕开三入藥影 | 清 | 阴平 | $yo$ | |
| 藥 | 宕开三入藥喻（以） | 次浊 | 阴平 | $yo$ | |
| 鑰 | 宕开三入藥喻（以） | 次浊+ | 阴平 | $yo$ | 钥匙 |
| 躍 | 宕开三入藥喻（以） | 次浊* | 上声 | $yo$ | |
| 郭 | 宕合一入鐸见 | 清* | 阴平 | $kuo$ | |
| 廓 | 宕合一入鐸溪 | 次清* | 阴平 | $k^huo$ | |
| 擴 | 宕合一入鐸溪 | 次清* | 阴平 | $k^huo$ | 擴充 |
| 霍 | 宕合一入鐸晓 | 清 | 阴平 | $xuo$ | |
| 藿 | 宕合一入鐸晓 | 清+ | 阴平 | $xuo$ | 藿香 |
| 劐 | 宕合一入鐸晓 | 清+ | 阴平 | $xuo$ | 用刀子劐开 |
| 鑊 | 宕合一入鐸匣 | 浊+ | 阴平 | $xuo$ | 鑊（锅） |
| 缚 | 宕合三入藥奉 | 浊 | 阴平 | $fuo$ | |
| 钁 | 宕合三入藥见 | 清+ | 阴平 | $tɕyɛ$ | 钁头 |
| 剥 | 江开二入覺帮 | 清 | 阴平 | $puo$ | |
| 驳 | 江开二入覺帮 | 清+ | 阴平 | $puo$ | |
| 樸 | 江开二入覺滂 | 次清+ | 上声 | $p^hu$ | |
| 朴 | 江开二入覺滂 | 次清+ | 上声 | $p^hu$ | |
| 雹 | 江开二入覺並 | 浊 | 阴平 | $pao$ | |

| | | | | | |
|---|---|---|---|---|---|
| 桌 | 江开二入覺知 | 清 | 阴平 | ₋tsɥo | |
| 卓 | 江开二入覺知 | 清* | 阴平 | ₋tsɥo | |
| 琢 | 江开二入覺知 | 清⁺ | 阳平 | ₋tsɥo | |
| 啄 | 江开二入覺知 | 清* | 阳平 | ₋tsɥo | |
| 涿 | 江开二入覺知 | 清⁺ | 阳平 | ₋tsɥo | 涿县，涿鹿 |
| 戳 | 江开二入覺徹 | 次清* | 阴平 | ₋tsʰɥo | |
| 濁 | 江开二入覺澄 | 浊 | 阳平 | ₋tsɥo | |
| 捉 | 江开二入覺照（莊） | 清 | 阴平 | ₋tsɥo | |
| 镯 | 江开二入覺床（崇） | 清 | 阳平 | ₋ɕyo | 镯子 |
| 朔 | 江开二入覺審（生） | 清 | 阴平 | ₋sɥo | |
| 覺 | 江开二入覺見 | 清 | 阴平 | ₋tɕyo | |
| 角 | 江开二入覺見 | 清⁺ | 阴平 | ₋tɕyo | |
| 餃 | 江开二入覺見 | 清⁺ | 上声 | ⸌tɕiao | 餃子 |
| 碻 | 江开二入覺溪 | 次清* | 上声 | ⸌tɕʰyo | |
| 殼 | 江开二入覺溪 | 次清* | 阴平 | ₋tɕʰyo | |
| 嶽 | 江开二入覺疑 | 次浊⁺ | 阳平 | ₋yo | |
| 岳 | 江开二入覺疑 | 次浊 | 阴平 | ₋yo | |
| 樂 | 江开二入覺疑 | 次浊* | 阳平 | ₋yo | 音樂 |
| 學 | 江开二入覺匣 | 浊 | 阳平 | ₋ɕyo | |
| 握 | 江开二入覺影 | 清* | 阴平 | ₋ȵyo | |
| 北 | 曾开一入德幫 | 清 | 阴平 | ₋pei | |
| 墨 | 曾开一入德明 | 次浊 | 阳平 | ₋mei | |
| 默 | 曾开一入德明 | 次浊* | 阴平 | ₋mei | |
| 得 | 曾开一入德端 | 清 | 阴平 | ₋tei | |
| 德 | 曾开一入德端 | 清 | 阴平 | ₋tei | |
| 忒 | 曾开一入德透 | 次清 | 去声 | tʰei⸍ | 忒好（北京话） |
| 特 | 曾开一入德定 | 浊 | 阳平 | ₋tʰei | |
| 肋 | 曾开一入德來 | 次浊⁺ | 阳平 | ₋lei | |
| 勒 | 曾开一入德來 | 次浊 | 阳平 | ₋lei | |
| 則 | 曾开一入德精 | 清 | 阴平 | ₋tsei | |

| | | | | | | |
|---|---|---|---|---|---|---|
| 贼 | 曾开一入德從 | 浊 | 阳平 | tsei₋ | | |
| 塞 | 曾开一入德心 | 清* | 阴平 | sei₋ | | |
| 刻 | 曾开一入德溪 | 次清 | 阴平 | kʰei₋ | 时刻 | |
| 刻 | 曾开一入德溪 | 次清 | 阴平 | kʰei₋ | 用刀子刻 | |
| 克 | 曾开一入德溪 | 次清* | 阴平 | kʰei₋ | | |
| 黑 | 曾开一入德晓 | 清 | 阴平 | xei₋ | | |
| 逼 | 曾开三入职帮 | 清 | 阴平 | pi₋ | | |
| 匿 | 曾开三入职泥（娘） | 次浊 | 去声 | ȵi⁼ | | |
| 力 | 曾开三入职来 | 次浊 | 阴平 | li₋ | | |
| 即 | 曾开三入职精 | 清 | 阴平 | tɕi₋ | | |
| 鲫 | 曾开三入职精 | 清* | 阴平 | tɕi₋ | | |
| 息 | 曾开三入职心 | 清 | 阴平 | ɕi₋ | | |
| 熄 | 曾开三入职心 | 清* | 阴平 | ɕi₋ | | |
| 媳 | 曾开三入职心 | 清⁺ | 阴平 | ɕi₋ | | |
| 稙 | 曾开三入职知 | 清⁺ | 阴平 | tʂʅ₋ | 早种禾 | |
| 飭 | 曾开三入职彻 | 次清⁺ | 上声 | tʂʰʅ꜂ | | |
| 直 | 曾开三入职澄 | 浊 | 阳平 | tʂʅ₋ | | |
| 值 | 曾开三入职澄 | 浊 | 阳平 | tʂʅ₋ | | |
| 侧 | 曾开三入职照（莊） | 次清* | 阴平 | tsʰei₋ | | |
| 测 | 曾开三入职穿（初） | 次清 | 阴平 | tsʰei₋ | | |
| 色 | 曾开三入职审（生） | 清 | 阴平 | sei₋ | | |
| 啬 | 曾开三入职审（生） | 清⁺ | 阴平 | sei₋ | 吝啬 | |
| 织 | 曾开三入职照（章） | 清* | 阴平 | tʂʅ₋ | | |
| 职 | 曾开三入职照（章） | 清 | 阴平 | tʂʅ₋ | | |
| 食 | 曾开三入职床（船） | 浊 | 阳平 | ʂʅ₋ | | |
| 蚀 | 曾开三入职床（船） | 浊* | 阳平 | ʂʅ₋ | | |
| 识 | 曾开三入职审（书） | 清 | 阴平 | ʂʅ₋ | | |
| 式 | 曾开三入职审（书） | 清* | 阴平 | ʂʅ₋ | | |
| 饰 | 曾开三入职审（书） | 清* | 阴平 | ʂʅ₋ | | |
| 殖 | 曾开三入职禅 | 浊* | 阳平 | tʂʅ₋ | | |

| | | | | |
|---|---|---|---|---|
| 植 | 曾开三入職禅 | 浊* | 阳平 | ₍tʂʅ |
| 極 | 曾开三入職羣 | 浊* | 阳平 | ₍tɕi |
| 憶 | 曾开三入職影 | 清 | 去声 | i⁼ |
| 億 | 曾开三入職影 | 清* | 去声 | i⁼ |
| 抑 | 曾开三入職影 | 清* | 阴平 | ₍i |
| 翼 | 曾开三入職喻（以） | 次浊* | 去声 | i⁼ |
| 域 | 曾合一入職喻（雲） | 次浊 | 去声 | y⁼ |
| 百 | 梗开二入陌幫 | 清 | 阴平 | ₍pei |
| 柏 | 梗开二入陌幫 | 清* | 阴平 | ₍pei |
| 伯 | 梗开二入陌幫 | 清 | 阴平 | ₍pei |
| 迫 | 梗开二入陌幫 | 次清* | 阴平 | ₍pei |
| 拍 | 梗开二入陌滂 | 次清 | 阴平 | ₍pʰei |
| 魄 | 梗开二入陌滂 | 次清* | 上声 | ᶜpʰai |
| 白 | 梗开二入陌並 | 浊 | 阳平 | ₍pei |
| 帛 | 梗开二入陌並 | 浊⁺ | 阳平 | ₍puo |
| 陌 | 梗开二入陌明 | 次浊 | 阴平 | ₍mei | 阡陌 |
| 拆 | 梗开二入陌徹 | 次清* | 阴平 | ₍tsʰei | 拆开 |
| 㩧 | 梗开二入陌徹 | 次清 | 阴平 | ₍tɕʰy | 㩧（皺） |
| 澤 | 梗开二入陌澄 | 浊* | 阳平 | ₍tsei |
| 宅 | 梗开二入陌澄 | 浊 | 阳平 | ₍tsei |
| 擇 | 梗开二入陌澄 | 浊 | 阳平 | ₍tsei | ₍tsei（文）₍tsʰei（白） |
| 窄 | 梗开二入陌照（莊） | 清* | 阴平 | ₍tsei |
| 格 | 梗开二入陌見 | 清 | 阴平 | ₍kei |
| 客 | 梗开二入陌溪 | 次清 | 阴平 | ₍kʰei |
| 额 | 梗开二入陌疑 | 次浊 | 阴平 | ₍ŋei |
| 赫 | 梗开二入陌曉 | 清 | 阴平 | ₍xei |
| 嚇 | 梗开二入陌曉 | 清* | 阴平 | ₍xei | 恐嚇 |
| 擘 | 梗开二入麥幫 | 浊 | 上声 | ᶜpʰia | 用手擘开 |
| 檗 | 梗开二入麥幫 | 清 | 上声 | ᶜpʰi | 黄檗（药名） |
| 麥 | 梗开二入麥明 | 次浊 | 阴平 | ₍mei |

| | | | | | | |
|---|---|---|---|---|---|---|
| 脉 | 梗开二入麥明 | 次浊* | 阴平 | $_cmei$ | | |
| 摘 | 梗开二入麥知 | 清 | 阴平 | $_ctsei$ | | |
| 责 | 梗开二入麥照（莊） | 次清 | 阴平 | $_ctsei$ | | |
| 策 | 梗开二入麥穿（初） | 次清 | 阴平 | $_cts^hei$ | | |
| 册 | 梗开二入麥穿（初） | 次清* | 阴平 | $_cts^hei$ | | |
| 栅 | 梗开二入麥穿（初） | 次清 | 阴平 | $tsa^\supset$ | 栅栏 | |
| 革 | 梗开二入麥见 | 清* | 阴平 | $_ckei$ | | |
| 隔 | 梗开二入麥见 | 清 | 阴平 | $_ckei$ | | |
| 核 | 梗开二入麥匣 | 浊+ | 阴平 | $_cxai$ | 审核 | |
| 核 | 梗开二入麥匣 | 浊* | 阳平 | $_cxu$ | 果子核 | |
| 扼 | 梗开二入麥影 | 清* | 阴平 | $_cŋei$ | | |
| 轭 | 梗开二入麥影 | 清+ | 阴平 | $_ckei$ | | |
| 碧 | 梗开三入陌帮 | 清 | 阴平 | $_cpi$ | | |
| 戟 | 梗开三入陌见 | 清 | 阴平 | $_ctɕi$ | | |
| 劇 | 梗开三入陌羣 | 浊 | 上声 | $^ctɕy$ | 劇烈 | |
| 劇 | 梗开三入陌羣 | 浊 | 去声 | $tɕy^\supset$ | 戏劇 | |
| 屐 | 梗开三入陌羣 | 浊+ | 去声 | $tɕi^\supset$ | 木屐 | |
| 逆 | 梗开三入陌疑 | 次浊 | 去声 | $ŋi^\supset$ | 顺逆，逆风（抢面风） | |
| 璧 | 梗开三入昔帮 | 清+ | 阴平 | $_cpi$ | | |
| 僻 | 梗开三入昔滂 | 次浊 | 上声 | $^cp^hi$ | | |
| 闢 | 梗开三入昔並 | 浊+ | 上声 | $^cp^hi$ | | |
| 积 | 梗开三入昔精 | 清 | 阴平 | $_ctɕi$ | | |
| 跡 | 梗开三入昔精 | 清* | 阴平 | $_ctɕi$ | | |
| 脊 | 梗开三入昔精 | 清+ | 阴平 | $_ctɕi$ | | |
| 籍 | 梗开三入昔從 | 浊 | 阴平 | $_ctɕi$ | | |
| 藉 | 梗开三入昔從 | 浊+ | 阴平 | $_ctɕi$ | 狼藉 | |
| 惜 | 梗开三入昔心 | 清* | 阴平 | $_cɕi$ | | |
| 昔 | 梗开三入昔心 | 清 | 阴平 | $_cɕi$ | | |
| 席 | 梗开三入昔邪 | 浊 | 阳平 | $_cɕi$ | | |
| 夕 | 梗开三入昔邪 | 浊* | 阴平 | $_cɕi$ | | |

## 商州方言声调和《广韵》声调的比较

| | | | | | |
|---|---|---|---|---|---|
| 擲 | 梗开三入昔澄 | 浊 | 阴平 | ₋tʂʅ | |
| 隻 | 梗开三入昔照（章） | 清 | 阴平 | ₋tʂʅ | |
| 炙 | 梗开三入昔照（章） | 清* | 阴平 | ₋tʂʅ | |
| 赤 | 梗开三入昔穿（昌） | 次清* | 阴平 | ₋tʂʰʅ | |
| 尺 | 梗开三入昔穿（昌） | 次清 | 阴平 | ₋tʂʰʅ | |
| 斥 | 梗开三入昔穿（昌） | 次清* | 上声 | ˬtʂʰʅ | |
| 射 | 梗开三入昔床（船） | 浊 | 上声 | ˬʂɤ | "射"又读 ʂʅˉ |
| 適 | 梗开三入昔审（書） | 清* | 阴平 | ₋ʂʅ | |
| 釋 | 梗开三入昔审（書） | 清 | 阴平 | ₋ʂʅ | |
| 石 | 梗开三入昔禅 | 浊 | 阳平 | ˌʂʅ | |
| 益 | 梗开三入昔影 | 清 | 阴平 | ₋i | |
| 亦 | 梗开三入昔喻（以） | 浊* | 阴平 | ₋i | |
| 液 | 梗开三入昔喻（以） | 次浊⁺ | 阴平 | ₋i | |
| 腋 | 梗开三入昔喻（以） | 清 | 阴平 | ₋i | |
| 譯 | 梗开三入昔喻（以） | 浊 | 阳平 | ˌi | |
| 易 | 梗开三入昔喻（以） | 次浊* | 去声 | iˉ | 交易 |
| 壁 | 梗开四入锡帮 | 清 | 阴平 | ₋pi | |
| 劈 | 梗开四入锡滂 | 次清⁺ | 上声 | ˬpʰi | |
| 覓 | 梗开四入锡明 | 次浊 | 上声 | ˬmi | |
| 的 | 梗开四入锡端 | 清 | 阴平 | ₋tsi | 目的 |
| 滴 | 梗开四入锡端 | 清 | 阴平 | ₋tsi | |
| 嫡 | 梗开四入锡端 | 清⁺ | 阳平 | ˌtsi | |
| 踢 | 梗开四入锡透 | 清 | 阴平 | ₋tsʰi | |
| 剔 | 梗开四入锡透 | 次清 | 去声 | tsʰiˉ | |
| 笛 | 梗开四入锡定 | 浊 | 阳平 | ˌtsʰi | |
| 敵 | 梗开四入锡定 | 浊⁺ | 阳平 | ˌtsi | |
| 狄 | 梗开四入锡定 | 浊⁺ | 阳平 | ˌtsi | |
| 糴 | 梗开四入锡定 | 浊⁺ | 阳平 | ˌtsi | |
| 溺 | 梗开四入锡泥（娘） | 次浊⁺ | 去声 | ȵiˉ | |
| 歷 | 梗开四入锡来 | 次浊⁺ | 阴平 | ₋li | |

| | | | | | |
|---|---|---|---|---|---|
| 厤 | 梗开四入锡来 | 次浊+ | 阴平 | li₋ | |
| 績 | 梗开四入锡精 | 清 | 阴平 | tɕi₋ | |
| 戚 | 梗开四入锡清 | 次清 | 阴平 | tɕʰi₋ | |
| 寂 | 梗开四入锡从 | 浊 | 阴平 | tɕi₋ | |
| 錫 | 梗开四入锡心 | 清 | 阴平 | ɕi₋ | |
| 析 | 梗开四入锡心 | 清* | 阴平 | ɕi₋ | |
| 擊 | 梗开四入锡见 | 清* | 阴平 | tɕi₋ | |
| 激 | 梗开四入锡见 | 清 | 阴平 | tɕi₋ | |
| 吃 | 梗开四入锡溪 | 次清* | 阴平 | tʂʅ₋ | 吃（喫） |
| 虢 | 梗合二入陌见 | 清 | 阴平 | kuei₋ | 虞虢，虢镇 |
| 獲 | 梗合二入陌匣 | 浊 | 阴平 | xuei₋ | |
| 劃 | 梗合二入陌匣 | 清 | 去声 | xua⁻ | |
| 疫 | 梗合三入昔喻（以） | 次浊* | 阳平 | i₋ | |
| 役 | 梗合三入昔喻（以） | 次浊 | 阳平 | i₋ | |
| 卜 | 通合一入屋帮 | 清 | 阴平 | puo₋ | |
| 撲 | 通合一入屋滂 | 次清 | 阴平 | pʰu₋ | |
| 醭 | 通合一入屋滂 | 次清+ | 阳平 | pʰu₋ | 醭（商州读 mu³⁵） |
| 仆 | 通合一入屋滂 | 浊* | 阴平 | fu₋ | 前仆后继 |
| 僕 | 通合一入屋滂 | 浊 | 阳平 | pʰu₋ | |
| 曝 | 通合一入屋並 | 浊* | 上声 | pʰu⁻ | |
| 瀑 | 通合一入屋並 | 浊* | 上声 | pʰu⁻ | 瀑布 |
| 木 | 通合一入屋明 | 次浊 | 阴平 | mu₋ | |
| 秃 | 通合一入屋透 | 次清 | 阴平 | tʰou₋ | |
| 獨 | 通合一入屋定 | 浊 | 阳平 | tou₋ | |
| 讀 | 通合一入屋定 | 浊 | 阳平 | tou₋ | |
| 犊 | 通合一入屋定 | 浊+ | 阳平 | tou₋ | |
| 犢 | 通合一入屋定 | 浊 | 上声 | tou⁻ | 牛犢子 |
| 鹿 | 通合一入屋来 | 次浊* | 阴平 | lou₋ | |
| 禄 | 通合一入屋来 | 次浊 | 阴平 | lou₋ | |
| 族 | 通合一入屋从 | 浊 | 阳平 | tsʰou₋ | |

## 商州方言声调和《广韵》声调的比较

| | | | | |
|---|---|---|---|---|
| 速 | 通合一入屋心 | 清 | 阴平 | $_{c}$sou |
| 榖 | 通合一入屋见 | 清⁺ | 阴平 | $_{c}$ku |
| 谷 | 通合一入屋见 | 清 | 阴平 | $_{c}$ku |
| 哭 | 通合一入屋溪 | 次清 | 阴平 | $_{c}$k$^h$u |
| 斛 | 通合一入屋匣 | 浊* | 阳平 | $_{c}$xu |
| 屋 | 通合一入屋影 | 清 | 阴平 | $_{c}$vu |
| 篤 | 通合一入沃端 | 清 | 阴平 | $_{c}$tou |
| 督 | 通合一入沃端 | 清 | 阴平 | $_{c}$tou |
| 毒 | 通合一入沃定 | 浊 | 阳平 | $_{c}$tou |
| 酷 | 通合一入沃溪 | 次清 | 阴平 | $_{c}$k$^h$u |
| 福 | 通合三入屋非 | 清 | 阴平 | $_{c}$fu |
| 幅 | 通合三入屋非 | 清⁺ | 阴平 | $_{c}$fu |
| 蝠 | 通合三入屋非 | 次清 | 阴平 | $_{c}$fu | 蝙蝠 |
| 複 | 通合三入屋非 | 浊* | 阴平 | $_{c}$fu |
| 腹 | 通合三入屋非 | 清* | 上声 | $^c$fu |
| 覆 | 通合三入屋敷 | 次清⁺ | 上声 | $^c$fu | 反覆 |
| 服 | 通合三入屋奉 | 浊 | 阳平 | $_{c}$fu | 柀梁 |
| 伏 | 通合三入屋奉 | 浊 | 阳平 | $_{c}$fu |
| 栿 | 通合三入屋奉 | 浊⁺ | 阳平 | $_{c}$fu | 柀梁 |
| 復 | 通合三入屋奉 | 浊* | 阴平 | $_{c}$fu | 復原 |
| 目 | 通合三入屋明 | 次浊 | 阴平 | $_{c}$mu |
| 穆 | 通合三入屋明 | 次浊⁺ | 阴平 | $_{c}$mu |
| 牧 | 通合三入屋明 | 次浊⁺ | 阴平 | $_{c}$mu |
| 六 | 通合三入屋來 | 次浊 | 阴平 | $_{c}$liou |
| 陸 | 通合三入屋來 | 次浊* | 阴平 | $_{c}$liou | 陸，大写，陆$_{c}$lou 地 |
| 蕭 | 通合三入屋心 | 清 | 阴平 | $_{c}$ɕy |
| 宿 | 通合三入屋心 | 清* | 阴平 | $_{c}$ɕy |
| 竹 | 通合三入屋知 | 清 | 阴平 | $_{c}$tsou |
| 築 | 通合三入屋知 | 清⁺ | 阴平 | $_{c}$tsou |
| 畜 | 通合三入屋徹 | 清 | 阴平 | $_{c}$ts$^h$ou | 牲畜 |

| | | | | | |
|---|---|---|---|---|---|
| 逐 | 通合三入屋澄 | 浊 | 阳平 | ₋tsou | |
| 轴 | 通合三入屋澄 | 清 | 阳平 | ₋tsou | |
| 缩 | 通合三入屋审（生） | 清 | 阴平 | ₋sɥo | |
| 祝 | 通合三入屋照（章） | 清* | 阴平 | ₋tsou | |
| 粥 | 通合三入屋照（章） | 清 | 阴平 | ₋tsou | |
| 叔 | 通合三入屋审（書） | 清 | 阴平 | ₋sou | |
| 熟 | 通合三入屋禅 | 浊* | 阳平 | ₋sou | 煮熟，熟悉 |
| 淑 | 通合三入屋禅 | 浊⁺ | 阴平 | ₋sou | |
| 肉 | 通合三入屋日 | 次浊 | 去声 | zou⁻ | |
| 菊 | 通合三入屋见 | 清 | 阴平 | ₋tɕy | |
| 掬 | 通合三入屋见 | 清⁺ | 阴平 | ₋tɕy | 一掬，一捧 |
| 麴 | 通合三入屋溪 | 次清 | 阴平 | ₋tɕʰy | 酒麴 |
| 畜 | 通合三入屋晓 | 清 | 阴平 | ₋ɕy | 畜牧 |
| 蓄 | 通合三入屋晓 | 次清 | 阴平 | ₋ɕy | 储蓄 |
| 郁 | 通合三入屋影 | 清 | 去声 | y⁻ | |
| 育 | 通合三入屋喻（以） | 次浊 | 去声 | y⁻ | |
| 绿 | 通合三入烛来 | 次浊⁺ | 阴平 | ₋lou | |
| 录 | 通合三入烛来 | 次浊 | 阴平 | ₋lou | 绿（白读₋liou） |
| 足 | 通合三入烛精 | 清 | 阴平 | ₋tɕy | |
| 促 | 通合三入烛清 | 次清 | 阴平 | ₋tsʰou | |
| 粟 | 通合三入烛心 | 清 | 阴平 | ₋ɕy | |
| 俗 | 通合三入烛邪 | 浊 | 阳平 | ₋ɕy | |
| 续 | 通合三入烛邪 | 浊 | 去声 | ɕy⁻ | |
| 烛 | 通合三入烛照（章） | 清 | 阴平 | ₋tsou | |
| 嘱 | 通合三入烛照（章） | 清* | 阴平 | ₋tsou | |
| 触 | 通合三入烛穿（昌） | 次清 | 阳平 | ₋tsʰou | |
| 赎 | 通合三入烛床（船） | 浊 | 阳平 | ₋sou | |
| 束 | 通合三入烛审（書） | 清 | 阴平 | ₋sou | |
| 蜀 | 通合三入烛禅 | 浊 | 阳平 | ₋sou | |
| 属 | 通合三入烛禅 | 浊* | 阳平 | ₋sou | |

| 字 | 韵 | 清浊 | 调 | 音 | 备注 |
|---|---|---|---|---|---|
| 辱 | 通合三入烛日 | 次浊 | 上声 | ᶜzou | |
| 褥 | 通合三入烛日 | 次浊 | 阴平 | ᶜzou | |
| 锔 | 通合三入烛见 | 清⁺ | 上声 | ᶜtɕy | 锔碗 |
| 曲 | 通合三入烛溪 | 次清 | 阴平 | ᶜtɕʰy | 曲折，歌曲 |
| 局 | 通合三入烛羣 | 浊 | 阳平 | ᶜtɕy | |
| 玉 | 通合三入烛疑 | 次浊 | 阴平 | ᶜy | |
| 狱 | 通合三入烛疑 | 次浊* | 阴平 | ᶜy | |
| 裕 | 通合三入烛喻（以） | 次浊⁺ | 阴平 | ᶜy | |
| 慾 | 通合三入烛喻（以） | 次浊⁺ | 阴平 | ᶜy | |
| 浴 | 通合三入烛喻（以） | 次浊* | 阴平 | ᶜy | |

## 三　总结语

以上共收入声字591字。其中全清、次清、全浊、次浊在阴平、阳平、上声、去声中的分布情况如下表：

| 清浊＼调类 | 阴　平 | 阳　平 | 上　声 | 去　声 |
|---|---|---|---|---|
| 全　清 | 190 | 6 | 10 | 9 |
| 次　清 | 88 | 5 | 9 | 5 |
| 全　浊 | 32 | 106 | 15 | 5 |
| 次　浊 | 85 | 7 | 9 | 10 |
| 总　计 | 395 | 124 | 43 | 29 |
| 百分比 | 67% | 21% | 7% | 5% |

其中全清归阴平者190字，次清归阴平者88字，次浊归阴平者85字；全浊归阳平者106字，次浊归阳平者7字，全清归阳平者6字，次清归阳平者5字；次浊归阴平85字，归去声10字归上声7字，可见商州声调古今的发展变化的走向确实是：入声字清声字归阴平，古入声字浊声字变阳平。从这次清查中，发现次浊声母字的基本走向是变阴平。在商州话中入声变阴平者竟达百分之六十六以上。其中也出现许多例外字，如浊声

变阴平的字，在全清声中也出现一些变阳平的字等。

## 参考文献

考无人撰：《覆永禄本韵镜》，古籍出版社1955年版。
李新魁：《汉语音韵学》，北京出版社1986年版。
王力：《音韵学初步》，商务印书馆1980年版。
殷焕先、董绍克：《实用音韵学》，齐鲁书社1990年版。
张成材：《陕甘宁青方言论集》，青海人民出版社2016年版。
张成材：《商州声母和〈广韵〉声母的比较》，《咸阳师范学院学报》2017年第1期。
张成材：《商州韵母和〈广韵〉韵母的比较》，《咸阳师范学院学报》2017年第5期。
中国大辞典编纂处：《国音字典》，商务印书馆1949年版。
中国社会科学院语言研究所：《方言调查字表》，商务印书馆1981年版。

（张成材　西宁　青海师范大学人文学院　zhangchc@qhnu.edu.cn）

# 鄂州太和话音系及音韵特点[*]

张勇生　朱兰芳

**提　要**：本文通过田野调查，描写出鄂州市太和话的声韵调系统，归纳其音韵特点。

**关键词**：太和方言；赣语；音系；音韵特点

　　鄂州市在湖北省的东部，辖鄂城区、华容区和梁子湖区。太和镇是梁子湖区的政府所在地，处于南北方言的交界地带，位于西南官话、江淮官话和赣语三种方言的交会处，其语言内部系统复杂多样。从目前的鄂州方言研究成果来看，学术界主要集中在对鄂州江淮官话的研究，对鄂州赣语的研究是最近几年才引起重视。1948年赵元任、丁声树等在《湖北方言调查报告》中第一次对鄂州段店方言进行了系统性的描写，归纳其音韵特点，并将鄂州话划为楚语区。1978年出版的《中国语言地图集》按照李荣先生的分区观点，将湖北鄂州方言划为江淮官话，鄂州江淮官话古入声仍读入声是其最显著的特点。万幼斌《鄂州方言志》（2000）对自己家乡鄂州新庙镇方言的语音、词汇、语法等进行全面的描写。他根据李荣、袁家骅两位先生的观点将鄂州三十个方言调查点分为江淮官话和赣语两大片。鄂州市东南及南部地区属于赣语区，太和镇就是在其东南部，属于鄂州赣语区。

　　鄂州赣语的研究主要有：万幼斌《鄂州方言析异》（1996）将鄂州江淮官话和鄂州赣语进行比较，简单地描写出太和话的音系。熊梅《太和话的语音系统和方言归属研究》（2005）对鄂州区赣语区进行了系统的研究，通过对太和话的社会调查，整理出太和话的语音系统，归纳语音特点，将该方言纳入赣语体系。金蓓《鄂州太和话音系研究》（2016）对鄂

---

[*] 本文受国家社科基金青年项目"语言接触视角下的鄂东南赣语地理语言学研究"（项目编号：14CYY005）资助。

州太和话的语音面貌进行了全面的描写,并归纳出太和话语音特点。本文通过对太和镇的田野调查,发现太和话中的韵母系统中存在着鼻化韵,这是先前研究中所未提到的,因此归纳出来的音系特点也有所不同。

## 一　太和话声韵调系统

太和话中的声母有 20 个,包括零声母在内;韵母有 48 个,其中鼻化韵有 8 个,自成音节 1 个;声调有 6 个。

### (一) 声母 20 个,包括零声母在内。

| | | | | |
|---|---|---|---|---|
| p 兵八 | pʰ 派片爬病 | m 麦明 | f 飞凤副肥饭 | |
| t 多东毒 | tʰ 讨天甜 | | | l 脑老南兰路 |
| ts 资租贼竹争 | tsʰ 刺祠抽茶抄床城 | | s 丝事山双顺手十 | z 热 |
| tɕ 酒主九 | tɕʰ 清全柱春轻权 | ȵ 泥年连 | ɕ 谢船书响县 | |
| k 高 | kʰ 开共 | ŋ 熬安 | x 好~坏灰活 | |
| ø 味软王温月用药 | | | | |

### (二) 韵母 48 个,包括自成音节的 n 在内。

| | | | |
|---|---|---|---|
| ɿ 师丝试十直尺 | i 戏急 | u 苦五骨 | y 猪雨出局 |
| ɛ 憨者奢舌 | iɛ 写接帖节 | | yɛ 靴 |
| æ 开排鞋热北色白 | | uæ 快国 | yæ 月 |
| ɑ 包饱 | iɑ 交巧孝敲 | | |
| ɒ 茶塔法辣八 | iɒ 牙 | uɒ 瓦刮 | yɒ 抓刷 |
| ɤ 豆走 | iɤ 笑桥 | | |
| o 歌坐过盒托郭 | io 药学 | uo 倭卧镀沃 | |
| ɯ 二耳而日 | | | |
| εi 米赔对飞七锡 | | uεi 鬼灰回 | yεi 追吹踢 |
| au 毒绿六 | iau 油九 | | |
| | iu 酒秋流 | | |

| ɑ̄ 南山三 | iɑ̄ 闲 | uɑ̄ 关晚万 | yɑ̄ 权玄圆 |
| Ē 半短根灯硬争 | iē 盐年天面全 | uē 官宽碗 | yē 软院赚 |
| an 深升寸 | ian 今音庆英 | uan 滚问文 | yan 春云顺 |
| | in 心新病星 | | |
| ɔŋ 糖床双亡宕 | iɔŋ 响讲娘 | uɔŋ 王光 | |
| ʌŋ 东风虹 | iʌŋ 兄用 | uʌŋ 横 | |
| ŋ̍ 你 | | | |

说明：
① ɒ 唇形略展。
② æ 的舌位位于 æ、a 之间。
③ an 音位略高，其实际音值是 εn。
④ ē 和 z 相拼时，实际音值为 ẽ。

### （三）单字调 6 个，不包括轻声。

| 阴平 | 323 | 东该开天 | 阳平 | 31 | 门牛铜皮 |
| 上声 | 42 | 古九讨五 | 阴去 | 45 | 冻半痛快 |
| 阳去 | 24 | 洞卖动罚 | 入声 | 213 | 谷拍六毒 |

说明：
① 阴平以升为主，收尾略高。
② 阳去调 24 在蟹摄字中比其他摄字的调要高，其实际调值为 35。
③ 入声近似中折调。如，sæ$^{212}$实际调值由 sæ$^{21}$和 æ$^{12}$两个调组成。

## 二 太和话的音韵特点

### （一）声母特点

① 太和话中的古全浊声母今逢塞音、塞擦音声母时，基本上与同部位的清音合并。在收录的 550 个全浊声母字中，其中不送气的有 131 个。以下是全浊声母字中的不送气情况：

平声 6 个：饨 tan$^{45}$｜樵 tɕiɤ$^{31}$｜瞧 tɕiɤ$^{31}$｜蹲 tan$^{323}$｜群 tɕyan$^{31}$｜鲸 tɕian$^{323}$

上声 15 个：陛 pi$^{45}$｜并 pin$^{45}$｜惰 to$^{31}$｜肚$_{腹~}$ tau$^{42}$｜诞 tɑ̄$^{45}$｜雉 tsʅ$^{45}$｜

兆 sɤ²⁴ | 纣 tsau⁴⁵ | 仗 tsɔŋ⁴⁵ | 撰 ts Ẽ⁴⁵ | 咎 tɕiau⁴⁵ | 键 tɕi Ẽ⁴⁵ | 圈_猪_ tɕy Ẽ⁴⁵ | 窘 tɕyan⁴⁵ | 菌 tɕyan⁴⁵

去声 28 个：薄 po²⁴ | 背 pɛi⁴⁵ | 汴 pi Ẽ⁴⁵ | 队 tɛi⁴⁵ | 兑 tɛi⁴⁵ | 掉 tiɤ⁴⁵ | 逗 tɤ³²³ | 藉 tsɛi²¹² | 褯 tsɛi²¹² | 载 tsæ⁴⁵ | 剂 tsɛi⁴⁵ | 钱 tɕi Ẽ⁴⁵ | 滞 tsʅ⁴⁵ | 稚 tsʅ⁴⁵ | 治 tsʅ⁴⁵ | 坠 tɕyɛi⁴⁵ | 召 tsɤ³²³ | 赚 tɕy Ẽ⁴⁵ | 站 ts ã⁴⁵ | 传 tɕy Ẽ²⁴ | 瞪 tan²⁴ | 乍 tsɒ⁴⁵ | 骤 tsau⁴⁵ | 栈 ts ã⁴⁵ | 块 kuæ⁴⁵ | 柩 tɕian⁴⁵ | 仅 tɕian⁴² | 竞 tɕian⁴⁵

入声字 57 个：拔 pɒ²¹² | 钹 po²¹² | 弼 pɛi²¹² | 勃 pɒ²¹² | 荸 pɒ²¹² | 脖 pɒ²¹² | 白 pæ²¹² | 辟 pɛi⁴⁵ | 叠 tiE²¹² | 碟 tiE²¹² | 牒 tiE²¹² | 蝶 tiE²¹² | 谍 tiE²¹² | 达 tɒ²¹² | 夺 to²¹² | 笛 tɛi²¹² | 敌 tɛi²¹² | 狄 tɛi²¹² | 籴 tɛi²¹² | 独 tau²¹² | 读 tau²¹² | 牍 tau²¹² | 犊 tau²¹² | 毒 tau²¹² | 杂 tsɒ²¹² | 捷 tɕiE²¹² | 绝 tɕiE²¹² | 疾 tsɛi²¹² | 凿 tso²¹² | 昨 tso²¹² | 柞 tso²¹² | 嚼 tso²¹² | 贼 tsæ²¹² | 籍 tsɛi²¹² | 藉 tsɛi²¹² | 寂 tɕi⁴⁵ | 蛰 tsʅ²¹² | 侄 tsʅ²¹² | 着 tso²¹² | 浊 tso²¹² | 捉 tso²¹² | 值 tsʅ²¹² | 掷 tsʅ⁴⁵ | 逐 tsau²¹² | 闸 tsɒ²¹² | 炸 tsɒ²¹² | 铡 tsɒ²¹² | 镯 tso²¹² | 泾 tso²¹² | 赎 tau²¹² | 及 tɕi²¹² | 杰 tɕiE²¹² | 掘 tɕyæ²¹² | 橛 tɕyæ²¹² | 倔 tɕyæ²¹² | 极 tɕi²¹² | 局 tɕy²¹²

太和话中的全浊声母清化后，主要规律是：平声字读作送气清音，仄声字一般读作送气清音，只有少数仄声字读作不送气。袁家骅先生在《汉语方言概要》中提出赣方言的古浊塞音和塞擦音清化后，一律读作送气清音。太和话的全浊声母演变基本与赣方言的演变基本一致。

② 古泥母字与古来母字，无论洪细①皆相混。古泥来母字在洪音前读作舌尖前边音 l，在细音前统一读作舌面前鼻音 ȵ。在鄂州江淮官话中，古泥母字在洪音前读作 l，在细音前读作 ȵ；而来母字不论洪细都读作 l。鄂州江淮官话古泥来母字洪混细分，太和话洪细相混。

表 1　　　　古泥来母字在太和话和新庙话的演变

| 例字 | 糯泥 | 奴泥 | 耐泥 | 脑泥 | 聂泥 | 念泥 | 农来 | 卢来 | 来来 | 雷来 | 料来 |
|---|---|---|---|---|---|---|---|---|---|---|---|
| 太和话 | lo²⁴ | lau³¹ | læ⁴⁵ | lɑ⁴² | ȵiE²¹² | ȵi Ẽ²⁴ | lʌŋ³¹ | lau³¹ | læ³¹ | lɛi³¹ | ȵiɤ²⁴ |
| 新庙话② | lo²⁴ | leu²¹ | lai²⁴ | lau⁴² | ȵie²¹² | ȵien²⁴ | loŋ²¹ | leu²¹ | lai²¹ | li²¹ | liau²⁴ |

---

① 此处的洪细是指太和话中的洪细，并不是指《广韵》中的洪细。
② 新庙乡的材料是来自万幼斌的《鄂州方言志》，作为鄂州江淮官话的代表点。

③ 古精组、知组、庄组、章组字在洪音前一律读作舌尖前清塞擦音、擦音 ts、tsʰ、s；在细音前读作舌面前清塞擦音、擦音 tɕ、tɕʰ、ɕ。太和话的洪音字不区分舌尖前塞擦音、擦音和舌尖后塞擦音、擦音；细音字精组、知系声母与见组合流。

表 2　　　　　　古精组、知组、庄组、章组字的演变情况

| | 资<sub>精</sub> | 七<sub>清</sub> | 息<sub>心</sub> | 知<sub>知</sub> | 装<sub>庄</sub> | 初<sub>初</sub> | 杀<sub>生</sub> | 汁<sub>章</sub> | 身<sub>书</sub> | 城<sub>禅</sub> |
|---|---|---|---|---|---|---|---|---|---|---|
| 洪音 | tsʅ³²³ | tsʰɛi²¹² | sɛi²¹² | tsʅ³²³ | tsɔŋ³²³ | tsʰau³²³ | sɒ²¹² | tsʅ²¹² | san³²³ | tsʰən³¹ |
| 细音 | 姐<sub>精</sub> | 切<sub>清</sub> | 心<sub>心</sub> | 猪<sub>知</sub> | 抓<sub>庄</sub> | 刷<sub>生</sub> | 主<sub>章</sub> | 出<sub>昌</sub> | 竖<sub>书</sub> | 醇<sub>禅</sub> |
| | tɕiE⁴² | tɕʰiE²¹² | ɕin³²³ | tɕy³²³ | tɕyɑ³²³ | ɕyɒ²¹² | tɕy⁴² | tɕʰy²¹² | ɕy²⁴ | ɕyan³¹ |

④ 太和话 ŋ 既可以充当声母又可以充当韵尾，声母主要来自古疑、影二母。

表 3　　　　　　太和话 ŋ 声母的来源

| 鹅<sub>疑</sub> | 熬<sub>疑</sub> | 额<sub>疑</sub> | 咬<sub>疑</sub> | 鄂<sub>疑</sub> | 爱<sub>影</sub> | 安<sub>影</sub> | 恶<sub>影</sub> | 哀<sub>影</sub> | 奥<sub>影</sub> |
|---|---|---|---|---|---|---|---|---|---|
| ŋo³¹ | ŋɑ³¹ | ŋæ²¹² | ŋɑ⁴² | ŋo²¹² | ŋæ⁴⁵ | ŋẼ³²³ | ŋo²¹² | ŋæ³²³ | ŋɑ⁴⁵ |

## （二）韵母特点

① 遇摄字与帮组（明母除外）、非组、见晓组（合口一等）、影母字相拼主要元音为 u，与端泥组、精组、庄组字相拼时主要元音为复元音 au，与知章组、见组（合口三等）字相拼时主要元音为 y，还有少部分字的主要元音为 o、ɛi。例如：谱 pʰu⁴² ｜ 固 ku⁴⁵ ｜ 互 xu²⁴ ｜ 图 tʰau³¹ ｜ 梳 sau³²³ ｜ 除 tɕʰy³¹ ｜ 据 tɕy⁴⁵ ｜ 募 mo⁴⁵ ｜ 叙 sɛi²⁴。

② 太和话中的蟹假果摄字主要元音今读 -æ、-ɑ/ɒ、-o，这与鄂东南东片[①]的蟹假果摄主要元音演变一致。西片的蒲圻、通城，蟹二、假二与果摄为 -ai、-a、-o 系列，蟹二有 -i 尾，假二为 a，音值跟赣语核心区完全一致。东片的咸宁、通山、大冶、阳新为 -a/æ、-ɑ/ɒ/ɔ、-o/ø 系列。

---

① 李佳《鄂东南方言蟹假果摄主要元音及相关问题》（2010）将蟹假果摄主要元音分为东片和西片。

### 表4　　　　　　　　太和话蟹假果摄字主要元音今读

| 来蟹 | 海蟹 | 街蟹 | 态蟹 | 爬假 | 沙假 | 怕假 | 多果 | 左果 | 火果 | 果果 |
|---|---|---|---|---|---|---|---|---|---|---|
| læ³¹ | xæ⁴² | kæ³²³ | tʰæ³²³ | pʰɒ³¹ | sɒ³²³ | pʰɒ⁴⁵ | to³²³ | tso⁴² | xo⁴² | ko⁴² |

③太和话中部分韵摄的韵母今读 εi，主要有蟹摄大部分开口四等字、合口唇舌音字，止摄开口三等唇音字，还有少部分来自深摄、臻摄、梗摄的入声字。

### 表5　　　　　　　　　太和话韵母今读 εi 的来源

| 犁蟹开四 | 妹蟹合一 | 碑止开三 | 皮止开三 | 眉止开三 | 习深开三 | 七臻开三 | 惜梗开三 |
|---|---|---|---|---|---|---|---|
| lεi³¹ | mεi²⁴ | pεi³²³ | pʰεi³¹ | mεi³¹ | sεi²¹² | tsʰεi²¹² | sεi²¹² |

④太和话阳声韵韵母鼻尾弱化，变为鼻化韵，主要分布在咸摄、山摄、臻摄字中。

### 表6　　　　　　　　　太和话鼻化韵的来源

| 贪咸摄 | 南咸摄 | 三咸摄 | 兰山摄 | 颜山摄 | 缠山摄 | 根臻摄 | 恨臻摄 |
|---|---|---|---|---|---|---|---|
| tʰã³²³ | lã³¹ | sã³²³ | lã³¹ | Øiɛ̃³¹ | tsʰã³¹ | kɛ̃³²³ | xɛ̃²⁴ |

## （三）声调特点

太和话古平声分为阴平和阳平，古全清和次清归入阴平调，古次浊和全浊归入阳平调。古全清、次清和次浊上归入上声。去声分为阴去和阳去，全清和次清去归入阴去，次浊、全浊去和全浊上归入阳去。太和话入声自成一调。

## 三　结语

太和话全浊塞音、塞擦音清化后基本规律是：平声读作送气清音，仄声大部分读作送气音，只有少数字读作不送气音。这一规律是太和话的显著特点。古全浊声母在客赣方言中的演变规律为：不论平仄，一律读作送气清音。鄂州江淮官话的古全浊声母的演变规律为：平声读作送气清音，仄声读作不送气清音。太和话的演变规律基本上与客赣方言的演变类型一致，其少数仄声字读作不送气清音可能是受到周边方言的影响。语言是社会发展的产物，方言是语言的社会变体。语言在发展演变的过程中，与当地的历史文化、风俗习惯、行政区划和地理位置有着很大关系。因此在分析太和话古全浊声母的演变时，需要多角度地进行考察。

## 参考文献

李小凡：《汉语方言分区方法再认识》，《方言》2005年第4期。
万幼斌：《鄂州方言志》，天地出版社2000年版。
武昌县志编纂委员会编：《武昌县志》，武汉大学出版社1989年版。
詹伯慧：《汉语方言及方言调查》，湖北教育出版社1991年版。
赵元任、丁声树等：《湖北方言调查报告》，商务印书馆1948年版。

（张勇生　南昌　江西师范大学文学院　zhangyshyy@163.com；
朱兰芳　南昌　江西师范大学文学院　544375102@qq.com）

# 方言词汇、语法研究

# 山西临猗方言复句关联标记模式

史秀菊

**提　要**：临猗方言的复句关联标记模式复杂，但主要集中在居中黏结 B 式（$S_1$, g+$S_2$）和前后配套 C 式（$g_1$+$S_1$，$g_2$+$S_2$），假设复句主要用 A 式。其优先等级序列为：居中黏结式>前后配套式>居端依赖式，这样的分布既符合"联系项居中"原则，也与 SVO 语序和谐。

**关键词**：山西方言；临猗方言；复句；关联标记模式

山西临猗县位于山西省南部，属于中原官话汾河片。本文以临猗方言为例讨论山西官话区方言的关联标记模式。

## 一　复句关联标记模式的分类

随着 Dik（1997）的"联系项"理论引入国内，很多学者研究了汉语普通话和方言的各种联系项的分布、位置及语法功能。例如以刘丹青（2003）为代表的一批学者深入研究了现代汉语介词、连词、关系从句标记等；周刚（2003）、刘丹青（2003）、曹逢甫（2004）、储泽祥和陶伏平（2008）、丁志丛（2008）、董秀英和徐杰（2009）、徐杰和李莹（2010）等多位学者对复句关联标记的类型特征进行了深入探讨。

储泽祥、陶伏平（2008）研究了汉语因果复句的关联标记模式，认为普通话因果复句联系项可以分为三类：居中黏结式、居端依赖式和前后配套式。而且认为其他语言因果复句的关联标记模式基本上也在这三类之内，也就是说，这三类在世界语言范围内具有普遍性。其实，不仅是因果复句，汉语绝大多数复句的关联标记模式一般也不出这三类的范围。本文根据组合方式的不同把这三大类结构分为 9 小类，具体如下（符号表示：g 关联标记　$S_1$ 复句前分句　$S_2$ 复句后分句）：

居中黏结式：

A 式（$S_1$+g, $S_2$）　　　　　　B 式（$S_1$, g+$S_2$）
前后配套式：
C 式：$g_1$+$S_1$, $g_2$+$S_2$　　　　D 式：$S_1$+$g_1$, $g_2$+$S_2$
E 式：$g_1$+$S_1$+$g_2$, $S_2$　　　　F 式：$S_1$+$g_1$, $S_2$+$g_2$
G 式：$g_1$+$S_1$, $S_2$+$g_2$
居端依赖式：
H 式：g+$S_1$, $S_2$　　　　　　　I 式：$S_1$, $S_2$+g

调查显示，临猗方言的关联标记分布在 A、B、C、D、H 等结构中，其中最集中的是 B、C 两种结构，两类中又以 B 式最优。下面按复句的语义类分别分析。

## 二　假设复句的关联标记与关联标记模式

临猗方言的假设复句一般需要关联标记，用意合法得较少。例如：

(1) 你考上大学，你妈肯定给你买电脑哩。

上例是意合法构成的假设复句，这样的说法当地方言口语中也存在，但一般会说：

(1′) 你考上大学咾（着），你妈肯定给你买电脑哩。

临猗方言假设复句包含两大类：一类是假设语气的，另一类是虚拟语气的。假设和虚拟语气又可以根据关联标记的位置分为两类，我们姑且把这两小类分为假设$_1$、假设$_2$ 和虚拟$_1$、虚拟$_2$。两类假设复句一般情况下是偏句在前，阐述某种假设，正句在后，是以这种假设为依据推断出某种结果。

### （一）居中黏结式

1. 句中黏结 A 式：$S_1$+g, $S_2$

A 式结构主要用于假设$_1$ 和虚拟$_1$，这是假设复句的主流，在口语中出现频率较高。A 式即 $S_1$+g, $S_2$。所用关联标记大都是语气助词，假设句一般用"咾（着）[lɑu⁰ tʂuɤ⁰]"，虚拟句一般用"些[ɕiɛ⁰]"，二者都附着在偏句（前分句）句末，都相当于普通话"的话"义。例如：

(2) 你走太原去<u>咾（着）</u>，叫我着。
(3) 这活（要是）给我<u>咾（着）</u>，我可给伢干不来。
(4) 你今儿个感冒不行<u>咾（着）</u>，就不要走书房<sub>上学</sub>去啦。
(5) 咱走再迟些<u>咾（着）</u>，就跟不上啦。
(6) 我想走<u>些</u>，早坐上车走啦。
(7) 你先头要是好好学习<u>些</u>，哪用受这苦嘟。
(8) 我知道你买下<u>些</u>，我就不买啦。
(9) 我要知道能迟到<u>些</u>，（就）早起上一会儿。

以上例句，（2）—（5）是假设语气，（6）—（9）是虚拟语气。"咾着"的"着"可有可无，加上"着"语气更和缓。这类是临猗方言假设复句中最主要的结构形式。

2. 句中黏结 B 式：$S_1, g+S_2$

用 B 式的假设复句都是假设$_2$和虚拟$_2$，这类复句的关联标记都是否定形式（"要不"或"不些"），往往出现在正句（后分句）的句首。例如：

(10) 这药得饭后吃，<u>要不</u>胃难受哩。
(11) （多亏）我烧下喝哩<sub>开水</sub>啦，<u>要不</u>你回来连口滚水<sub>开水</sub>也喝不上。
(12) 等咾他半天，<u>不些</u>我早到啦<sub>等了他半天，否则我早到了</sub>。
(13) 想着他要买哩，<u>不些</u>我早买下啦<sub>以为他会买，否则我早就买了</sub>。

以上（10）—（11）是假设语气，（12）—（13）是虚拟语气。

值得注意的是，B 式和 A 式在假设复句的表达方面呈互补分布：用 A 式的假设句（假设 1、虚拟 1）是偏句阐述某种假设，正句说明如果偏句所提假设成立将会产生什么结果，相当于普通话的"如果……就……"的表义特点；用 B 式（假设 2、虚拟 2）则相反，偏句提出一个事实，正句则提出如果违反这个事实或事实不存在，就会产生什么后果，相当于普通话的"……，否则……"的表义特点。口语中会根据语境和表义要求选择 A 式或选择 B 式。

## （二）前后配套 C 式：$g_1+S_1$，$g_2+S_2$

临猗方言假设复句中也有前后配套式说法，但很少，大多数前后配套式都可变为居中黏结式。例如：

（14）<u>要不是</u>今年雨水多，<u>哪能</u>打下这么多（粮食）。
（15）他<u>要不是</u>会耍嘴儿，<u>哪能</u>选上村长。

这类复句的关联标记一般是"要不是……，哪能……"结构，但这类结构大都可以变换为居中黏结式 B 式：

（13′）今年雨水多，<u>要不</u>（是）<u>哪能</u>打下这么多（粮食）。
（14′）他会耍嘴儿，<u>要不</u>（是）<u>哪能</u>选上村长。

以上两例"要不是"和"哪能"发生直接组合，位于正句句首，表义与（14）、（15）完全相同。这类结构其实与"假设$_2$"表意一致，结构也可以发生转换。例如：

（14″）今年雨水多，<u>要不</u>能打下这么多（粮食）？
（15″）他会耍嘴儿，<u>要不</u>能选上村长？

这类复句在形式上与"假设$_2$"的唯一区别是，"假设$_2$"是直陈结果，而这类复句则是用反问的形式表达结果。我们认为这类复句是"假设$_2$"的变体形式，而且"假设$_2$"的使用频率相对更高，所以把例（14）、例（15）归入"假设$_2$"中，即前后配套式是居中黏结式的变体形式。

另一类前后配套式是让步假设复句，临猗方言用"再……，也……"结构表达，例如：

（16）伢<u>再</u>不学着，<u>也</u>比你强 <sub>人家即使不学习,也比你(的成绩)强</sub>。

(17) 我<u>再</u>没本事，<u>也</u>要叫我孩供到大学哩。

上两例的偏句与正句的语意是相背的，假设与结果不一致，偏句先让一步，承认假设的事实，正句则说出不因假设实现而改变的结论。

## (三) 小结

从上面的分析可以看出，临猗方言假设复句以居中黏结式结构占主流，只有让步复句才用前后配套式表义，没有居端依赖式。

表1　临猗方言假设复句关联标记模式（括号表示此类只是变体形式）

|  | 居中黏结式 A式：$S_1+g, S_2$ | 居中黏结式 B式：$S_1, g+S_2$ | 前后配套式 C式：$g_1+S_1, g_2+S_2$ | 居端依赖式 |
|---|---|---|---|---|
| 假设1 | ……咾（着），…… | - | - | - |
| 虚拟1 | ……<u>些</u>，…… | - | - | - |
| 假设2 | - | ……，要不…… | （要不是……，能……） | - |
| 虚拟2 | - | ……，不<u>些</u>…… | - | - |
| 让步 | - | - | 再……，也…… | - |

# 三　因果、目的复句的关联标记与关联标记模式

临猗方言因果关联标记包括两类，一类是说明因果，另一类是推论因果。目的复句与因果复句接近，我们归为一类分析。

临猗方言因果、目的复句可以用意合法表示，例如：

(18) 我俩都是临猗人，能吃到一块儿。<sub>因为我俩是老乡，所以我们的饮食习惯相同。</sub>
(19) 你车先往边上，叫我车先过去。

例（18）是因果关系的复句，例（19）是目的关系复句。二者都可用意合法表示，这种意合法在临猗方言口语中普遍存在。但因果、目的关系也可以用关联标记表示。

## （一）居中黏结 B 式：$S_1$，g+$S_2$

临猗方言因果关联标记包括两类，一类是说明因果，另一类是推论因果。目的句应分为求得句和求免句，因果和目的复句大都用居中黏结 B 式（$S_1$，g+$S_2$）表达意义。

1. 说明因果句

（20）我爸（就）说咾伢两句，伢就不来啦。
（21）孩眼认{羡慕/喜欢}伢兀个东西，我才买去<sub>孩子喜欢那个东西，我才买的。</sub>

以上是说明因果复句的例句。一般用副词"就"或"才"在正句谓词前作状语，根据不同的语境用不同的副词，都相当于普通话的"因为……，所以……"。

2. 推论因果

（22）他去啦，兀<sub>那么</sub>我（就）不去啦。
（23）伢你忙顾不得，兀<sub>那么</sub>我（就）不走你屋去啦<sub>既然你忙得顾不上，我就不去你家了。</sub>
（24）他说话着磕磕磕<sub>结巴</sub>，（兀）还想当头儿咧！

以上是推论因果句的例句。用"兀<sub>那么</sub>/就""还"附着于正句前端，起关联作用。

需要说明的是，推论因果复句中，"兀"和"就"在同一分句中共现，二者的功能基本相同：当"兀"出现时，"就"可有可无；"就"出现，"兀"也可有可无；两者共现，肯定语气就会加强。当地口语中二者共现的使用频率更高些。

另值得注意的是，"兀/就"与"还"都是推论因果的关联标记，两者可以互换，意义基本不变，但结构和语用上略有差异。试比较：

（22′）a. 他去啦，兀<sub>那么</sub>我（就）不去啦。
　　　 b. 他去啦，我还去嗦哩！
（24′）a. 他说话着磕磕磕<sub>结巴</sub>，（兀）还想当头儿咧！

b. 他说话着磕磕磕<sub>结巴</sub>，兀肯定当不咾头。/兀能当咾头儿？

上例（22'）中 a 句用"兀"，位于正句前端，"就"位于状语位置，是一种陈述性推断；b 句用"还"作状语，是一种反诘性推断。例（24'）a 句用"还"作关联标记（"兀"可有可无），也是反诘性推断；b 句用"兀"作关联标记，既可以是陈述性推断，也可以是反诘性推断。

3. 目的复句

目的复句包括求得和求免两类，这两类的关联标记基本一致，都是前置于正句前端，例如：

(25) 你叫车停边上，好叫伢兀挂车过呀。
(26) 你给我捎（得）买一袋盐，省我再跑一回。
(27) 大人一天栽撞<sub>奔波劳累</sub>不停，还不（都）是为唠下孩<sub>子女的总称</sub>啊！

以上是目的复句，例（25）、（27）为求得句，（26）为求免句。临猗方言中一般用"好""省""还不"等附着与正句前端，起关联标记作用。三者在不同语境根据表达需要出现（如"求得"与"求免"的不同语境），一般不能相互替换。例（27）中的"为唠"作为动宾短语的中心语，不是关联标记。

## （二）前后配套 C 式：$g_1+S_1$，$g_2+S_2$

临猗方言的因果、目的复句也可以用前后配套 C 式表达。例如：

(28) 你（连）车都还不会骑哩，还学开车呀？
(29) 为叫伢你得撵走去吃上口热饭，我五点就起来（做饭）啦。

例（28）是推论因果复句，当地方言中一般用"连……，还……"表达，但"连"可有可无，如果"连"不出现，这一结构与上述 B 式完全相同。

例（29）是目的复句，当地方言可以是"为……，就……"表达，但也可以用 B 式表达，而且用 B 式表达在当地口语中更地道：

（29′）我五点起来做饭，<u>就</u>是为叫伢你得撵走去吃上口热饭么。

所以，临猗方言因果、目的复句主要是用 B 式表达的。

值得注意的是，当地方言中有的复句，一般语境中用 B 式表达，但在特定语境中也可以用 A 式表达，二者都是居中黏结式。试比较：

（30）a. 我爸说咾伢两句，伢<u>就</u>不来啦。
　　　b. 我爸说咾伢两句<u>就</u>，伢（就）不来啦。
（31）a. 你（连）车都<sub>车子:自行车</sub>都不会骑，<u>还</u>学开车也？
　　　b. 你（连）车都<sub>车子:自行车</sub>不会骑<u>还</u>，学开车呀？

以上两句中的 a 句都是常规表达形式，b 句都是变式表达形式，我们合为一类。

## （三）小结

从上面的分析可以看出，临猗方言因果复句以居中黏结式占绝对主流，前后配套式都能转换成居中黏结式，没有居端依赖式。

表 2　临猗方言因果、目的复句关联标记模式（括号表示此类只是变体形式）

| | 居中粘结式 | | 前后配套式 | 居端依赖式 |
|---|---|---|---|---|
| | A 式：$S_1+g, S_2$ | B 式：$S_1, g+S_2$ | C 式：$g_1+S_1, g_2+S_2$ | |
| 说明因果 | - | ……，就/才…… | - | - |
| 推论因果 | （……，还/就……） | ……，兀/就/还 | （连……，还……） | - |
| 说明因果 | - | ……，好/省/还…… | (为了……，就……) | - |

## 四　条件复句的关联标记与关联标记模式

条件复句应包括充足条件、必要条件和无条件三种。临猗方言的条件复句也包括这三类。

条件复句可以通过意合法表达意义。例如：

（32）你好好下苦学，肯定能考上大学。
（33）这页"这外"(这个)合音月下上两场雨，庄稼没问题能长好。

但条件复句在一般语境中大都会有关联标记，而且与前两种复句相比，条件复句的关联标记模式比较复杂，既有居中黏着式，又有前后配套式，还有居端依赖式。具体如下。

### （一）居中黏着 B 式：$S_1$，$g+S_2$

临猗方言条件复句有居中黏着式，但只有 B 式，没有 A 式。例如：

（34）你好好下苦学，就能考上大学。
（35）你妈来接你，你就能走啦。
（36）我妈叫买，我才敢买（手机）哩。
（37）今年这麦不行啦，除非这几天赶紧下上一场大雨。
（38）咱先走吧，粹管他作呀。
（39）你写作业吧，管他来不来。

上例（34）—（35）是充分条件句，一般用副词"就"充当关联标记；例（36）—（37）是必要条件句，用副词"才""除非"充当关联标记；例（38）—（39）是无条件句，用副词"粹管""管"充当关联标记。这些标记都在状语位置，"就""才"一般在正句主语之后，"除非""粹管""管"一般在正句前端。B 式是当地口语中的优势句式。

### （二）前后配套式

前后配套式在条件复句中主要是 C 式和 G 式。

1. 前后配套 C 式：$g_1+S_1$，$g_2+S_2$

（40）咱这哒老是一下雨就停电。

(41) 只要你好好下苦学，就能考上大学。
(42) 只有你说他，他才听。
(43) 除非你考上大学，我才能给你买电脑。
(44) 除非你和我去，要不我不去。
(45) 粹管/管你作说，伢就（是）不听<sub>无论你怎么说,他就是不听</sub>。

以上例句中，前两例是充分条件句，关联标记一般用"只要……，就……"，例（40）是紧缩复句，关联标记是"一……就……"；例（41）—（44）是必要条件句，当地口语关联标记一般用"只有……，才……""除非……，才/要不……"等；例（45）是无条件句，关联标记一般用"粹管/管……，就……"。

前后配套式只有在表达强调语气时使用，前一个关联标记口语中往往省略，这样，C式就变为B式了。例如：

(40′) 咱这哒老是下雨就停电。
(41′) 你好好下苦学，就能考上大学。
(42′) 你考上大学，我才能给你买电脑。
(43′) 你和我去，要不我不去。
(44′) 你作说，伢就（是）不听<sub>无论你怎么说,他就是不听</sub>。

以上例句中，去掉前一关联标记，在当地口语中仍然成立，因此C式可以变换为B式。

2. 前后配套D式：$S_1+g_1$，$g_2+S_2$

(45) 他回来咾（着），咱就吃饭。
(46) 伢回来咾（着），咱才能吃饭哩。

上例（45）是充足条件句，一般用关联标记"……咾（着），就……"；例（46）是必要条件句，一般用关联标记"……咾（着），才……"。"着"是语气词，表达较为舒缓的语气。

这类条件复句可以叫作假设条件句，偏句既是条件又是假设，因此可以同假设复句一样，在偏句末附着语气助词"咾（着）"。"咾（着）"

可省略，省略后 D 式也就转换成了 B 式。

## （三）居端依赖 H 式：g+S$_1$，S$_2$

(47) <u>但凡</u>我明儿个有空，我肯定去哩。
(48) <u>粹管</u>$_{无论}$他走啊不走，咱走吧。
(49) <u>不管作着</u>$_{无论怎样}$（先）叫我喝上口，渴死啦。
(50) <u>管</u>他吃不吃，咱先吃吧。

上例（47）是充分条件句，在偏句首用"但凡"作关联标记，这类复句的使用频率不高；其他 3 句都是无条件句，在偏句首用"粹管""不管作着""管"作关联标记，形成居端依赖式结构模式。这类模式在临猗方言中属于使用频率较低的结构模式，只在强调语境中使用，而且这类复句都可以转换为其他结构。例如：

(47′) 我明儿个有空，我<u>就</u>肯定去哩。
(48′) 他走不走，咱<u>都</u>走。
(50′) 他吃不吃，咱<u>都</u>先吃吧。

我们看到，上例删除句首的关联标记，复句仍能成立，语义不变，但在正句中都添加了副词"就"或"都"，使复句的关联标记模式变为了 B 式。

只有上例（48）的句首关联标记不能删除，删除以后便不再是无条件复句。

值得注意的是，我们在当地方言中发现了 1 例 I 式（S$_1$，S$_2$+g）例句：

(51) 你作说，伢不听<u>噘</u>。

这个例句的关联标记处于句末，"噘"既是表达肯定语气的语气词，也是关联标记，因为删除"噘"不仅是语气词，还有成句作用，删除后复句关系无法成立。

但是，这个复句其实是个变式句，可以变换为 B 式或 C 式：

(51′)（粹管）你作说，伢都不听。

此例中句首的"粹管"可以省略，"都"不能删除。因此 B 式和 C 式在当地使用频率较高，居端依赖 D 式只是特定语境中的变式句。

### （四）小结

从上面的分析可以看出，临猗方言条件复句以居中黏结式和前后配套式占主流，大多数复句在 B 式和 C 式之间可以自由转换，C 式和 D 式（居端依赖式）应是前两者的变式句，当地更常用 B、C 两式表达同样的意义。

表 3　临猗方言条件复句关联标记模式（括号表示此类只是变体形式）

|  | 居中黏结式 | | 前后配套式 | | 居端依赖式 |
|---|---|---|---|---|---|
|  | A 式：$S_1+g$, $S_2$ | B 式：$S_1$, $g+S_2$ | C 式：$g_1+S_1$, $g_2+S_2$ | D 式：$S_1+g_1$, $g_2+S_2$ | H 式：$g+S_1$, $S_2$ |
| 充分条件 | - | ……，就…… | (只要……，就……/一……，就……) | (……咥着，就……) | (但凡……，……) |
| 必要条件 | - | ……，才…… | (只有……，才……)(除非……，才/要不……) | (……咥着，才……) | - |
| 无条件 | - | ……，粹管/管…… | (粹管/管……，就……) | - | (粹管/管……，……) |

## 五　转折复句的关联标记与关联标记模式

临猗方言转折复句可以通过意合法表达意义。例如：

(52)（兀人）有文化，没素质。
(53) 嘴上吧儿吧儿，尿床哗儿哗儿。(小孩)虽然已经能说会道了，但还经常尿床。

转折复句在多数语境中使用关联标记，主要是用居中黏结 B 式和前后配套 C 式表达，也有少量复句用居中黏结 A 式表达。

## （一）居中黏着式

1. 居中黏着 A 式：S₁+g，S₂

临猗方言转折复句用居中黏结 A 式的关联标记是语气助词"些"，例如：

(54) 都快做完啦些，伢他不干啦〔都快做完了，他倒不干了。〕
(55) 我说咾半天些，伢不听，光在哇儿〔"兀哒（那里）"的合音〕打游戏哩！

如前文所述，"些"在假设复句中是虚拟语气的关联标记，用于转折复句时，常常表达惊讶、难以置信、生气等语用色彩，属于转折复句中的强转类。

2. 居中黏着 B 式：S₁，g+S₂

居中黏着 B 式的关联标记一般用转折连词"可"或副词"就/就是"或"倒"作关联标记。例如：

(56) 我和伢八八八九九九说咾半天，可伢一句都没听进去。
(57) 你说这么好兀么好，可我觉着不好。
(58) 我将起来，可/就又瞌睡啦。
(59) 他想来，可/就是没工夫〔时间〕。
(60) 事情就快完啦，伢他倒不干啦。

上例（56）—（57）属于重转，只能用"可"作关联标记；(58)—(59)属于轻转，既可以用"可"，也可以用"就/就是"，还可以"可"与"就/就是"共现，共现时转折语气得以加强；(60)属于弱转，用"倒"表示"意外"之意。

A 式和 B 式可以相互转换，转换后基本意思不变，只是语用色彩有细微变化。例如：

(54′) 都快做完啦，可伢他（倒）不干啦〔都快做完了，他倒不干了。〕
(55′) 我说咾半天，可伢（就是）不听，光在哇儿〔"兀哒（那里）"的合音〕

打游戏哩！

上两例与（54）、（55）两例的意义完全一致，只是少了惊讶、难以置信等语气。

B 式也大都可以转成 A 式。例如：

(56′) 我和伢八八八九九九说咾半天些，伢一句都没听进去。
(58′) 我将起来些，又瞌睡啦。
(59′) 他想来些，没工夫 时间。
(60′) 事情就快完啦些，伢他不干啦。

上例只有（57）例不能转成 A 式，因为无法带有惊讶和难以置信的语气。其他各例都可以转换，转换后的语气同 A 式。

### （二）前后配套 C 式：$g_1+S_1$，$g_2+S_2$

转折复句也可以用前后配套 C 式表达。关联标记比较多，例如：

(61) 这村干净咾是干净，就是太小啦。
(62) 休看伢个侏侏汉儿，可有劲儿着哩。
(63) 你一天光说要买这要买兀，就不说好好学习。
(64) 我当 还以为 强孩媳妇有多好看（些），也就一般人吧。
(65) 倒不是他脑都 脑子 有多好，就是肯下苦功夫。

上例中分别用了"是……，就是……""休看……，可……""光……，就……""当……，也就……""倒不是……，就是……"。其中（62）、（63）例属于强转，（61）、（64）例属于轻转，（65）例属于弱转。（64）例中的"些"属于可有可无的成分，加上"些"就具有了惊讶的语气。

值得注意的是，假设、因果（包括目的）、条件三类复句的前后配套式大都可以转换为居中黏结式，前后配套是强调语境中才使用，但转折复句的前后配套式大都不能转成居中黏结式，即前一分句的关联标记无法删除。居中黏结式也大都不能转换为前后配套式。

## （三）小结

综上所述，临猗方言转折复句主要用居中黏结式和前后配套式，无居端依赖式。居中黏结式主要是 B 式，也可以用 A 式，A 式的语用色彩较强，与 B 式可以自由转换，语用色彩也随之转换。值得注意的是，前后配套式不能转换为居中黏结式，居中黏结式也不可以转换为前后配套式。

表 4  临猗方言转折复句关联标记模式（括号表示此类只是变体形式）

| | 居中黏结式 | | 前后配套式 | 居端依赖式 |
|---|---|---|---|---|
| | A 式：$S_1$+g, $S_2$ | B 式：$S_1$, g+$S_2$ | C 式：$g_1$+$S_1$, $g_2$+$S_2$ | |
| 强转 | （……些，……） | ……，可…… | 休看……，可……/光……，就…… | - |
| 轻转 | - | ……，就/就是…… | 是……，就是……/当……，也…… | - |
| 弱转 | - | ……，倒 | 倒不是……，就是…… | - |

# 六　并列复句的关联标记与关联标记模式

并列复句应包括平列和对举两类，临猗方言的平举类并列复句也可以用意合法表示。例如：

(66) 这孩，吃下么肥，长下么低（真真恓人）。
(67) 他不吃烟，不喝酒。

不过，大多数的并列复句，尤其是对举类并列复句一般要用关联标记。临猗方言并列复句的关联标记模式主要是居中黏结 B 式和前后配套 C 式。

## （一）居中黏着 B 式：$S_1$，g+$S_2$

临猗方言并列复句有居中黏着 B 式，没有 A 式。例如：

（68）他懒，你也懒？
（69）他不吃烟，也不喝酒。
（70）这孩，吃下么_那么_肥，又长下么低（₂真真怄人_令人发愁_）。

用居中黏结 B 式的都是平比类并列复句，关联标记一般用"……，也……""……，又……"等。

### （二）前后配套 C 式：$g_1+S_1$，$g_2+S_2$

临猗方言并列复句前后配套式也只有 C 式。例如：

（71）伢在屋破吃饭破看电视。
（72）你一会儿做这，一会儿做兀，嚎_"什么"的合音_都做不成！
（73）伢又不吃烟又不喝酒。
（74）他是不唱歌，不是不跳舞。
（75）不是我不想去，是没工夫去。

上例（71）—（73）是平列类，（74）—（75）是对举类。平举类的关联标记有"破……破……""一会儿……，一会儿……""又……，又……"，其中"破……破……"相当于普通话"一边儿……，一边儿……"；对举类的关联标记一般是"是……，不是……"或"不是……，是……"。

并列复句的关联标记模式相对整齐且简单。部分复句的 B 式和 C 式之间可以相互转换，我们发现，B 式和 C 式能够互相转换的前提，是两个分句共用一个主语。例如：

（69′）他又不吃烟，又不喝酒。
（70′）这孩，又肥，又长下么低（真真怄人）。
（73′）伢不吃烟又不喝酒。
（74′）他不唱歌，不是不跳舞。

如果前后分句不是共用一个主语［如例（68）］就不能发生转换。另外 C 式中的"破……破……""一会儿……，一会儿……"两个结构式也不能转换为 B 式。

### （三）小结

综上所述，临猗方言并列复句主要用居中黏结 B 式和前后配套 C 式，无居端依赖式。B 式和 C 式之间的转换是有条件的，两个分句的主语不同不能发生转换，C 式中的"破……破……""一会儿……，一会儿……"也不能转换为 B 式。所以，很显然，在并列复句中，居中黏结 B 式和前后配套 C 式都是当地方言中的优势结构。

表 5　　　　　　　临猗方言并列复句关联标记模式

| | 居中黏结式 | | 前后配套式 | 居端依赖式 |
|---|---|---|---|---|
| | A 式：$S_1$+g, $S_2$ | B 式：$S_1$, g+$S_2$ | C 式：$g_1$+$S_1$, $g_2$+$S_2$ | |
| 平举 | - | ……, 也……/……, 又…… | 破……, 破……/又……, 又……/一会儿……, 一会儿…… | - |
| 对举 | - | - | 是……, 不是……/不是……, 是…… | - |

# 七　递进复句的关联标记与关联标记模式

递进复句包括一般递进和衬托递进。临猗方言的递进复句很少用意合法表示，一般要加关联标记。关联标记模式也是居中黏结 B 式和前后配套 C 式。具体如下。

### （一）居中黏着 B 式：$S_1$, g+$S_2$

(76) 他认得我，还知道我小名儿。
(77) 他不做，还老在边上弹弦挑毛病。
(78) 他不想在这哒住，我还不想叫他住哩。
(79) 屋大人家长奈话你不听，连你师傅奈的话你都不听？

上面前两例是一般递进，后两例是衬托递进。一般递进的关联标记一般为"……，还……"；衬托递进的关联标记一般为"……，连……"或"……，还……"。这类复句都可以转换为前后配套 C 式。

### （二）前后配套 C 式：$g_1+S_1$，$g_2+S_2$

(80) 不光是因为太远，我也没工夫去。
(81) 他不光个人不学，还捣蛋边儿上同学都学不成。
(82) 还说他敢赚<sub>骗</sub>你哩，他连他屋大人都敢赚<sub>骗</sub>。
(83) 他连他屋大人都敢赚，还不敢赚你<sub>他连他父母都敢骗,还不敢骗你</sub>？
(84) 不要说你不给钱，你就是给钱我也不去。
(85) 小孩都能提起，你还提不起？

上例（80）—（82）属于一般递进，（83）—（85）属于衬托递进。一般递进的关联标记有"不光……，也""不光……，还""还说……，连……"等，其中偏句前的"还说"可以替换为"不光"，但正句中的"也""还""连"之间不能相互替换。衬托递进复句的关联标记是"连……，还……""不要说……，就是……""都……，还……"等。

前后配套 C 式有部分复句可以转换为居中黏结 B 式，如上例（81）、（83）、（85）可以删除第一个关联标记，转换为 B 式：

(81′) 他个人不学，还捣蛋边儿上同学都学不成。
(83′) 他屋大人他都敢赚，还不敢赚你<sub>他连他父母都敢骗,还不敢骗你</sub>？
(85′) 小孩能提起，你还提不起？

其他例句的关联标记无法删除。
但值得注意的是，B 式都能转换为 C 式，例如：

(76′) 他不光认得我，还知道我小名儿。
(77′) 他不光不做，还老在边上弹弦<sub>挑毛病</sub>。
(78′) 不要说他不想在这哒住，我还不想叫他住哩。
(79′) 不光屋大人奈话你不听，连你师傅奈话你都不听？

## （三）小结

综上所述，临猗方言递进复句主要用居中黏结 B 式和前后配套 C 式，没有居端依赖式。B 式都可以转换为 C 式，但 C 式只有部分复句可以转换为 B 式。所以，很显然，在并列复句中，居中黏结 B 式和前后配套 C 式都是当地方言中的优势结构。

表 6 　　　　　　临猗方言递进复句关联标记模式

|  | 居中黏结式 | | 前后配套式 | 居端依赖式 |
|---|---|---|---|---|
|  | A 式：$S_1+g$, $S_2$ | B 式：$S_1$, $g+S_2$ | C 式：$g_1+S_1$, $g_2+S_2$ |  |
| 一般递进 | – | ……，还…… | 不光……，也/还<br>还说……，连…… | – |
| 衬托递进 | – | ……，连……/<br>……，还 | 连……，还……/<br>都……，还……<br>不要说……，就是…… | – |

# 八　选择复句的关联标记与关联标记模式

选择复句包括未定选择和已定选择两类，已定选择又包括先舍后取和先取后舍两个小类。选择复句可以用意合法表达，例如：

（86）输啦，赢啦？
（87）吃苹果也，吃梨也？

临猗方言选择复句也可以通过关联标记表达。关联标记模式主要包括居中黏着 B 式和前后配合 C 式。具体如下。

## （一）居中黏着 B 式：$S_1$, $g+S_2$

（88）你喝米汤也，<u>还是</u>喝豆浆也？
（89）你要红哩也，<u>是</u>要绿哩也？
（90）我想代初二语文，<u>要不咋</u>代初三语文。
（91）输啦，赢啦，<u>还是</u>平局？

(92) 天天在屋（哩）种庄稼，<u>还不胜/还不敌</u>出去打工哩。

上例（88）—（91）是未定选择，其中例（91）是数者选一，其他是二者选一，关联标记一般是"……，还是/是……"或"……，要不咋……"；例（92）是已定选择中的先舍后取类，关联标记一般为"……，还不胜/还不敌"。已定选择中的先取后舍类不能用B类，只能用前后配套式的关联标记。

值得注意的是，当地方言中B式有一种变式句，可以转换成居中黏结A式，例如：

(93) 你喝米汤也<u>还是</u>，豆浆也？

## （二）前后配套C式：$g_1+S_1$，$g_2+S_2$

(94) 你<u>是</u>今儿个走也，<u>还是</u>明儿个走也？
(95) <u>要不咋</u>你买，<u>要不咋</u>我买。
(96) <u>或者</u>你去，<u>或者</u>我去。
(97) 他天天<u>不是</u>打扑克，<u>就是</u>打麻将。
(98) 你<u>要不咋</u>今儿个走，<u>要不咋</u>明儿个走。
(99) 他<u>宁</u>在屋里种庄稼，<u>也不</u>出去打工。

上例（94）—（98）都是未定选择，关联标记丰富，有"是……，还是……""要不咋……要不咋……""或者……或者……""不是……，就是……"等，其中"要不咋"和"或者"可以互换，意义不变。前分句的"要不咋"既可以处于句首，也可以处于主语之后。

值得注意的是，已定选择的B式和C式之间不能相互转换，先舍后取只能用B式，先取后舍只能用C式。

未定选择问句的B式和C式之间可以相互变换，试比较：

(94′) a. 你今儿个走也，<u>还是</u>明儿个走也？
　　　b. 你<u>是</u>今儿个走也，<u>还是</u>明儿个走也？

(95′) a. 你买，要不咾我买。
　　　 b. 要不咾你买，要不咾我买。
(97′) a. 他天天打扑克，要不咾就打麻将。
　　　 b. 他天天不是打扑克，就是打麻将。

上例 a 句都是 B 式，b 句都是 C 式，二者之间可以相互转换，意义基本不变。只是"不是……，就是……"是固定格式，前一标记不能删除，但这一组关联标记可以换为"……，要不咾"结构。

## （三）小结

综上所述，临猗方言选择复句主要用居中黏结 B 式和前后配套 C 式，B 式在特定语境中可以变换为 A 式，没有居端依赖式。未定选择复句的 B 式和 C 式之间基本可以自由变换，但已定选择的 B 式和 C 式之间不能变换，先舍后取选择句只能用 B 式，先取后舍选择句只能用 C 式。所以，选择复句中，居中黏结 B 式和前后配套 C 式都是当地方言中的优势结构。

表 7　临猗方言选择复句关联标记模式　（括号表示此类只是变体形式）

|  |  | 居中黏结式 | | 前后配套式 | 居端依赖式 |
|---|---|---|---|---|---|
|  |  | A 式：$S_1$+g, $S_2$ | B 式：$S_1$, g+$S_2$ | C 式：$g_1$+$S_1$, $g_2$+$S_2$ |  |
| 未定选择 | | （……，还是……） | ……，还是/是……　　……，要不咾 | 是……，还是……<br>不是……，就是……<br>要不咾……，要不咾…… | - |
| 已定选择 | 先舍后取 | - | ……，还不胜/还不敌…… | - | - |
| | 先取后舍 | - | - | 宁……，也不…… | - |

# 九　顺承复句的关联标记与关联标记模式

顺承复句是前后分句按时间、空间或逻辑事理上的顺序说出连续的动作或相关的情况，分句之间有先后相承的关系。临猗方言的顺承复句大都是意合法构成，如：

(100) 她拿出钥匙，开开箱都（箱子），提出包袱，取出一双新鞋。

（101）王强吃完饭，看了会电视，走书房上学去啦。

顺承复句也可以用关联标记，其关联标记模式也是居中黏着 B 式和前后配套 C 式。

## （一）居中黏着 B 式：$S_1, g+S_2$

（102）我（先）在村里住了多年，后次/完咾才住到城里。
（103）你（先）等一下，一会儿我就来啦。

上例中后分句句首"后次""一会儿"等是使用频率较高的两个关联标记，表示时间的先后顺序。

## （二）前后配套 C 式：$g_1+S_1, g_2+S_2$

（104）红红先做咾一会儿作业，又看咾会儿电视，完咾又打电脑去啦。
（105）你先叫你奈作业做完，再走他屋自起玩耍。
（106）他先扫咾院都，接住又叫门前扫咾扫。
（107）你头（里）先走着，一会儿我就撵着你啦。
（108）他一开始声儿小，后次慢慢就大啦。

以上顺承复句中的关联标记是临猗方言中最常见的标记，前分句的标记最常用的是"先"，与之搭配的可以是"又""完咾""再""接住""一会儿"等，"一开始……，后次……"也是常见的关联标记。

顺承复句中的居中黏着 B 式都可以转换为前后配套 C 式，如例（102）、例（103）的前分句都可以添加标记"先"，C 式大多数也可以变换为 B 式，但"一开始……，后次……"的前一关联标记不能删除。

## （三）小结

综上所述，临猗方言顺承复句主要用居中黏结 B 式和前后配套 C 式，B 式和 C 式大都可以相互转换，部分 C 式不能转换为 B 式，口语中 C 式使用频率更高些。

表 8　　　　　临猗方言顺承复句关联标记模式

| | 居中黏结式 | | 前后配套式 | 居端依赖式 |
|---|---|---|---|---|
| | A 式：$S_1+g, S_2$ | B 式：$S_1, g+S_2$ | C 式：$g_1+S_1, g_2+S_2$ | |
| 顺承复句 | - | ……，后次/完咾……<br>……，一会儿…… | 先……，又……，<br>完咾……先……，<br>再/接住/一会儿<br>一开始……，后次 | - |

# 十　结语

以上分析了山西官话区临猗方言每类复句的关联标记模式。可以看出，前 4 类属于偏正复句，后 4 类属于联合复句。总体来说，偏正复句的关联标记模式中居中黏结式占优势，联合复句的关联标记模式是前后配套式占优势。

表 9　　　临猗方言复句关联标记模式（括号表示此类只是变体形式）

| | | 居中黏着式 | | 前后配套式 | | | | | 居端依赖式 | |
|---|---|---|---|---|---|---|---|---|---|---|
| | | A | B | C | D | E | F | G | H | I |
| 偏正复句 | 假设复句 | + | + | (+) | - | - | - | - | - | - |
| | 因果复句 | (+) | + | (+) | - | - | - | - | - | - |
| | 目的复句 | - | + | (+) | - | - | - | - | - | - |
| | 条件复句 | - | + | (+) | (+) | - | - | - | (+) | - |
| | 转折复句 | (+) | + | + | - | - | - | - | - | - |
| 联合复句 | 并列复句 | - | + | + | - | - | - | - | - | - |
| | 递进复句 | - | + | + | - | - | - | - | - | - |
| | 选择复句 | - | + | + | - | - | - | - | - | - |
| | 顺承复句 | - | + | + | - | - | - | - | - | - |

## （一）居中黏结 B 式是临猗方言复句关联标记的最优势模式

从上表可以看出，3 大模式 9 个小类中，临猗方言具有的模式主要集中在居中黏着 B 式和前后配套 C 式两类中。

所有复句中都有居中黏结 B 式，尤其是偏正复句中，B 式占绝对优势，其他格式基本都是 B 式在特定语境中的变式句式。

### （二）C 式在联合复句中占有一席之地

从表 9 可以看出，偏正复句主要的关联标记模式是居中黏着 B 式，前后配套 C 式只是在强调语境中出现（转折复句除外）。但联合复句中，前后配套 C 式在每类复句中都有不能转换为居中黏结 B 式的结构，而且 C 式也不再是强调语境中才出现的结构，虽然 B 式在联合复句中仍有优势，但从前后配套 C 式的使用频率和关联标记的丰富、复杂程度来看，已经在联合复句中占领了一席之地。

### （三）居中黏结 A 式只出现于偏正复句中

从表 9 可以看出，居中黏结 A 式只出现在偏正复句中，尤其在假设复句中是强势结构模式，当地方言口语中使用频率最高的就是 A 式。A 式还出现在因果复句和转折复句中，虽属于变式结构，仍有一定的使用频率。

### （四）条件复句中关联标记模式虽比较复杂，但居中黏结 B 式仍是优势结构模式

从上表可以看出，比较特殊的是条件复句，其关联标记较为复杂，既有 B 式和 C 式，也有少量 H 式和 D 式，但 C 式、H 式和 D 式又都能变换为 B 式，B 式仍是条件复句的优势模式。

### （五）临猗方言关联标记模式的分布既符合"联系项居中"原则，也与 SVO 语序和谐

刘丹青（2003）表述 Dik 的"联系项"的优先位置是：（ⅰ）在两个被联系成分之间；（ⅱ）如果联系项位于某个被联系成分上，则它会在该被联系成分的边缘位置。临猗方言复句关联标记模式以 B 式为优势模式，而 B 式（$S_1$，g+$S_2$）特点是关联标记模式处于后分句前端，根据"联系项居中"原则，g 处于 $S_1$ 和 $S_2$ 之间，正是处于两个联系项之间，其次的 C 式（$g_1+S_1$，$g_2+S_2$）有两个关联标记，但后一标记也是处于后

分句前部，临猗方言基本没有处于后一分句末的关联标记。再次，A式（$S_1$+g, $S_2$）的关联标记在偏正复句的前分句末端，也是处于居中的位置，包括只在条件复句中出现的D式（$S_1$+$g_1$, $g_2$+$S_2$）两个关联标记都处于居中位置，因此临猗方言复句的关联标记模式符合"联系项居中"原则。

另外，世界语言的倾向性共性是：VO型语言的关联标记前置于小句，OV型语言的关联标记后置于小句（Rijkhoff，2002；刘丹青，2003：转引自储泽祥、陶伏平，2008：414）。临猗方言复句关联标记模式以B式（$S_1$, g+$S_2$）为最优，完全符合世界语言这一普遍规律。

## （六）临猗方言复句关联标记模式的等级序列

从上文的分析中可以看出，临猗方言复句关联标记最优势模式是居中黏结式，其次是前后配套式，居端依赖式只在条件复句中作为变体存在。因此，临猗方言复句关联标记模式的等级序列为：

居中黏结式>前后配套式>居端依赖式

这个序列表示：如果一类复句中有居端依赖式，就一定有前后配套式；如果有前后配套式，就一定有居中黏结式。

从关联标记模式的9个小类来看，B类最优势，其次是C式，A式只存在于偏正复句中，D式和H式只存在于条件复句中。因此，9类模式中，临猗方言出现了5类，这5类标记模式按其出现频率和常用度分类，其优先等级序列为：

居中黏结B式>前后配套C式>居中黏结A式>居端依赖D式/H式

如果考察5类的蕴含关系，应该是：

居中粘结B式>前后配套C式>居中粘结A式/居端依赖D式/H式

这个等级序列表示：如果有A式或D式或H式，就一定有C式，如果有C式，就一定会有B式。

因此山西临猗方言复句关联标记模式以B式为最优模式。

# 参考文献

曹逢甫：《汉语的句子与子句结构》，王静译，北京语言大学出版社2004年版。

储泽祥、陶伏平：《汉语因果复句的关联标记模式与"联系项居中原则"》，《中国语文》2008年第5期。

丁志丛：《有标转折复句的关联标记模式及相关解释》，《求索》2008年第12期。

董秀英、徐杰：《假设句句法操纵形式的跨语言比较》，《汉语学报》2009年第4期。

刘丹青：《语序类型学与介词理论》，商务印书馆2003年版。

邢福义：《汉语复句研究》，商务印书馆2001年版。

徐杰、李莹：《汉语"谓头"位置的特殊性及相关句法理论问题》，《汉语言文学研究》2010年第3期。

张建：《汉语复句关联标记模式的组合经济性》，《汉语学报》2012年第4期。

中国社会科学院和澳大利亚人文科学院合编：《中国语言地图集》，（香港）朗文出版（远东）有限公司1987年版。

周刚：《连词产生和发展的历史要略》，《安徽大学学报》2003年第1期。

Dik Simon C, "The Structure of the Clause" In Kees Hengeveld (ed), *The Theory of Functional Grammar* (Revised version), Berlin / New York: Mouton de Gruyter, 1997.

（史秀菊　太原　山西大学文学院　sxtyshxj@163.com）

# 湖南吉首方言句末语气词"哦"的互动语言学研究[*]

刘 锋 张京鱼

**提 要**：本文在互动语言学框架下，基于自建口语语料库，首先对 7 个不同会话场景中，吉首方言句末语气词"哦"的使用频率及三个义项分布进行定量统计分析。然后通过会话分析等定性手段，发现句末"哦"实为"话轮组织标志"，它帮助说话人构建引发、延续、挑战、寻求确认和有疑问问话轮。研究最后指出，句末"哦"的话轮组织功能与说话人主观确信程度及语调选择间存在互动，且三者以互为实现的方式构成一个紧密联系的整体。

**关键词**：吉首方言；句末语气词"哦"；话轮组织标志；互动语言学

# 一 引言

"互动语言学"（Interactional Linguistics）是对语言研究的一种"互动综观"，它主张语义、功能和句法间存在互动性，且三者均是交互过程中所"浮现之物"，并随交际展开而不断变化（Couper & Selting，2001：1）。作为具有"交互属性"（interaction in nature）的语气词，其意义、功能和句法结构的多样性恰恰只在人际互动中得以完全展现（Wu，2004：128）。

纵观国外学界，互动语言学与语气词的结合已初具雏形，研究者们在互动语言学框架下，探讨了汉语、粤方言及海南临高语等自然口语中语气词的意义、功能和句法结构的多样性，并尝试对多样性背后的条理

---

[*] 本文系教育部人文社科青年基金项目"基于多媒体语料库的湖南吉首方言语用小品词研究"（15YJC740043）和教育部语言文字应用管理司项目"陕西省'一带一路'语言能力调查研究"（YY16517）的部分成果。研究同时得到陕西省"三秦学者"创新团队资助。

性与规律性做出解释，旨在直观、系统地呈现语气词的运作机制（刘锋、张京鱼，2017：30）。相较而言，国内现有文献仅涉及对互动语言学理论、研究方法的引介（林大津、谢朝群，2013；罗桂花，2012等），相关实证研究尚未引起学界重视。有鉴于此，本文秉持互动语言学研究的"互动"核心理念和会话分析方法，基于自建口语语料库①，对湖南吉首方言句末语气词"哦"②展开研究，旨在为汉语以及方言语气词研究带来新进展。

## 二　相关研究综述

李启群（2006）采用"诱导法"和"内省法"对吉首方言句末"哦"进行描述和分析。她认为句末"哦"主要用于祈使句、疑问句和感叹句末尾，分别表示请求、不太肯定和略微夸张之语气。如下例（1）—（3）（转引自李启群，2006：252—253）：

（1）你好生想下儿哦<sub>你好好想想吧</sub>！
（2）那时候南瓜大概是三分钱一斤哦<sub>那时候南瓜大概是三分钱一斤吧</sub>？
（3）唱　大　戏　的　时　候，台　底　下　都　是　摆　倒　副　木　头　哦<sub>唱大戏时，台下还摆着一口棺材呢</sub>！

另有 5 项研究值得关注。Luke（1990）和 Wu（2004）采用会话分析手段，分别对粤方言和台湾国语句末"哦"进行研究。Luke 认为粤方言句末"哦"是一种"语言机制"，其功能有二：（1）加强说话者质疑前一说话人的语气；（2）凸显说话者所述内容，引起听话人注意。Wu 的研究发现，台湾国语句末"哦"实为"认知提醒标记"，是说话人用以凸显并提醒听话人注意所述内容的"新闻价值"或用来"强调事态的非常特征"，同时标示说话人的"不同情感立场"。最早对汉语普通话句末"哦"

---

① 本文在吉首城区录制不同会话场景中自然会话语料约 200 小时，并借助 ELAN 软件建成约 90 万字的口语语料库。
② 吉首市地处湘语、西南官话交界之处，其方言属于西南官话（李启群，2002）。"哦"是吉首方言中最为常见的小品词之一，它可位于句首、句中和句末，本文所讨论的句末"哦"在自然口语中有着极高的出现频率。

开展广泛、系统研究的是赵元任（1979）和 Li & Thompson（1981）。前者认为普通话句末"哦"实为"警示标记"，Li & Thompson 进一步指出句末"哦"为"友善提醒标记"。张邱林（2013）则发现现代汉语句末"哦"带有亲切和游戏的口吻，常用于陈述句、祈使句和感叹句，且主要出现在电视广告、报纸、网络及其他媒介上的青少年口语中，带有显著语境特点。

上述研究揭示了句末"哦"的一些重要特征：（1）从句法层面上看，"哦"可以出现在陈述、疑问、祈使和感叹四大句类末尾；（2）从功能上说，"哦"是一个"提醒标记"，主要用来凸显说话者所述内容的新闻价值或非常特征，引起听话人注意。我们认为前贤的研究存在如下两个倾向：（1）对句末"哦"的分析有时来自研究者的直觉，即采用内省法，这导致部分结论难以通过大规模真实语料的检验（如李启群，赵元任和 Li & Thompson）；（2）缺乏一以贯之的研究框架。学者们基于不同理论背景、从不同角度对各自语言中的句末"哦"进行分析，在展现其纷繁复杂的义项和功能同时，却难免与 Wierzbicka（1986）产生共鸣："语气词将人类语言与机器语言区分开来，是人类交际最核心的部分，但却也最让人难以捉摸"。鉴于此，本文首先对吉首城区超市、家庭、菜市、商场、影楼、茶馆和发廊等 7 个不同会话场景中，句末"哦"的出现频率和义项分布进行定量统计，然后运用会话分析方法对句末"哦"的义项、功能及韵律特征进行定性分析，最后从互动语言学视角出发，对句末"哦"的运行机制提出合理解释。

## 三 句末"哦"的定量统计分析

### （一）句末"哦"在不同会话场景中的出现频率

由表1可见，句末"哦"在约90万字的口语语料库中共出现11688次，出现频率为 77：1。相较于粤方言句末"哦"的 150：1（Luke，1990）和台湾国语句末"哦"的 309：1（Wu，2004），吉首方言句末"哦"有着相当高的使用频率。见下表1：

表1　　　　　　　句末"哦"在不同会话场所中出现频率

| 会话场所 | "哦"出现数量 | "哦"出现频率 |
| --- | --- | --- |
| 超市 | 1596 | 167772：1596≈105 |
| 家庭 | 2244 | 132984：2244≈59 |
| 茶馆 | 2112 | 127380：2112≈60 |
| 发廊 | 1455 | 117264：1455≈81 |
| 商场 | 1296 | 108069：1296≈83 |
| 影楼 | 1512 | 126198：1512≈83 |
| 菜市 | 1347 | 109662：1347≈81 |
| 其他① | 126 | 6723：126≈53 |
| 合计 | 11688 | 896052：11688≈77 |

## （二）句末"哦"的三种义项分布情况

通过逐一考察语料中所涉句末"哦"的会话后发现，吉首方言句末"哦"能标示说话者对所述事物或命题的确信程度，即确信，不太确信和不确信。其中表确信义的"哦"占总数的78%，具有绝对优势；表不确信义和过渡义（不太确信）仅为总数的17%和5%。见表2：

表2　　　　　　　句末"哦"的三种义项分布情况

| 会话场所 | 确信义 | 不确信义 | 过渡义 |
| --- | --- | --- | --- |
| 超市 | 1287 | 246 | 63 |
| 家庭 | 1845 | 342 | 57 |
| 茶馆 | 1707 | 282 | 123 |
| 发廊 | 1089 | 288 | 78 |
| 商场 | 1008 | 219 | 69 |
| 影楼 | 1134 | 297 | 81 |
| 菜市 | 897 | 345 | 105 |
| 其他 | 99 | 15 | 12 |
| 合计 | 9066（≈78%） | 2034（≈17%） | 588（≈5%） |

---

① "其他"为除7个固定录音场所外，研究者外出时随机采集的会话语料，总时长约2小时。

参照表2，我们能大致勾勒出句末"哦"在自然口语中的使用概貌：在绝大多数交际场景中，句末"哦"标示说话者对所言事物的确信，这是日常交际中的常态。不确信义"哦"标示说话人对所言事物的不确信甚至完全不知情，此种情况在交际中并不常见。最后是过渡义"哦"，此种用法出现频率极低，属于交际中的非常态。

## 四 句末"哦"的定性分析

Bybee（2007）认为，语言结构的高频重复使用会使其功能发展出多样性。换言之，句末"哦"在自然口语中的高频使用衍生出一系列话轮组织功能。作为一个话轮组织标记，表确信义的"哦"帮助会话参与者构建引发、延续和挑战话轮；过渡义和不确信义的"哦"则分别参与说话人寻求确认和有疑问问话轮构建。

### （一）确信义"哦"的话轮组织功能

定量分析显示，表确信义的句末"哦"约占总数的78%，是日常交际中的常态。换言之，帮助会话参与者构建引发、延续及挑战话轮是句末"哦"最为显著的会话功能。

1. 引发话轮

4调句末"哦"用于说话人主观上非常确信的话轮末尾，旨在引发内容相关的下一话轮。如例（4）[1]：

  （4）[茶馆]
  （（J认为将衣服剪短会更适合自己，但好友T和R并不赞同））
  1J： （（J拿着衣服比划））<u>其实这蒙卷蛮好看的哦[4]</u>
其实把衣服这样剪短挺好看的。
  2R： <u>你要卷成那样子搞什蒙啦？这本来就是这个式样的，你要剪成高腰衣啊？</u>你为什么要把衣服剪短？它本来就是这个款式，难道你要把它剪成高腰衣？=

---

[1] 本文用1、2、3、4分别代表平、升、曲、降四种调型，不标数字则代表轻声。我们并不否认语气词"哦"在调值上存在更微妙的差异，但调值上的细微差别并不影响会话参与者对说话者所言之意的理解。（语料转写符号注释见附录I）

3J： =嗯。
4R： 啊哟，>莫剪莫剪<₍别剪别剪₎=
5J： =我>要剪要剪<（（笑））
6T： 好喜欢把衣服剪成那样子，不好看₍J₎就喜欢把衣服剪短，₍其实₎不好看。
7J： <u>我就觉得好看，我就是喜欢短的。</u>

上例中，J以"衣服剪短好看"为题发起会话，后虽一直未获好友R和T认同（话轮2-6），但会话最终仍以J重读话轮7来坚持原有立场的方式结束。可以看到，话轮1中语气副词"其实"首先传递出J的主观态度，即所陈观点为实际情况①。句末"哦"则在加强确信意味的同时，帮助该话轮实现"向下"功能，推进会话展开。换言之，话轮1并非向会话参与者寻求确认或获取信息，而是会话发起者实现引发相关话轮的手段。

2. 延续话轮

4调句末"哦"作为延续话轮标记，其作用又可细分为两种情况：a.延续话题；b.切换话题。

a. 延续话题

延续话题标记主要是帮助说话人延续前一话题，即对当前讨论话题做进一步的展开。如下例（5）：

（5）［茶馆］
（（Z与好友T闲聊））
1Z： 你晓得这派儿回来最大的感受是什蒙蛮

<small>你知道我这次回来最大感受是什么吗？</small>

2T： 什蒙？
3Z： 就是你脸明显瘦了一圈。因为我第一次回来觉得你脸好像变小好多了。
4T： 变小好多了**哦**⁴。
5Z： 你脸是瘦得也还明显，我跟你讲。

---

① 学界虽对"其实"的功能存在争议，但在其主观性表达上，大多数学者（张谊生，2000；姚双云，2012；等）已达成共识，即"表达说话人对所言内容的主观确信和强调语气"。

6T： 那是因为_ 我跟你讲，脸是最后瘦的。
7Z： 你之前莫没感觉你瘦了啊<sub>你之前难道没有感觉到瘦了吗</sub>？
8T： 瘦了啊，比冬天的时候瘦多了嘛。
（（继续讨论T的瘦身效果））

上例中，Z认为T的最大变化是"脸瘦了一圈"，T则采用"哦"话轮将"脸"这一话题延续（话轮4），并进一步讲述瘦身效果。

b. 切换话题

话题切换是从当前一个话题引导出另一个话题，因此也属于话轮的一种延续方式。如下例（6）：

（6）［其他］
（（R巧遇打工回家的好友P，二人聊及工厂老板的生活））
1P： 他（（指工厂老板））开始摆地摊，后来买店面，现在店面700—800万一间。他又接得到国外的单子，看到看到起来的<sub>生意一步步红火起来</sub>。
2R： 有钱:::=
3P： =好有钱::
4R： 年轻，又有钱，[结婚了蛮<sub>结婚了吗</sub>？
5P： [他好成功。结婚了，有3个儿子。
6R： 哦[3]。
7P： 好成功。每天早上陪老婆跑步，周末陪老婆逛街，好成功。
8R： 他也辛苦哦[4]。
9P： 也累，压力也大。要随时想到发展客户，到处跑业务。
10R： 是的，做什蒙都辛苦，赚那蒙多钱，人家受的苦我们可能吃不消。
11P： =嗯。
12R： 那做得不好的人还是多哦[4]。
13P： 嗯，倒闭的厂子多些。他做得好，运气也好。
14R： 是的，成功的还是少数，运气加努力，是这蒙的。
15P： 是的。

该例中，P 与 R 最初讨论工厂老板的生意及生活（话轮 1-7），然后 R 借助"哦"话轮将话题切换至"辛苦"（话轮 8），并成功引发下一话轮。话轮 12 中，R 再次使用"哦"话轮将话题切换为"做得不好的人"，会话继续向前推进。

3. 挑战话轮

2 调句末"哦"具有构建挑战话轮的功能。此种挑战行为通过对事件或前述内容表示质疑而形成，从而表明了相关事件或前述内容存在问题，来看例（7）：

(7) ［发廊］
（（T 抱怨发型师 S 未赠送礼品））
1T： 答应送我的好多东西又忘记帮我带了。
2S： 又好多东西咯（（笑））怎么是很多礼品啊？
3T： 那洗脸的，还有洗头的，有洁面膏，还有洗发水。
4S： 我欠你什蒙洗头的啊（（笑））我答应送你什么洗发水啊？
5T： 你自己想咯，就是那去油什蒙的（4.5）就是那种控油类型的。
6S： 我欠你什蒙洗头的哦²我难道说过送你洗发水？
7T： 那你欠我什蒙？莫只是洗脸的咯（（笑））那你要送我什么?难道只有洁面膏啊？
8T： 是的，哼。
（（2 人大笑））

上例话轮 4 中，S 用疑问词"什么"加句末"啊"的"真性问"来应对 T 的抱怨。（T 的回答也表明他将其视作"真性问"）四五秒停顿后，S 通过将句末"啊"转为"哦"的方式，把"真性问"转为"无疑而问"的挑战话轮，传递出"我并没有答应送你洗发水"之意。话轮 7 中，T 带有玩笑口吻的回应"难道你只送我洁面膏"表明她也意识到 S 由"真性问"到"无疑而问"的立场变化。可见，2 调句末"哦"在帮助说话人发起挑战"哦"话轮时，形式上通常表现为疑问句，但并无疑问点，完全是说话人基于主观确信而对前一事件或说话人观点的挑战。

(二) 过渡义"哦"的话轮组织功能：寻求确认话轮

"寻求确认"是指说话人提出对事物的观点和看法，并期望从其他会话参与者处得到证实的话语行为（Wu，2004：53）。表"过渡义"的 2 调句末"哦"能帮助说话人构建寻求确认话轮，它展现说话人主观上对所述事物或命题从非常确信向不确信的过渡。如下例（8）：

(8)［家庭］
((F 和 M 谈论好友 WS))
1F： WS 没有好大年纪哦[2]？
2M： WS 年纪小，52 年的。你呔比他大 10 岁去了 <sub>你比他大了10岁</sub>。
3F： 我就是讲咯，他可能是比我小。
4M： 嗯。

上例中，F 发起的寻求确认"哦"话轮旨在引发受话人 M 对"WS 年纪不大"的进一步确认。M 的肯定反馈虽表明 F 的主观判断与实际情况一致，但话轮 3 中，F 选择模糊限制语"可能"则流露出之前对所言内容只存在一定程度上的确信。

### (三) 不确信义"哦"话轮组织功能：有疑询问话轮

"有疑询问"是指说话人希望从受话人处得到自己需要的信息，是直接言语行为，呈现"提问"的直接意向，此时问话的句法结构与其功能保持着一致的关系（黄萍，2014：70）。本文发现，2 调或轻声句末"哦"能帮助说话人构建"有疑询问话轮"，其话语功效主要是获取信息。如下例（9）：

(9)［超市］
((CJ 向 R 询问"I-touch"相关情况))
1CJ： ((拿着 R 的播放器))这是什蒙哦[2]？
2R： 我的 I-touch。
3CJ： 什蒙 I-touch 哦？
4R： 就是苹果的 MP3 啦。
5CJ： 不可以打电话哦[2]？
6R： 只可以听歌、玩游戏。

上例中的 2 调和轻声句末"哦"共出现 3 次,其中前两处"哦"帮助 CJ 构建有疑询问话轮,获取所需信息。"哦"话轮 5 则属于"寻求确认"话轮,它是 CJ 基于所获信息——"I-touch 是 MP3 播放器"后,对其"是否具备通话功能"寻求确认的行为。该例同时还展现了交际互动过程中,随着会话参与者不同的交际目标,句末"哦"话语功能的动态变化过程。

## 五 基于互动语言学理念的句末"哦"分析

本节基于互动语言学的"互动"核心理念,进一步考察吉首方言句末"哦"的话轮组织功能与说话人主观确信程度、语调选择三个层面间的互动。

### (一) 说话人主观确信程度

吉首方言句末"哦"的话轮组织功能主要源于说话者主观上对事物或命题的确信程度,即确信、不太确信、不确信,它们依次存在于主观性连续统上。这表明句末"哦"的各种用法之间是一脉相承、有迹可循的。

首先,携带确信义的"哦"位于主观性连续统最左侧,它帮助说话者构建引发、延续和挑战话轮,同时传达出说话人对事件或命题的主观态度。从语言使用者的心理和旨趣来说,当说话者主观上对某一命题或事物十分确信时,他们往往倾向于以此为主题发起会话,确保能够有效组织会话进程和调控内容。也就是说,说话者在组织此类会话时,他们通常扮演"引发者"与"设定者"的双重角色,旨在主导会话,并以此来强化话语权力。本文的这一发现又与邢福义(1988)提出的"主观视点"理论中的一些思想不谋而合。邢先生指出,话题的展开必然带上或多或少的主观性,从说话者心理感觉和情感流露方面看,被突出、选择的话题都是说话人感觉真实可信或异常的事物。同样是出于主观上的确信,说话者在面对相异于自己的观点或看法时,又会以提出疑问的方式来实现挑战行为。

其次,处于确信义与不确信义连续统中间地带的过渡义"哦"帮助说话人构建"寻求确认"话轮。"寻求确认"作为一种特殊的言语行为,实际上就是说话者在主观确信和不确信之间摇摆的外在体现。从说话者心理来看,当他们对所言事物不太确信时,通常会向他人进行求证。但基于说话者对所求证之物存有一定程度的确信，因此他们的求证行为又有着明确的主观意图，即期望自己的观点和看法获得其他会话参与者的证实。

最后，位于主观性连续统最右边的不确信义"哦"，它标示说话人对事物处于不确信或未知状态。不确信"哦"参与构建有疑问话话轮，呈现向受话人"提问"的直接意向，此类"哦"话轮主要用于说话人从受话人处获得信息。

## （二）说话人不同语调选择

于康（1996：27）认为，说话人的主观性除了由句子整体的语气来表现外，还可以由词和语调来表现；杨彩梅（2007）也持类似观点，她指出音调调节是主观性实现的重要手段之一。吉首方言句末"哦"主要有三种语调模式：4调、2调和轻声，3种语调与其话轮组织功能实现也存在互动关系。

本文中除挑战话轮句末"哦"为2调外，其余由确信义衍生的引发、延续话轮句末"哦"均为4调，且多数为重读。这与前人研究结论基本一致：Local（1996）、Gardner（1997，2001）、Wu（2004）、Li（2013）分别以英语小品词"oh""mm"，台湾国语句末"啊""哦"及汉语普通话句末"啊""呢"为对象，对其语调与会话功能间互动关系展开探讨。学者们一致认为，语调为降调（相当于4调）的小品词能够帮助说话人传递出"理解""认同"和"确信"等积极主观感受。在此基础上，本文进一步指出，4调句末"哦"从听觉上给听者以稳健的主观感受，加之说话人常常采用重读的形式，使稳重程度随之加深，最终帮助说话人传递出十分确信的意味。另外，最近的韵律研究（Cristel Portes et. al，2014）还发现，主观情绪的表达一方面依赖于说话人所赋予语言结构的韵律，另一方面也要依赖于听话人的想象。也就是说，只有听话人的积极想象，才能在其大脑中呈现出说话人"信心满满"的生动鲜明意象。据此我们推测，说话人用4调的句末"哦"给听话人一个暗示，促使他们主动体验，展开想象，从而大大提高"确信意味"的传递效果。

同样是确信义衍生的挑战话轮句末"哦"，由于涉及质疑、不赞同等不礼貌行为，说话人选择音强上明显弱于4调的2调，目的是从听觉和心理上留给听话人相对模糊的意象，削弱挑战或质疑行为带来的"消极面子"损害。至于过渡义和不确信义"哦"构建"寻求确认"与"有疑询问"话轮时，说话人选择 2 调或轻声就很好解释：从说话人角度看，主观上对所述内容"不太确信或是全完不确信"导致他们言谈时"底气不足"，在语调上就直接体现为音强较弱的 2 调甚至轻声；从参与者双方来看，当说话人向受话人实施"寻求确认"或"索取信息"等直接言语行为时，他们要冒着可能被拒绝而"积极面子"受损或索要回答而造成对方"消极面子"受损的风险（Brown & Levinson，1987：70），因此相对音强较弱的 2 调或轻声就从听觉角度减少了对会话参与者造成的负面影响，尽量挽救可能受损的双方面子。下图 1 直观描述了上述三个层面间的互动关系：

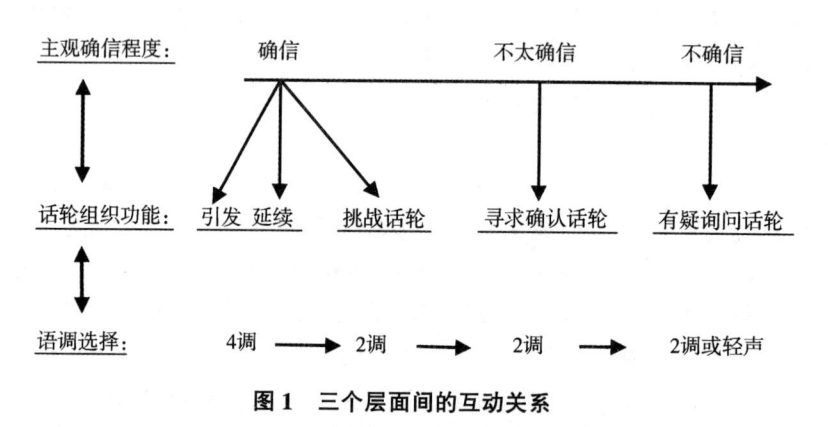

图 1　三个层面间的互动关系

由图 1 可见，句末"哦"的话轮组织功能与说话人主观确信程度、语调选择三个层面间存在互动。它们以互为实现的方式形成一个紧密联系的整体，任何一方面的变化往往具有连锁效应，即某一要素的变化经常会引起另两个要素的变化，如句末"哦"的话轮组织功能主要源于说话人的主观确信程度，但话语组织功能又不是被动地受制于说话人的主观确信程度，而是在日常会话交互中对说话人的主观认识产生反作用。

## 六　余论

汉语及其方言语气词因其功能和用法纷繁多样，使用范围广、频率高而一直是汉语语言学研究热点和重点。张谊生（2016）总结了该领域近 30 年来的研究后指出，传统的结构主义描写、分析研究方法已不能满足现代汉语语气词研究需要。若要想取得更多的突破，就必须采用多元论的观点，尽可能地借鉴各种行之有效的西方语言理论，对语气词的性质、特征、规律加以充分地揭示与解释。本文为深入探索汉语及其方言语气词的运作机制提供新的范式，正是汉语学界所寻觅的行之有效的西方语言理论之一。尽管目前国内对二者的结合关注较少，但该领域的研究必将大有作为。

## 附录 I 转写规则注释

| | |
|---|---|
| [[ | 话语重叠； |
| = | 等号两端话轮间没有停顿； |
| (.) | 0.2 秒以内的瞬时停顿； |
| (0..0) | 以秒为单位的计时停顿或沉默； |
| :: | 语音延长，多一个冒号，多延长一拍； |
| °° | 中间的言语比周围轻； |
| —— | 语音加强； |
| >...< | 语速较快的话语； |
| (( )) | 相关背景信息； |

## 参考文献

黄萍：《问答互动中的言语行为选择——侦查讯问话语语用研究之四》，《外语学刊》2014 年第 1 期。

李启群：《吉首方言研究》，民族出版社 2002 年版。

李启群：《吉首方言的语气词》，载伍云姬主编《湖南方言的语气词》，湖南师范大学出版社 2006 年版。

林大津、谢朝群：《互动语言学的发展历程及其前景》，《现代外语》2003 年第 4 期。

刘锋、张京鱼：《互动语言学对话语小品词研究的启示》，《外语教学》2017 年第 1 期。

罗桂花：《互动语言学：语言产生于互动　互动塑造语言》，《中国社会科学报》2012年10月8日第A-07版。

邢福义：《"NN地V"结构》，载中国语文杂志社编《语法研究和探索（四）》，北京大学出版社1988年版。

杨彩梅：《关系化——一种识别句子主观性语言实现的形式手段》，《现代外语》2007年第1期。

姚双云：《自然口语中的关联标记研究》，中国社会科学出版社2012年版。

于康：《命题内成分与命题外成分——以汉语助动词为例》，《世界汉语教学》1996年第1期。

张邱林：《现代汉语里的语气助词"哦"》，《语言教学与研究》2013年第2期。

张谊生：《现代汉语副词研究》，学林出版社2000年版。

张谊生：《30年来汉语虚词研究的发展趋势与当前课题》，《语言教学与研究》2016年第3期。

赵元任：《汉语口语语法》，商务印书馆1979年版。

Anna, Wierzbicka, "Introduction." *Journal of Pragmatics*, 1986, 10, pp. 519-534.

Brown P. & Levinson S. C. *Politeness*: *Some Universals in Language Usage*, Cambridge: Cambridge University Press, 1987.

Bybee J, *Frequency of Use and the Organization of Language*, New York: Oxford University Press, 2007.

Couper-Kuhlen Elizabeth & Selting Margret, *Studies in Interactional Linguistics* (eds), Amsterdam/Philadelphia: John Benjamins, 2001.

Cristel P., Claire, B., Amandine M., Jean-Marie M. and Maud Champagne-Lavau, "The Dialogical Dimension of Intonational Meaning: Evidence from French." *Journal of Pragmatics*, 2014, 74, pp. 15-29.

Gardner, R., "The conversation object mm: A weak and variable acknowledging token." *Research on Language and Social Interaction*, 1997, 30 (2), pp. 131-156.

Gardner, R., *When Listeners Talk*: *Response Tokens and Listener Stance*, Amsterdam/Philadelphia: John Benjamins, 2001.

Li, Bin, "Integrating textual and prosodic features in the interpretation of

Chinese utterance-final-particles: a case of a and ne." *Journal of Chinese Linguistics*, 2013, 41 (1), pp. 145-169.

Li, C. & Thompson, S. A. , *Mandarin Chinese: A Functional Reference Grammar*, Berkeley and Los Angeles: University of California Press, 1981.

Local, J. , "Conversational phonetics: Some aspects of news receipts in everyday talk." E. Couper-Kuhlen and M. Selting (eds.), *In Prosody in Conversation: Interactional Studies*, Cambridge: Cambridge University Press, 1996, pp. 177-230.

Luke, K. K. , *Utterance Particles in Cantonese Conversation*, Amsterdam/Philadelphia: John Benjamins, 1990.

Wu, R. J. , Stance in Talk: A Conversation Analysis of Mandarin Final Particles. Amsterdam/Philadephia: John Benjamins, 2004.

Wu, R. J. "Managing turn entry: The design of EI-prefaced turns in Mandarin conversation." *Journal of Pragmatics*, 2014, 66 (3), pp. 139-161.

（刘　锋　西安　西安外国语大学学报编辑部　liufeng_ 5150@126.com；

张京鱼　西安　西安外国语大学研究生院　zhangjingyu@xisu.edu.cn）

# 米脂方言话题标记"价"[*]

孙彦波

**提　要**：米脂方言中话题标记"价"使用广泛，它分布在陈述句、感叹句、疑问句及祈使句中，表现为论元共指性话题、语域式话题、拷贝式话题及分句式话题四种结构类型，与米脂方言中话题标记"就""动儿"一样，具有承前、强调、对比和假设功能。"价"在引入话题、人际功能、互动功能、链接功能、因果功能方面还有独特的表现。

**关键词**：米脂方言；话题标记；价

米脂县位于陕西省北部，北靠榆阳区，南接绥德县，东靠佳县，西临子洲县、横山县。根据《中国语言地图集》（第2版），米脂方言属于晋语五台片。米脂方言"价［tɕieʔ³］"居于话题之后，作话题标记，使用极其广泛。在说话时，其后要有一定的停顿，但是这一停顿比一般句子中停顿的时值要短一些。本文对米脂方言话题标记"价"的用法进行描写与分析。米脂方言是笔者的母语，文中材料来自内省与调查，内省例句均做了田野核查。

## 一　"价"的句类选择

句类是依据句子的语气划分出来的句子类别，表现为陈述、祈使、感叹和疑问四类。米脂方言话题标记"价"在以上四类句子中都能出现。米脂方言的话题结构通常是带话题标记，所以带话题标记"价"的话题结构为"话题（T）+价+述题（C）"。据强星娜（2009：56）考察，汉

---

[*] 本文初稿曾在第八届西北方言与民俗国际学术研讨会（天水师范学院，2018年8月）上宣读，会上得到李小平、史秀菊、李炜等先生的指教，邢向东先生就相关问题提出了具体的修改意见。写作过程中得到黑维强老师指导，在此一并致谢。

语中的话题标记可以出现在常规的陈述句和祈使句中,却不能在疑问句和感叹句里使用,而在米脂方言中话题标记"价"既可以出现在陈述句和祈使句中,也可以出现在疑问句和感叹句中。例如:

(1) 衣裳价烂得没样唥。
(2) 广告价夔看唥!
(3) 路价看你咋走嘞?
(4) 娃娃价可儿坏嘞!

可以看出,米脂方言的话题标记"价"不受句类的限制,所以米脂方言的话题优先程度高,话题标记的句法化程度也高。

## 二 "价"的句法分布与话题的语义关系

在话题分类方面,有学者着手于话题与述题或述题的组成部分的语义关系,将话题分为"论元及准论元共指性话题、语域式话题、拷贝式话题、分句话题"。(徐烈炯、刘丹青,2007:104)现代汉语动词的各种论元角色可以根据其句法、语义特点而聚合成不同层级的类,从而形成一个论元角色的层级体系(hierarchy)(袁毓林,2002:12—13)。

在意义上,整个施事、感事、致事、主事可以看作原型施事(proto-typical agent)的典型性渐减的四个小类,表示为施事>感事>致事>主事。同理,整个受事、结果、与事、对象和系事可以看作原型受事(proto-typical patient)典型性渐减的五个小类,表示为受事>结果>与事>对象>系事。

基于论元角色的层级体系,话题标记"价"引导的名词或名词性短语、代词、数量词作话题通常是句子的主体、客体及凭借论元,"价"引导的时间或地点名词、副词作话题为环境论元,"价"引导的动词或动词性短语、形容词或形容词性短语等谓词性成分充当话题多为超级论元。"价"引导的分句为话题,它与其他分句构成复句结构,分句之间具有逻辑语义关系。

徐烈炯(1995:257)将指称义作了如下分类:
基于以上分类方法,"类指"是类的集合,强调的是整个类,而非类

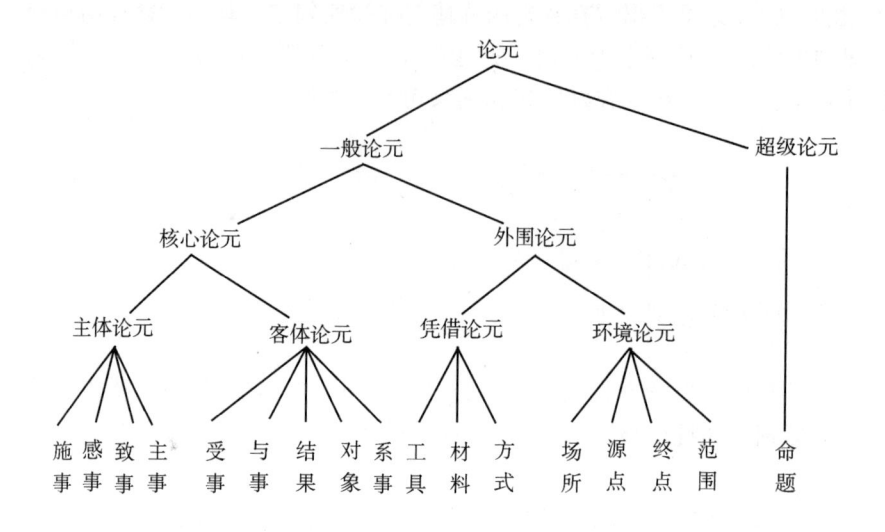

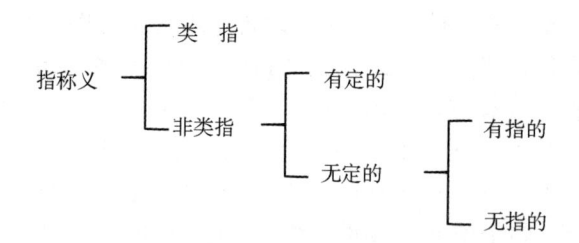

```
                            论元
                   ┌─────────┴─────────┐
                一般论元              超级论元
           ┌──────┴──────┐               │
         核心论元         外围论元
       ┌────┴────┐     ┌────┴────┐
     主体论元  客体论元 凭借论元  环境论元
     ┌─┼─┐   ┌─┼─┼─┐  ┌─┼─┐   ┌─┼─┐      │
     施 感 致 受 与 结 对 系 工 材 方 场 源 终 范    命
     事 事 事 事 事 果 象 事 具 料 式 所 点 点 围    题
```

```
              ┌─ 类 指
   指称义 ─┤              ┌─ 有定的           ┌─ 有指的
           └─ 非类指 ─┤                ─┤
                          └─ 无定的           └─ 无指的
```

集合中的具体个体或特定个体。"非类指"并非指向于类的集合，可分为"有定的"与"无定的"，前者是言者与听者都能确定的对象，后者反之。着眼于话题的语义关系类型，总体情况是有定成分充当论元共指性话题的居多；类指成分充当拷贝式话题居多；语域式话题既适合于有定成分充当，也适合于类指成分充当（徐烈炯、刘丹青，2007：141—164）。然而在米脂方言中名词充当话题既可以表类指，也可表有定的或无定的。

## （一）论元共指性话题

### 1. 名词或名词性短语作话题

名词或名词性短语作话题的形式：N/NP+价。此类结构分为单一型话题结构和复合型话题结构。

（1）单一型话题结构

单一型话题结构指句子中有一个或一个以上的话题与述题构成的话题结构。它根据话题的层次可分为单层和双层话题结构。

A. 单层话题结构

单层话题结构指由一个话题与一个述题构成的话题结构。名词能作话题。例如：

(5) 娃娃价溷下 {这么}［tʂəu²¹³］大的乱子。
(6) 大人价会躲嘞 躲开的。
(7) 手机价直［tʂʰəʔ³］简直把大人、娃娃每 孩子们 害死。
(8) 娃娃价爱 喜欢 耍的儿 玩具。
(9) 山蔓儿 土豆 价我刚买下。
(10) 贫困户价公家给上一袋面。
(11) 小米价咱有嘞。
(12) 筐筐价我早编好唡。

(5)—(12) 的例句中，名词充当句子的话题。名词"娃娃""大人"及"手机"分别充当动词"溷""躲"和"害"的施事。例句(8)中的"娃娃"是"爱"的感事；"山蔓儿"是"买"的受事；"贫困户"是"给"的与事；"小米"是"有"的系事；"筐筐"是施事"我""编好"的结果。(5)—(12) 中的话题是类指。如(5)中的"娃娃"是指小孩子这类群体，而不是具体某个孩子；(7)中的"手机"是一类电子产品，并不是现实世界或可能世界中的具体某部手机。

名词性短语也可以作话题。例如：

(13) 受苦的价回来唡 干活的人回家了。
(14) 姐姐的 他的姐姐 价又撷下 筛选(余下的) 嘞。
(15) (那) 娘的 他的妈妈 价可是个好人！
(16) 那娃娃价可听话 乖巧 嘞！
(17) 扰事老人价人不眼明 喜欢。
(18) {这一}［tʂei⁵²］家人价我一直解［xai⁵²］下 认识 嘞。
(19) 大桶桶价我倒油也。

（20）这坨堵山蔓儿价我推荬也。

（13）—（20）的例句中，名词性短语充当句子的话题。话题"受苦的"是动词"回"的施事；"姐姐的"是"搋"的受事。"（那）娘的"是系词"是"的主事。"那个娃娃"是动词"听话"的主题相当于施事。"｛这一｝家人"是"解下"的对象。"大桶桶"是"倒油"的工具。"这坨堵山蔓儿"是"推荬"用的材料。

B. 双层话题结构

双层话题结构是指一个话题结构内既有首要话题（主话题），又有次要话题（次话题），次要话题在首要话题的辖域内（彭吉军，2011：119）。米脂方言中也有双层话题结构，$T_1$ 为首要话题，$T_2$ 为次要话题。由于语言的经济原则，$T_2$ 后的话题标记"价"通常省略。

（21）话 $T_1$ 价看你 $T_2$ 咋说嘞 C？
（22）钱儿 $T_1$ 价多哩 $T_2$ 多花 C。

例（21）、（22）中的主话题"话""钱儿"是名词，不是专指的某句话、某笔钱，所以它们表类指。"话"是"说"的受事。$T_2$ "看你"是熟语性的动词组合，语义为"假如你看的话"，作为条件小句，因此，$T_2$ 在例（21）中可以作为次话题。"钱儿"是"花"的受事。$T_2$ "多哩"的语义为"多了的时候"相当于表时间的从句，所以 $T_2$ 可以在例（22）作次话题。

（2）复合型话题结构

复合型话题结构指句子中由两个或两个以上的单一型话题结构组成。它多用于复句中。在论元共指性话题中，"价"引导的名词或名词性短语作话题的情况常见于并列复句中。因为每个分句的话题相同，承前省略。例如：

（23）这事儿 $T_1$ 价轻轻儿措起 $C_1$，[$T_1$ 价] 款款儿放下 $C_2$，[$T_1$ 价] 甭让人家笑话咱 $C_3$。
（24）娃娃 $T_1$ 价说坨说不得 $C_1$，[$T_1$ 价] 打坨打不得 $C_2$，[$T_1$ 价] 还吃人也 $C_3$。

(25) 瓜子 T₁ 价吃圪不吃 C₁，[T₁ 价] 卖圪不卖 C₂，[T₁ 价] 放下操心捂嘞 C₃。

例（23）中"这事儿"是话题，它为动词"措""放"和"笑话"的受事。[T₁ 价] 可以管辖述题"款款放下"和"耍让人家笑话咱"，因此，它成为牺牲者，言者在会话过程中省略 [T₁ 价]。例（24）与（25）与例（23）相同，不赘。

2. 代词作话题

米脂方言中代词作话题的形式：P+（动儿）价。话题标记"价"与话题标记"动儿"可以叠置。例如：

(26) 各人价连各人的秃痂挠不下 <sub>自己连自己的事情都顾暇不及。</sub>
(27) 甚（事）价那急得嚎<sub>哭</sub>嘞？
(28) 咋价人家说甚的有嘞。
(29) {这么}（动儿）价画不好。
(30) {那么}（动儿）价做不成。

例（26）中人称代词"各人"是话题，作动词"挠"的施事。例（27）、（28）是相对比较复杂的两个例子，其中隐含着介词结构。二价形容词构成的主谓句，系事通常由"对、关于"等一类介词引导；把介词结构移到句首，并删除介词，可以派生出主谓谓语句（袁毓林，1996：245）。例（27）是由"那对甚事价急得哭嘞"派生出来的。例句中疑问代词"甚"是话题，作谓词"急"的系事。带有熟语性的动词组合，它们的系事也可以作主语（袁毓林，1996：242）。例（28）的深层结构为"人家对咋价说甚的有嘞"。例句中表示方式的代词"咋"是话题，为熟语性的动词性结构"说甚的有嘞"的系事。此两例中的话题与主语重合。例（29）、（30）中的表性状的指示代词"这么、那么"是话题，为动词"画""做"的方式。

3. 动词或动词性短语作话题

米脂方言中动词和动词性短语作话题的形式：V/VP+价。例如：

(31) 吃价我给咱做饭。

(32) 去价我等你。
(33) 哭哭啼啼价教人家日眼<sub>讨厌</sub>也。
(34) 考起<sub>考上</sub>价教大人放心哦。

例（31）—（34）中动词及动词性短语"吃""去""哭哭啼啼"和"考起"是话题，它们相当于表条件的小句。条件小句具有话题性（Haiman，1978；刘丹青，2016：6）。从语义的角度看，例（31）中"吃"通常与施事"咱"同现，句子的深层结构为"**咱吃饭价我给咱做饭吃**"。述题"我给咱做饭"中的受事"饭"与"吃"的受事"饭"相同，"吃"的施事"咱"与述题中"咱"同指，避免句子的冗余。因此，省略"吃"的施事"咱"和受事"饭"，单独一个动词充当客体论元。同理，例（32）的深层结构为"**你去价我等你**"，述题"我等你"中"你"既是动词"等"的受事，又是话题"去"的施事，"你"一身兼二职表现出语言的经济原则。因此，"去"充当客体论元。例（33）、（34）中"哭哭啼啼""考起"经常与第二人称"你"或"你们"搭配，听者是第二人称，言者省略"你"或"你们"作施事。因此，"哭哭啼啼""考起"单独充当主体论元。

4. 形容词作话题

米脂方言中形容词作话题的形式：A+价。形容词表示性质状态的词。在具体的语境中，被形容词所描述对象通常省略，因此说话时"形容词"作为句子的话题。

（1）单层话题结构

例如：

(35)（那里）远价不去嘞。
(36)（这）花花儿价可好看嘞！
(37)（那些）凉洼洼<sub>冰冷的感觉</sub>价吃得肚疼也。
(38)（那）伴伴雾雾价指靠不上这号人<sub>这种人</sub>。

此类话题有单音节形容词"远"、单音节形容词重叠式"花花儿"和带后缀的形容词"凉洼洼"及双音节形容词重叠式"伴伴雾雾"。例（35）中话题"远"从语义的角度看，一般是对路程的描述，表示路程远的话，作动词"去"的致使。例（36）中"好看"作为一个谓词，吕叔湘（1999：257）认为"好"形容词表效果，与动词结合成一个词。"花花儿"通常表示颜色艳丽，作"好看"的致使。例（37）中"凉洼洼"意思食物凉，它与动词"吃"语义组合，作"吃"的受事。例（38）中"伴伴雾雾"指某人做事敷衍，它与动词"指靠"语义搭配，作"指靠"的对象。

（2）双层话题结构

例如：

(39) (某人) 迷下下价T₁ 人家 T₂ 当憨汉嘞。
(40) (处所) 拴拴整整价T₁ 戚下 T₂ 好戚。

例（39）、（40）是双层话题，V1"当""戚"指命题的适用方面，表示"从感知的角度来说"。例（39）中"迷下下价"与动词"当"语义搭配，表示某人"迷下下"的话，被人家看作傻子，所以"迷下下"作"当"的受事。例（40）中"拴拴整整价"指处所整洁的话，它与V1、V2"戚"语义结合，作"戚"的处所。

5. 主谓短语作话题

米脂方言中主谓短语作话题的形式：(S+P) P+价。

例如：

(41) 你扭扭捏捏价恼唡。
(42) 你兴兴晃晃<sub>不稳重的样子</sub>价教人起火<sub>生气</sub>嘞。
(43) 女女俊俊儿价可惹<sub>教</sub>人爱嘞。

例（41）—（43）中主谓短语作话题。从语义的角度看，例（41）中的话题"你扭扭捏捏"作述题中动词"恼"的致事，听者的言行举止不够大方让言者恼火。例（42）中的话题"你兴兴晃晃"作述题中动词"起火"的致事，听者做事不稳当使言者生气。例（43）中的话题"女女俊俊儿"作述题中动词"爱"的致事，女孩漂亮使言者喜爱。

6. 数量词作话题

米脂方言中数量词作话题的形式：Q+价。通常情况下数量词后的名词省略，因此，数量词可以作话题。例如：

（44）两个价太少喽。
（45）一眼（窑）价戚不下。
（46）一半个（娃娃）价谁不幸？
（47）一老窝子价不是个人。
（48）一串子价都撂嘞。
（49）一点点儿价称不上。

例（44）—（49）中数量词作话题。从语义角度看，例（44）中话题"两个"与述题中谓词"少"搭配，可知"两个"作主事。例（45）中话题"一眼（窑）"是述题中的"戚"的处所。例（46）中话题"一半个（娃娃）"是述题中"幸"的受事。例（47）中话题"一老窝子"是述题"是"的主事。例（48）中话题"一串子"是述题中"撂"的受事。例（49）中话题"一点点儿"是述题中"称"的主事。

## （二）语域式话题

语域式话题为述题提供所关涉的范围（domain，Chafe，1976），或者框架（framework，Haiman，1978），我们统称为"语域"（转引自徐烈炯、刘丹青，2007：113）。根据语域式话题与述题的语义关系的松紧，可以分为时地语域式话题、领格语域式话题、上位语域式话题与背景语域式话题（徐烈炯、刘丹青，2007：113-121）。米脂方言中的语域式话题也包括此类话题，下面分别讨论。

1. 时地语域式话题

时地语域式话题为述题提供时间或处所方面的语域。在语义上，它修饰限定谓语动词。因此，这类话题与述题的关系相对紧密。

（1）时间词语作话题

米脂方言中时间词语作话题的形式：表时间词语+价。例如：

（50）五月端五价我们还没摸虑<sub>准备</sub>便宜<sub>好</sub>。
（51）年时价山蔓儿往死贱嘞<sub>特别便宜</sub>。
（52）这咱会儿价还没走。

（53）这阵儿**价**才来口哝。
（54）将解放那阵儿**价**哪［lA²¹³］的个吃的~食物~嘞？
（55）那阵儿**价**咱吃了上顿没下顿。
（56）那咱会儿**价**东西缺得恶嘞。

例（50）、（51）中话题"五月端五""年时"为述题"我们还没摸虑便宜""山蔓儿稀啪烂贱"提供具体的时间范围。米脂方言中表时间的指示代词分为近指、远指。例（52）、（53）中话题"这咱会儿""这阵儿"为近指，分别把述题"还没走""才来喽"限制在当前的时间域。例（54）—（56）中话题"将解放那阵儿""那阵儿""那咱会儿"为远指话题，分别将述题"哪的吃个的嘞""咱吃了上顿没下顿""东西缺得恶嘞"管控在过去的时间域。

(2) 地点词语作话题

米脂方言中地点词语作话题的形式：表地点词语+价，"价"后必须有语音停顿。例如：

（57）乡里**价**娃娃每~们~问~我~媳妇可难嘞。
（58）城里**价**地方可好往出赁。
（59）山上**价**坡坡圿圿~山坡~直种满。
（60）这里**价**多。
（61）这搭儿**价**耍。
（62）这个搭儿**价**种玉米。
（63）那里**价**做防寒服的人可多嘞。
（64）那搭儿**价**人可儿嘞。
（65）那个搭儿**价**地方没人买。

例（57）—（59）中话题"乡里""城里""山上"分别限定了述题中"娃娃们问媳妇可难嘞""地方还好往出赁""坡坡圿圿直种满"的地点范围。米脂方言中表地点的指示代词有近指与远指之分。例（60）—（62）中话题"这里""这搭儿""这个搭儿"为近指，分别使述题"多""耍""种玉米"规定在离言者近的区域。例（63）—（65）中话题"那里""那搭儿""那个搭儿"为远指，分别将述题"做防寒服的人可多嘞""人可儿嘞""地方没人买"划定在离言者远的范围。

2. 领格语域式话题

米脂方言"价"引导的领格语域式话题,它是谓语动词某论元的领属格成分,与谓语动词没有直接的语义联系,述题部分出现领格空位,如果表特指,也可以用复指成分代替领格空位。

(1) 单一型话题结构

一价名词的降级宾语常通过"的"跟一价名词组成偏正结构,当这个偏正结构作主谓句的主语时,只要删除"的"就能派生出主谓谓语句(袁毓林,1996:246)。米脂方言主谓谓语句也不例外,话题标记"价"置于句首的主语之后,使主语成为语用平面的话题。例如:

(66) 张三价脑打烂嘞。
(67) 李四价那娘的老去下嘞<sub>他的母亲去世了</sub>。
(68) 你姐姐价腿上又长了个瘤子。

例(66)中话题"张三"作述题中"脑"的领有者,从语义角度看,"脑"是动词"打"的受事,因此,"张三"称"打"的降级受事。同理,例(67)述题中的代词"那"复指话题"李四"。"李四"为述题中"娘的"的领有者,"娘的"是动词"老去"的施事,故"李四"是"老去"的降级施事。例(68)中话题"你姐姐"为述题中"腿"的领有者,"腿"是动词"长"的主事,故称"你姐姐"为"长"的降级主事。

(2) 复合型话题结构

例如:

(69) 一家儿 $T_1$ 价眼青矇<sub>弱视</sub>着嘞 $C_1$,[$T_1$ 价] 不四下打问 $C_2$,[$T_1$ 价] 就把女子出嫁嘞 $C_3$。

(70) 斌斌 $T_1$ 价房子有嘞 $C_1$,[$T_1$ 价] 车有嘞 $C_2$,[$T_1$ 价] 就短差差个媳妇唥 $C_3$。

(71) 我 $T_1$ 价单位有吃处 $C_1$,[$T_1$ 价] 有住处 $C_2$,[$T_1$ 价] 好好干着 $C_3$。

例（69）中话题"一家儿"为述题中"眼"的领有者，它是动词"青蒙"的感事，因此，"一家儿"为"青蒙"的降级感事。$T_1$"一家儿"价可以管辖述题"不四下打问""就把女子出嫁嘞"，所以言者在会话过程中必须删除[$T_1$价]。例（70）、（71）同例（69）相同，不赘。

3. 上位语域式话题

米脂方言话题标记"价"引导的话题成分也能构成上下位关系或整体和部分的关系。例如：

（72）庄稼价谷子还可以 较好。
（73）家具农具价锄、镢头都教人家拿走喏。
（74）一老家子价媳妇还说人话嘞。

例（72）中话题"庄稼"上位词包括述题中的"谷子"下位词，二者构成上下位关系。"谷子"是"可以"的感事，故"庄稼"是"可以"的降级感事。例（73）中话题"家具"上位词包括述题中"锄、镢头"下位词，它们构成上下位关系。"锄、镢头"是"拿走"的受事，故"家具"是"拿走"的降级受事。例（74）述题中"媳妇"是话题"一老家子"的成员之一，它们也能构成整体与部分的关系。"媳妇"是动词"说"的施事，则"一老家子"为"说"的降级施事。

4. 背景语域式话题

米脂方言话题标记"价"引导的话题成分也能通过背景知识或谈话当时的语境与句中的述题建立语义关系。

（1）单一型话题结构

例如：

（75）公家的事价我｛怎么｝说不能拖拖沓沓。
（76）（学）漏粉价咱庄有人 制作粉条的师傅 能教你。

例（75）中话题"公家的事"与述题"我｛怎么｝说不能拖拖沓沓"在形式上没有句法语义关系，但从常识可知，作为国家公务人员，及时办理公共事务，是他们的职责。因此它们能建立起话题结构。例（76）中话题"漏粉"与述题"咱庄有人教你"语义关系比较松散，在日常生活中，"教"涉及传授给某人知识或技术，"漏粉"也是农民属于生意人的一项技术。所以它们之间具有话题结构关系。

（2）复合型话题结构
例如：

(77) 女子 $T_1$（价）日月 $T_{2a}$ 价可好 $C_a$，（$T_1$ 价）婆姨汉关系 $T_{2b}$ 价可不行 $_{不好}C_b$。

(78) 我见过 $T_1$ 小平 $T_{2a}$ 价两回 $C_a$，汉的 $_{小平的丈夫}T_{2b}$ 价三四回 $C_b$。

例（77）中话题 $T_1$ "女子"与述题 $C_a$ "好"、$C_b$ "不好"组成话题结构，次话题 $T_{2a}$ "日月"、$T_{2b}$ "婆姨汉关系"是述题"好""不行"的具体的某方面，进一步说明女儿的物质生活水平高，精神生活水平低，使 $T_1$、$T_{2a}$、$T_{2b}$ 与述题 $C_a$、$C_b$ 的语义联系起来。例（77）中的每个分句也可以转换成单层话题结构。如：女子的日月价好，（女子的）婆姨汉关系价不好。双层话题与单层话题不同，双层话题中 $T_1$ 为 $T_{2a}$、$T_{2b}$ 提供背景知识，$T_{2a}$、$T_{2b}$ 是 $T_1$ 的补充说明，$T_1$ 与 $T_{2a}$、$T_{2b}$ 处于同一层面。单层话题结构的话题"女子的日月"中"女子"是对"日月"的限定，二者处于不同层面。例（78）中话题 $T_1$ "我见过"与述题 $C_a$ "两回"、$C_b$ "三四回"构成话题结构，次话题 $T_{2a}$ "小平"、$T_{2b}$ "汉的"为述题"两回""三四回"提供具体的相关的语义信息，补充说明言者见过小平两次，小平的丈夫三、四次。

## （三）拷贝式话题

句子中的主语、谓语、宾语与话题完全同形称拷贝式话题，同形的成分语义也相同（徐烈炯、刘丹青，2007：121）。拷贝式话题也称同一性话题，通常是实词充当话题。同一性话题是空义单位，不能充当论元，因此，它属于框架设置话题（徐烈炯、刘丹青，2007：333）。米脂方言中的话题标记"价"可以引导拷贝式话题，话题的语义由述题中与话题同形的成分取代，获得题元角色句法位置或它本身充当谓词。虽然话题的语义为空，但是去掉话题及话题标记"价"，句子的意义不同于拷贝式话题。

1. 拷贝式话题为名词

米脂方言中拷贝式话题为名词的形式：N+价+N。例如：

(79) 亲亲 $T_2$ 价还算个亲亲 $C_2T_1$，还不顶个两旁世人还不如别人 $C_1$。
(80) 门路 $T_2$ 价还是个门路 $C_2T_1$，不晓得能弄成也不 $C_1$？

例（79）的话题 $T_1$ "亲亲 $T_2$ 价还算个亲亲 $C_2$" 与述题 $C_1$ "还不顶个两旁世人" 先组成一组话题结构。从语义的角度看，$T_2$ "亲亲" 是述题 $C_2$ 中系词 "是" 的主事。$T_1$ 为 $C_1$ 提供了语义背景，听者获悉与预期相反的结果。例（80）也是如此，$T_1$ "门路 $T_2$ 价是个门路" 为话题，$C_1$ "不晓得能弄成也不" 为述题，$T_1C_1$ 组合为话题结构。在 $T_1$ 中，$T_2$ 的意义为零，$C_1$ 为 $T_1$ 提出疑问。$T_1$ 由 $T_2$ 与 $C_2$ 组合成下一层的话题结构。因此上例可以表示为：$T_1$ [$T_2C_2$] $C_1$，$T_1C_1$ 与 $T_2C_2$ 处于不同层级，$T_1 = T_2C_2$，它包孕在 $T_1C_1$ 中。我们称 $T_2C_2$ 为降级话题结构。

2. 拷贝式话题为代词

米脂方言中拷贝式话题为代词的形式：P+价+P。例如：

(81) 各人 $T_2$ 价各人小嘞 $C_2T_1$，还能挑嘞 $C_1$。
(82) 你们 $T_2$ 价你们走哒 $C_2T_1$，哑怀疑我们嘞 $C_1$？
(83) 咱 $T_2$ 价咱退哒 $C_2T_1$，夔操那好闲心哒 $C_1$！

例（81）的话题 $T_2$ 为人称代词 "各人"，它拷贝了述题中 "各人"，$T_1$ 包括 $T_2$ 价 $C_2$，$T_2$ 的意义为零。$T_1$ 年龄小是 $C_1$ 有选择的原因。由此可知，例（82）、（83）的话题 $T_2$ 人称代词 "你们" "咱" 与述题中动词 "走" "退" 的施事 "你们" "咱" 同形。言者根据例（82）的 $T_1$ "你们 $T_2$ 价你们走哒 $C_2$"，对 $C_1$ "哑怀疑我们嘞" 表示怀疑到自身感到不满。例（83）$T_1$ "咱 $T_2$ 价咱退哒 $C_2$" 言者表示离开工作岗位，$C_1$ "夔操那好闲心哒" 说明可以安逸享乐。$T_1$ 与 $C_1$ 为因果关系。

3. 拷贝式话题为形容词

米脂方言中拷贝式话题为形容词的形式：A+价+A。例如：

(84) 大 $T_2$ 价（娃娃）大哒 $C_2T_1$，还要人照看嘞 $C_1$。
(85) 黑 $T_2$ 价（天）黑哒 $C_2T_1$，有人厮跟来 $C_1$。

例（84）、（85）中的 $T_2$ "大" "黑" 拷贝了述题中 $C_2$ "大"

"黑"，$T_2$ 价$C_2$ 组成 $T_1$，$T_2$ 的意义为零。从语义角度看，前者 $T_1$ 的意思是"大是大喽"，$C_1$ "还要人照看嘞"表示与实际情况相反，还需照料。后者 $T_1$ 表示"黑是黑喽"，$C_1$ "有人厮跟来"说明有人陪同，听者不必担心。

#### 4. 拷贝式话题为动词

米脂方言中拷贝式话题为动词的形式：V+价+V。例如：

(86) 吃$T_2$ 价吃 $C_2T_1$，敢要好好学嘞 $C_1$。
(87) 耍$T_2$ 价耍 $C_2T_1$，不能厮打 $C_1$。
(88) 说$T_2$ 价说 $C_2T_1$，夔嘿人么 $C_1$！
(89) 打$T_2$ 价舍不得打 $C_2T_1$，嘿价$T_2$ 舍不得嘿 $C_2T_1$，直把个娃娃幸坏 $C_1$。

例（86）—（89）中的 $T_2$ "吃""耍""说""打""嘿"与述题中 $C_2$ "吃""耍""说""打""嘿"完全同形，$T_1=T_2+$价$+C_2$，因此，$T_2$ 的意义为零。从语义角度看，例（86）中 $T_1$ 的意思是"吃是吃"，$C_1$ "敢要好好学嘞"建议好好学习。例（87）$T_1$ 表示"耍是耍"，$C_1$ "不能厮打"命令他们和平共处。例（88）$T_1$ 表示"说是说"，$C_1$ "夔嘿人么"命令不能骂人。例（89）$T_1$ 表示"打是舍不得打""嘿是舍不得嘿"，$C_1$ "直把个娃娃幸坏"说明结果把孩子惯坏了。

#### 5. 拷贝式话题为情态动词与动词组合

米脂方言中拷贝式话题为情态动词与动词组合的形式：MV+价+V。山西山阴方言（郭利霞，2011：258）中的"情态动词+Vt+V+"（其他）、绥德方言（黑维强，2016b：379）的"能/想/愿+V+V+去"与米脂方言的"MV+价+MV"有异曲同工之处。例如：

(90) 甲：老人一满 _直_ 不听话。
　　 乙：能打价打给几下。
(91) 甲：乱 ［luæ⁵²］_找_ 婆姨_媳妇_ 又不是买东西。
　　 乙：能买价咱买去来。

例（90）的话题中的实义动词"打"拷贝了述题中动词"打"。在语义角度上,话题相当于条件小句"能打的话",则述题"才会打几下"。例(91)话题"买"拷贝了述题中"买"。话题相当于条件小句"能买的话",则述题"咱就买去来"。

### (四) 分句式话题

在分句式话题中小句充当话题,它与述题之间在意义上有逻辑关系。米脂方言中话题标记"价"引导的分句式话题与述题构成因果句或假设句。

1. 因果句

例如:

(92) 娃娃养下四五个**价**,日子能过好嘞?
(93) 你就｛这么｝个**价**,谁看见你眼明嘞?
(94) 我说你**价**,你恼哓。

例(92)—(94)中分句为话题,它表原因;述题是反问句或陈述句,它表结果。例(92)、(93)中话题"娃娃养下四五个""你就｛这么｝个"是原因,述题用反问语气"日子能过好嘞""谁看见你眼明嘞"表述结果。例(94)话题"我说你"是原因,述题用陈述语气"你恼哓"表结果。

2. 假设句

例如:

(95) 你虚说**价**<sub>撒谎的话</sub>,我敢往过戳<sub>打</sub>你嘞!
(96) 我跑快些**价**,就淋不上雨哓。
(97) 你一股<sub>一直</sub>等着**价**,保险<sub>肯定</sub>能等上那<sub>他</sub>嘞。

例(95)—(97)中分句是话题,它表示假设的条件,述题表示分句所产生的结果。话题"你虚说""我跑快些""你一股<sub>一直</sub>等着"提出假设条件,述题"我敢往过戳你嘞""就淋不上雨哓""肯定能等上那嘞"分别是话题相应的结果。

## 三 话题标记"价"的语用功能

话题标记引进话题，预示话题后必有述题提供更重要的信息，提请听者注意。米脂方言中话题标记"价"不仅具有话题标记的普遍功能，也有自己特有的功能。它的语用功能表现如下：

### （一）引入话题功能

米脂方言中话题标记"价"居于话题之后，其功能为引入话题，设立话题，即"是指把认识网络里已经存在的一个谈论对象确立为言谈话题。这个话题虽然在前文当中并没有出现，但是人们的知识领域里，它和语境中的已有话题存在某种连带关系"（方梅，2000：463）。

设立话题不但提供话语的起点，而且与述题内容有所关联，便于听者理解话语，表现出言者与听者对命题内容的态度。例如：

（98）甲：而个现在的社会，学甚也，学上独门手艺，往后日子能好过些。

乙：（学）漏粉价，咱庄有人_制作粉条的师傅_教你嘞。

此例中上文创造的语境中"漏粉"没有出现，但是在人们所储备的知识中，"漏粉"就是村子里农民（"有人"）的一门手艺，它们具有认识中的连带关系。从信息的角度来说，在一定情况下，如果某一命题是关于某个所指物，换句话说，此命题表达的是关于该所指物的信息，这一信息加强了听者对该所指物的了解，即该所指为此命题的话题（Lambrecht，1994：131）。"漏粉"是听说双方所关心的事情，整个句子是关于"漏粉"的一个命题。"漏粉"是听者所知晓是一门技术、独门手艺等，即是预设的。断言就是整个句子，旧知（也是对有关"漏粉"的预设）和新知（述题"咱庄有人教你嘞"）联系起来，表达信息。

（99）甲：而个的人就解下_知道_个上网。

乙：手机价把大人、娃娃们直害死。

甲：你也说嘞？一天到晚就解下耍手机，甚事也不做。

随着时代的进步，智能手机与网络息息相关。命题的预设是手机不仅是我们的通信工具，而且具备了娱乐功能。旧知（"手机"的功用）联系到新知（它的危害），乙获知大人、娃娃们浸淫在网络娱乐之中，影响到他们的日常生活。因此，甲乙双方对手机持负面评价。

（100）甲：姐姐的这回<u>怎么个</u>？
　　　　乙：姐姐的 <sub>他的姐姐</sub><u>价</u>又撅下<sub>筛选(余下的)</sub>嘞。
　　　　甲：这女子命不好，几回都没出去<sub>跳出农门</sub>。

命题预设他有姐姐，且参加某考试。乙得知他的姐姐落选了，甲乙双方对此事表示遗憾。

（101）甲：彤彤是个急性子。
　　　　乙：<u>话</u> T₁ <u>价看你</u> T₂ 怎么说嘞？
　　　　甲：嗯，你可说对嘞。

命题预设有某观点。乙明白了急性子的人具有相对性，对于慢性子的人来说，是急性子，而对于比他还急的人来说，非急性子。可见，乙赞同甲的观点，且一分为二分析问题。

（102）甲：家撅扫给下。
　　　　乙：（处所）拴拴整整<u>价</u>T₁<u>成下</u> T₂ 好成。
　　　　甲：拴整嘞，好成。

话题"拴拴整整"预设了整洁的环境是打扫出来的。甲体会到居住条件的舒适度高，赞成乙的理念。

## （二）人际功能

语言的人际功能是讲话者作为参与者的"意义潜势"，是语言的参与功能（胡壮麟，2017：110）。言者在交际活动中陈述自己的观点、提问、命令、表达某种情感等等。Halliday（2008：107）认为言语角色最基本的任务是给予和求取。前者指言者给予听者某物，后者指言者向听者求取某物。在米脂方言中，言者在交际过程中借助话题标记"价"来表达立场和情感等，使听者接受或作答信息，形成良性的互动语境，提高双方的交际效率。例如：

(103) 甲：筐筐<sub>价</sub>我早编好喽。
乙：你做生活还是麻利<sub>速度快</sub>！

话题标记"价"与话题敏感算子"早"共现，所以"筐筐"是话题。甲认为编筐子容易，乙接受到此信息，及时称赞甲干活动作熟练。可见，甲乙双方互动融洽，配合默契，表现出良好的人际关系。

(104) 甲：你兴兴晃晃价教人起火<sub>生气</sub>嘞。
乙：昂，我再稳重些。

话题标记"价"显示其后是甲在交际过程中表现出负面情感，甲对乙做事不稳当表示强烈的不满。为了便于双方交际顺利进行，乙不仅接受甲的态度，而且积极做出正面回应。因此，"价"在甲表达感情时表现出的人际功能是不可忽略。

(105) 甲：说 $T_2$ 价说 $C_2 T_1$，嫑噘人么 $C_1$！
乙：昂！

$T_2$"说"与 $C_2$"说"同形，甲命令乙"说"，同时命令乙"嫑噘人么"。$C_1$ 与 $C_2$ 都是甲发出的命令，乙被动接受命令。可见"价"在甲乙双方互动中功不可没。

(106) 甲：女女俊俊儿价可惹人爱嘞。
乙：就是！

例句话题标记"价"后是甲要表达的正面情感。借助"价"的人际功能，甲表现出对漂亮女孩的喜爱，乙表示赞同。可见甲乙双方认同一致，交际顺利。

### （三）互动功能

言者与听者的互动程度表现出言语交际顺利与否。对于言者语言选择而言，最基本的互动限制在话轮转换组织、话序组织、话语优先组织等（Lindström，2012：100）。言者将话题标记居于话题的前或后来组织语序，预示话题后是表达的重要信息，听者应该关注此部分，这样便于二者互动。关联理论中的交际原则认为言者与听者之间交流是明示——推理过程（ostensive-inferential process）。言者把信息意图表达出来，即交际明示过程；听者根据言者的明示过程，结合具体的语境，获知言者表达意图，即推理过程（Sperber，Wilson，2001：54）。米脂方言中言者使用话题标记来表达自己意图，为听者理解此意图指明了方向，限定了二者交际互动的范围，建立话题与述题之间的逻辑语义关系，使听者毫不费力找出言者的意图与语境的关联性，增强双方交际的互动性。例如：

(107) 甲：受苦的**价**回来哝 干活的人回家了。
　　　乙：哑要做饭嘞。
(108) 甲：大桶桶**价**我倒油也。
　　　乙：你把那它揩 收起，操心收破烂的拾走嘞。

例（107）话题标记"价"后是言者要表达主要信息"回来哝"，即明示过程，乙推断干活的人回家了要吃饭，即推理过程，对甲陈述的话题作出回应"哑要做饭嘞"。例（108）甲要表达的意图是用大桶装油，述题"我倒油也"是表达重点内容，即明示过程，乙认为既然油桶有用，就应该妥善保管，即推理过程，因此，建议甲把大桶拿起。甲乙双方明示——推理过程清晰，所以他们互动顺利。

(109) 甲：两个**价**太少哝。
　　　乙：不少，那些他们家人不多。

例（109）中甲要表达的意图是两个数量少，显得吝啬，即明示过程，乙认为家庭成员不多，多了也浪费，即推理过程，所以，先对甲的陈述进行了否定，接着说明否定的原因，便于双方互动。

### （四）链接功能

话题标记"价"的链接功能指在并列复句中，每个分句的话题与话题标记相同，承前省略，"价"把每个分句的述题链接起来。如例（23）话题标记"价"后是听者关注的信息。由于"这事儿"不仅是述题"轻轻揩起"的话题，也是"款款放下"和"要让人家笑话咱"的话题。话题标记"价"加在话题后，使听者注意力集中在述题部分，把同话题的述题链接在一起，便于言者建议听者处理事情不动声色，避免别人的耻笑。例（69）"一家儿"分别是"眼青蒙着嘞""不四下打问"和"就把女子出嫁嘞"的话题，话题标记"价"居于话题之后，预示其后有重要信息出现，同时把话题相同的述题链接起来，使言者训斥某家人对女儿的婚姻大事漠不关心。

### （五）承前功能

米脂方言中的话题标记"价"设置的话题结构通常出现在对话中，我们从实际会话的语料中发现"价"引导的话题句是回应上文。例（90）话题标记"价"引导的话题"打"是对上句话题"不听话"的惩罚，乙使用反问语气，实际情况是老人的特殊地位和身份，甲领会了乙不得不忍受老人的无理取闹。可见，"价"引导的话题承前所述，表现出承前的功能。例（91）"价"引导的话题"买"与上句"买"意义相同，众所周知买卖人口是犯法的事，所以乙使用反问语气，甲认为"媳妇是不能去买的"。因此，"价"表现出承前功能。

### （六）对比功能

徐烈炯、刘丹青（2007：84）认为："话题焦点只有对比没有突出的焦点。它只能以句外的某个话语成分或认识成分为背景，在本句中得到突出，而不能以本句中其他成分为背景。"Chu（屈承熹）也赞同徐、刘的话题焦点的观点。米脂方言由"价"标记的对比性话题与徐、刘话题焦点属于同一类型。话题标记"价"标记的话题结构，常常隐含了与该句子相反或相对的意思。有时该句子后面又接有一个分句，前后句内容相对或相反。例如：

(110) 小米价咱有嘞。(其他的东西价没有。)
(112) {这么}（动儿）价画不好。(换一种方式价能画好。)
(113) 一点点儿价称不上。(数量多价划算。)
(114) 城里（动儿）价地方还好往出货。(乡里（动儿）价地方没人问。)

以上例子分别带有各自的蕴含义，括号内的部分是隐含内容。

例（77）前句的"日月"指的女儿的物质生活"好"，后句"婆姨汉关系"指女儿的精神生活"不好"。$T_2$ 中物质与精神的对比，为了进一步对比述题的"好"与"不好"，形成明显的对比话题句。

例（78）"小平"是"汉的"参照对象，述题说明见过小平两回，也可以作为见过她的丈夫三四回的参照，而后一分句对小平的丈夫进行说明，言者见过她的"丈夫"次数多于小平。可见，话题标记"价"具有显著的对比色彩。

### （七）强调功能

话题化是让某个本来处于句中位置的成分移到句首位置，成为话语平面上的话题（袁毓林，1996：246）。提顿词有强化话题的功能（徐烈炯、刘丹青，2007：188）。米脂方言中话题标记"价"也不例外。下文从话题化的过程来分析"价"强调话题的功能。黑体部分是每个例句所强调的部分。例如：

(115) a. 公家给上贫困户**一袋面**。→b. **贫困户**价公家给上［那些］他们一袋面。→c. **贫困户**价公家给上一袋面。

a 句是 c 句的深层结构，它强调的是政府给贫困户**一袋面**，而非**其他物品**。言者要强调"贫困户"，话题标记"价"将话题"贫困户"居于句首，述题部分中用代词"那些"复指话题"贫困户"，更加强调话题"贫困户"。b 强调的是政府给**贫困户**一袋面，而非**其他人**一袋面。可见，b 是 a 经过话题化形成。因此应用话题化手段形成规则可以表示为：T 价 C ［…X…］。T 为话题，"价"为话题标记，C 为述题，X 代表 C 中的某个空位或其代词形式，它跟 T 有语义同指关系。由于语言的经济原则，米脂方言中习惯上把［⋯X⋯］省略，所以 c 也是来自 b。

(116) a. 张三把<u>脑</u>打烂嘞。→b. 张三<u>价</u>把［**那的**］脑打烂嘞。→c. 张三<u>价</u>脑打烂嘞。

a 句通过"把"字句处置形式，强调的是"脑"，不是"身体的其他部位"。b 句与 c 句强调的是"张三"，而不是"李四"。可见话题标记"价"应用话题化手段实现了强调话题的功能。

(117) a. 亲亲还不顶个**两旁世人**。→b. <u>亲亲T$_2$ 价［**你**］是亲亲 C$_2$T$_1$，还不顶个两旁世人 C$_1$</u>。→c. <u>亲亲 T$_2$ 价还算个亲亲 C$_2$T$_1$，还不顶个两旁世人 C$_1$</u>。

a 句强调的是"**两旁世人**"，而非"亲属关系"。b 句与 c 句为拷贝式话题，重复的话题本身起强调作用，加之话题标记的插入，强调色彩更加引人注目，更进一步强调的是"亲属关系"，言者认为亲属关系还不如街坊邻居的关系相处的好。

### (八) 因果功能

米脂方言中话题标记"价"居于两分句之间，前一分句为话题，后一分句为述题，它们具有因果关系。例如：

(118) a. 娃娃养下四五个<u>价</u>，日子能过好嘞？→b. 娃娃养下四五个，**所以**日子过不好。
c. 娃娃养下四五个，日子能过好嘞？
(119) a. 我说你<u>价</u>，你恼啦。→b. **就因为**我说你，你恼啦。
c. *我说你（？），你恼啦。

例 (118)、(119) a 句中的话题表原因，述题表示话题相对应的结果。我们给 a 句加因果标志词得到 b 句。通过比较，我们发现句子的语义没有改变，所以话题标记"价"具有因果功能。如果将 a 句中的话题标记"价"去掉，(118) c 句在米脂方言中可以使用，但是其使用频率远远低于 a 句，而例（119）c 句在米脂方言中不成立。

### （九）假设功能

话题标记"价"引导的话题可以用"要是……的话"替代。吕叔湘（1999：469）认为"如果……"末尾加助词"的话"表假设。王春辉（2012：164）讨论了条件小句作为话题通常是假设性的已知信息。由此可见，"价"表假设功能。

（120）a. 去价我等你。→b. 要是去的话我等你。

c. *去（？）我等你。

（121）a. 你一股_直等着价，保险能等上那他嘞。→b. 要是你一股_直等着的话，保险能等上那他嘞。

c. *你一股_直等着（？），保险能等上那他嘞。

通过句式替换，我们不难发现（120）、（121）两例 a、b 句句义相同。"价"的出现与否决定句子在米脂方言中能否成立，即"价"具有一定的强制性，假如 c 句删掉话题标记"价"很难成为地道的米脂方言，故其在米脂方言中不合格。因此，"价"的假设功能显而易见。

## 四 小结

陕北晋语中有大量的话题标记，如"动"（邢向东，2006）"是"（张军，2012；黑维强，2016a）、"还"（黑维强、高怡喆，2017），等等，米脂方言中"价"也是其中之一，它可以引导论元共指性话题、语域式话题、拷贝式话题及分句式话题。"价"既可以引导单一型话题结构，也可以引导复合型话题结构。话题标记"价"不仅具有引入话题、对比、强调、假设和承前功能，而且具有人际、互动、链接和因果功能。

## 参考文献

方梅：《自然口语中弱化连词的话语标记功能》，《中国语文》2000年第 5 期。

郭利霞:《山西山阴方言的拷贝式话题句》,《中国语文》2011年第3期。

黑维强:《绥德方言"家"的用法、来源及语法化》,《陕西师范大学学报》(哲学社会科学版) 2015年第2期。

黑维强:《绥德方言"是"的几种用法及其语法化考察》,《兰州学刊》2016年第8期。

黑维强:《绥德方言调查研究》,北京师范大学出版社2016年版。

黑维强、高怡喆:《陕西绥德方言"还"的两种用法及其语法化》,《方言》2017年第3期。

胡壮麟、朱永生等:《系统功能语言学概论》,北京师范大学出版社2017年版。

江蓝生:《跨层非短语结构"的话"的词汇化》,《中国语文》2004年第5期。

刘丹青:《同一性话题:话题优先语言一项更典型的属性》,原载《中国语言学报》2004年第1期,又载徐烈炯、刘丹青《话题的结构与功能》(增订本),上海教育出版社2007年版。

刘丹青:《先秦汉语的话题标记和主语——话题之别》,《古汉语研究》2016年第2期。

吕叔湘:《现代汉语八百词》,商务印书馆1999年版。

彭吉军:《〈论语〉话题结构研究》,博士学位论文,华中科技大学,2011年。

强星娜:《汉语话题标记的类型学研究》,博士学位论文,中国社会科学院,2009年。

王春辉:《也论条件小句是话题》,《当代语言学》2012年第2期。

温锁林:《山西寿阳方言的话题标记》,《语言研究集刊》2014年第十三辑。

邢福义:《汉语复句研究》,商务印书馆2003年版。

邢向东:《陕北晋语语法比较研究》,商务印书馆2006年版。

徐烈炯:《语义学》,语文出版社1995年版。

徐烈炯、刘丹青:《话题的结构与功能》(增订本),上海教育出版社2007年版。

袁毓林:《话题化及相关的语法过程》,《中国语言》1996年第4期。

袁毓林:《论元角色的层级关系和语义特征》,《世界汉语教学》2002年第3期。

张军:《陕北横山话的话题标记"是"》,《语文研究》2012年第3期。

Haiman John, "Conditional are topics." *Language*, 1978 (54), pp.564-589.

Halliday, M. A. K, *An Introduction to Functional Grammar*, Beijing: Foreign Language Teaching and Research Press, 2008.

Lambrecht, Kund, *Information Structure and Sentence Form: Topic, Focus, and the Mental Representation of Discourse Referents*, Cambridge: Cambridge University Press, 1994.

Lindström, *The Pragmatic of Interaction*, Shanghai: Shanghai Educational Publishing House, 2012.

Lyons, C, *Definiteness*, Cambridge: Cambridge University Press, 1999.

Sperber, D & Wilson, D, *Relevance: Communication and Cognition*, Beijing: Foreign Language Teaching and Research Press, 2001.

(孙彦波　西安　陕西师范大学文学院　ybsun1979@163.com)

# 汉语方言"快速略看"概念域成员共时与历时分析[*]

赵雪伶

**提　要**：文章从"快速略看"概念域视角出发，对现代汉语方言共时平面上表示"快速略看"义的瞥、溜、扫、睃、瞄、瞭六个主要成员的语义及用法进行整理分析，并依据字书韵书等文献资料考察其在历时平面的发展变化，揭示出这些成员在历史文献中的消长及有些成员用字的多样化。发现"瞥"始见于上古且历时最长，其他成员大多都活跃于近代汉语时期。且有明显的地域分布特点，即"瞥、溜"主要分布于北方方言，"瞄"主要用于南方方言，"扫""睃"以链条状呈南北分布，"瞭"则是点状分布于南北方言。

**关键词**：方言；视觉动词；看；快速略看；历时分析

常用词是词汇系统的主要组成部分，视觉动词属常用词范畴，符淮青（1996）把视觉动词分为四类：眼睛产生视觉行为本身的词、眼睛活动产生视觉且受空间限制的词、眼睛活动产生视觉且受时间限制的词和眼睛活动产生视觉且受情态方式限制的词。一些学者对视觉动词做过相关研究，如白云（2012）、尹戴忠（2012）等，但视觉行为受时间限制这一小类却尚未看到系统的研究。本文拟以现代汉语方言"快速略看"概念域单音节动词成员为研究对象，并依据历史文献资料，试图揭示各个成员在共时平面的联系、区别及在历时平面的发展演变。

据统计，汉语方言研究成果多用"瞥""溜""瞵""扫""睄""睃""睃""瞄""瞭"表示"快速略看"，在不同方言的分布各不相同，

---

[*] 本文曾在"第五届晋方言国际学术研讨会"（2017年8月，陕西榆林）上报告，承蒙吴继章等多位先生指教，修改过程中得到导师冯良珍和王为民先生的指导，《语言与文化论丛》编辑部提出修改建议，在此谨致谢忱。文中尚存问题均由作者负责。

下表为在34个方言点的分布①:

表1

| | | | 瞥 | 溜 | 瞄 | 扫 | 睄 | 眢 | 睃 | 瞵 | 瞭 | 其他 |
|---|---|---|---|---|---|---|---|---|---|---|---|---|
| 官话 | 东北 | 哈尔滨 | + | + | | + | | | | | | |
| | 北京 | | + | + | + | + | + | | | | + | |
| | 冀鲁 | 济南 | + | | | | | | | | | |
| | 胶辽 | 牟平 | + | | | | | | | | | |
| | 中原 | 洛阳 | | | + | | | | | | | |
| | | 霍州 | | | | | | + | | | | |
| | | 河津 | | | | | | + | | | | |
| | | 西安 | | | + | | | | | | | |
| | 兰银 | 银川 | | | | | | + | | | | |
| | 西南 | 成都 | | | | | | | + | + | | |
| | | 贵阳 | | | | | | | | + | | |
| | 江淮 | 徐州 | | | | | + | | | | | |
| | | 扬州 | | | + | | | | | | | |
| | | 南京 | | | | | | | | + | | |
| | | 武汉 | | | | + | | | | + | | |
| 晋语 | 太原 | | | | | | | | | | | + |
| | 忻州 | | | | | | | | | | + | |
| 吴语 | 北部 | 崇明 | | | | | | | + | | | |
| | | 苏州 | | | | | | | + | | | |
| | | 上海 | | | | | | + | + | + | | |
| | | 杭州 | | | | | | | + | | | |
| | | 宁波 | | | | | | | + | | | |
| | 南部 | 温州 | | | | | | + | + | | | |
| 徽语 | 绩溪 | | | | | | | | + | | | |

---

① 参考徐宝华和宫田一郎主编《汉语方言大词典》、李荣主编《现代汉语方言大词典》（43册）、乔全生主编《山西方言重点研究丛书》（3册）及作者的调查数据。

续表

|  |  | 瞥 | 溜 | 瞄 | 扫 | 睄 | 眝 | 睃 | 瞄 | 瞭 | 其他 |
|---|---|---|---|---|---|---|---|---|---|---|---|
| 湘语 | 长沙 |  |  |  |  |  |  | + |  |  |  |
|  | 娄底 |  |  |  |  |  | + |  | + |  |  |
| 赣语 | 南昌 |  |  |  |  | + |  |  |  |  |  |
|  | 黎川 |  |  |  |  |  |  |  |  |  | □ [kaiʔ⁵⁵] |
|  | 萍乡 |  | + |  |  |  |  |  |  |  |  |
| 客家话 | 梅县 |  |  |  |  |  |  | + |  |  |  |
| 粤语 | 广州 |  |  |  | + |  |  | + |  |  |  |
| 闽语 | 福州 |  |  | + | + |  |  | + |  |  | 睩 [lau⁵⁵] |
|  | 厦门 |  |  |  |  |  |  |  |  | + | 眼 [gan⁵³] |
| 平话 | 南宁 |  |  |  |  |  |  | + |  |  |  |

上表可看出一些分布特点，除上述九个成员分布较广外，还有几个词仅在个别方言点使用，如"□ [kaiʔ⁵⁵]"分布于赣语黎川，对此本文暂不讨论。通过对文献资料的考察，发现一些词用不同字来记录，如"溜"与"瞄""扫"与"睄""眝"与"睃"均可各视为一词，下文对归纳后的"快速略看"六个动词成员逐个进行分析。

## 一 瞥

"瞥"在汉语方言中分布于东北、北京、冀鲁及胶辽官话，表示短暂快速略看，如《牟平县志》（1936）释义"偶视"。方言用例：

（1）他瞥 [pʰie²¹⁴] 了我一眼。（北京方言）

《说文》："瞥，过目也。"语义分析为 [+时间短]、[+程度浅]，本义是眼光略过。直至近代汉语①，"瞥"才活跃起来。一是独用，如宋词

---

① 参考王力、吕叔湘、王云路、方一新等诸位先生的观点，把古汉语分为上古、中古、近代三段，先秦、秦、西汉为上古汉语时期，东汉、魏晋南北朝、隋、初唐、中唐为中古汉语时期，晚唐以后到清为近代汉语时期。

《惜红衣·赠伎双波》："不解送情，倚银屏斜瞥。"《二刻拍案惊奇》卷十五："忽一日，一个徽州商人经过，偶然回瞥，见爱娘颜色，访问邻人，晓得是卖饼江家。"元杂剧《牡丹亭》（五十四出）："声息儿恁怔忡，把门儿偷瞥。"二是连用，从"瞥见"扩展到"瞥睹""瞥看"等，如宋词《水龙吟·咏月》："马上墙头，纵教瞥见，也难相认。"《聊斋志异·黄九郎》："公呼女出窥，果母也。瞥睹女，怪问：何得在此？女惭不能对。"《东度记》（六十七回）："宪三听得，乃慌张向窗隙瞥看，见这人生得甚恶，又执着钢刀。"以上三种连用结构均为连动并列，"瞥"作为动词使用。三是"一瞥"在清末出现，表示很快地看一眼，如《九尾龟》（七回）："眼光一瞥，早跳下一个美少年，携着一个绝色倌人。"除此以外，清代的一些方言文献也用"瞥"来表示短暂看义，如《宁河县志》（乾隆44年）、《如皋县志》（嘉庆13年）、《顺天府志》（光绪12年）均将"瞥"释义为"乍看"。

## 二 溜（䁌）

"溜"东北、北京官话和赣语表示迅速扫视，"䁌"字仅见于北京官话语料。"溜"，《广韵》："力救切，去声来母宥韵"，宋代义为瞥视、扫视。而"䁌"并未见于字书和韵书。从字形上看，"䁌"与"溜"同为形声字，"目"表意，指用眼睛看，"留"表声，"留"是"溜"的省文，有急速义，故"䁌"也可用以记录快速略看义。二者为异体字，"䁌"使用范围有所限制，应该是方言字[①]。二者在汉语方言中语音都对应中古尤韵来母，语义均指迅速扫视，实为同一词的不同用字，故可以统一用"溜"来记录。方言用例：

（2）玉兰……知道秀兰要当说客，白瞪了她一眼，又斜眼溜

---

[①] 据董绍克（2002：241），方言字也叫方言俗字，在方言区记录本地方言词的汉字。是当地人自造的，也只流行于当地。六朝以后，方言字也频繁地出现在俗文学作品及近代白话小说中。那方言字这种不同字形是如何孳乳的？郭锡良《〈名原〉评议》（2002）对孙诒让"转注"讨论时说："孙诒让从汉字的形体结构和繁简演变的角度，说明汉字孳乳浸多的一种途径，同时也概略地说明古人怎样分析相关而不同的'语音—语义'配对，并且用相同的声旁和不同的形旁来标示的情形。"

[liou⁴⁴]了一下王涛。(东北方言《街头喜剧》)

（3）你在这儿，俩眼溜[liou⁵⁵]什么呢？(北京方言)

（4）祥子乘着拐弯儿的机会，向后瞜[liou⁵⁵]了一眼。(北京方言《骆驼祥子》)

"溜"本义指水名，《说文》："溜，溜水，出鬱林郡"。近代汉语时期衍生出快速略看义，如《红楼梦》(九十一回)："说着，却把眼溜着金桂一笑。"除独用外，还可以构成"溜一眼""溜瞅（秋）""一溜"等形式。其中，动量结构"溜一眼"，使用频率较高，如元杂剧《玉箫女两世姻缘》(第一折)："我溜一眼偎着他三魂丧，放一交响的他八步远。"并列结构"溜瞅（秋）"和固定结构"一溜"使用不多，如《红楼梦》(二十六回)："那贾芸口里和宝玉说着话，眼睛却溜瞅那丫鬟。""那贾芸一面走，一面拿眼把红玉一溜，那红玉只装着和坠儿说话，也把眼去一溜贾芸。"

## 三 扫（睄）

"扫"北京官话、东北官话、中原官话、江淮官话及闽语义为快速扫视。"睄"北京官话、江淮官话、粤语和闽语为快速扫视义，即粗略地看一下。"扫"《广韵》苏老切或苏到切，"睄"《集韵》所教切。心、生二母据"照二归精"而相同，豪肴两韵发音也相同，调也大致相通，可同取去声，"扫""睄"语音相通。语义方面，"睄"《集韵》指小视，《正字通》"同瞧"，又"瞧"在《字汇》中指偷视貌，《南川县志》(1931)"目略视"。可见，"睄"语义有所变化，综合分析义素为[+时间短]、[+程度浅]、[+视向偷视]。"扫"引申可指快速扫视，义素为[+时间短]、[+程度浅]、[+视向正视]。二者语音相同，语义相近，实为同源。现代汉语方言中，二者语义相同，读音表现虽然不同，但仍有联系，无论读[au]韵还是[ɔ]韵，都来自中古豪韵或肴韵，声调大多数可以同取去声。所以，二者可以统一用"扫"表示快速扫视。方言用例：

（5）等张妈出了屋门，她拿出一毛钱来："拿去，别拿眼紧扫搭[sau²¹⁴ta⁰]着我！"(北京方言《骆驼祥子》五)

（6）他在大麽街扫搭［sau²¹⁴ ta⁰］了半天，也没看见个熟人。（东北方言）

（7）我进屋扫［sau⁵³］了一眼，没看见他。（山西吉县方言）

（8）他进门扫［sɔ⁴²］了一眼房子头的人。（扬州方言）

（9）伊目珠扫［sau³³］囇，我就会意了。（福州方言）

（10）林先生坐在帐台上，抖擞着精神，堆起满脸的笑容，眼睛望着那些乡下人，又带睄［sau⁵¹］着自己铺子里的两个伙计、两个学徒。（北京方言《林家铺子》二）

（11）我睄［sau³⁵］了他一下。（武汉方言）

（12）我去菜市睄［sau³³］过一轮，都唔见有鱼卖。（广州方言）

（13）出去睄［sau²¹²］一下。（福州方言）

"睄"相对出现较早，近代汉语文献用例极少，清代中叶俗曲集《白雪遗音·马头调·九尽寒退》①中见有一例："勾惹起玉美人儿闷坐香闺，手推纱窗，四野观睄，口咬指尖思春账，何日得成双。""观""睄"连用指偷偷快速扫视的情形。另外，方言资料也有记载，如《威县志》（1925）"偷视"、《南川县志》（1931）"目略视"。从宋代《集韵》到清初《字汇》再到现代方言志等文献资料，语义一直变化，逐渐表示偷偷快速略看。

"扫"是会意字，从手，从帚，指打扫。在近代汉语时期产生快速扫视的引申义，如《绿野仙踪》（八十七回）："其仁有意无意的扫了一眼，笑了笑，此后即闭目不言。"

## 四 酇（睃）

"酇"秦岭淮河以北的兰银官话、中原官话及以南的江淮官话、吴语、赣语为斜眼偷偷快速略看。"酇"《广韵》平声歌韵素何切，指偷视。《集韵》歌韵桑何切，指"视之略也"。"酇"中古为歌韵心母平声，义素分析为［+时间短］、［+程度浅］、［+偷视］。汉语方言中，虽韵母有 a、

---

① 《白雪遗音》作者华广生是山东历城人，码头调是流传于码头一代的曲牌，应该带有地域色彩。

o、u、uɔ 之不同，但语音仍有联系，除银川、霍州歌豪混读外，其余均对应中古歌韵心母平声。语义方面相同，均指斜眼偷偷快速略看。"睃"《集韵》："祖峻切，视也"。清《里语徵实》："偷视曰眵，眵曰梭。"这说明，"眵"与"睃"最晚至清代语音相通，"睃"为"眵"的借字，并非本字。现代汉语方言也有保留，"睃"用于西南官话、吴语和湘语，偷偷斜着快速略看义。成都方言 so²¹ 对应中古歌韵心母阳平，娄底方言 so⁴⁴ 也是对应歌韵心母阴平，与"眵"来源一致，故可以统一用"眵"记录。方言用例：

(14) 他眵［sɔ⁵³］了一眼。（银川方言）
(15) 我骑车子路过他院儿哩时候，眵［sau³⁵］着他在住舍咧。①（霍州方言）
(16) 我眵［sa³⁵］了他一眼。（晋南方言）
(17) 一双贼眼眵［so⁴⁴］来眵去。（昆明方言）
(18) 我只眵［so³⁵］了一眼，没有看清。（镇江方言）
(19) 眵［sa⁵⁵］他一眼。（徐州方言）
(20) 侬去眵［su⁵³］伊看，勿晓得伊勒拉厢头做啥。（上海方言）
(21) 我眼角一眵［suɔ³³］，就看出个人是不正经的。（温州方言）
(22) 搠眼睛眵［so⁴²］一下。（南昌方言）
(23) 他睃［so²¹］了我一眼。（成都方言）
(24) 你暗暗唧睃［so⁴⁴］着他，看他往哪里行啰。（娄底方言）

"眵"最早见于《广韵》，"偷视"义，《集韵》《类篇》《字汇》指"略视也""视之略也"。又《正字通》："偷视也，六书瞥览也。"《篇海类编》又指偷视。文献用例极少，仅一些方言资料有所注释，如《蜀

---

① 霍州方言"眵"的用法如下：可以进入 S-V-O 和 S 叫 O-V 两种句法结构，主体论元是由表人名词和人称代词充当，客体论元有表人/物/事的名词性宾语和代词性宾语，还可以是小句宾语和时量宾语。如：你眵喽一眼窝；你眵住娃在兀哋耍咧；我叫他眵住些吃饭哩地方。

语》："谓看曰䁙①"，《蜀方言》："偷视曰瞧曰䁙。"

"睃"《集韵》"视也"，金代可与其他视觉动词连用指斜眼快速略看，有"睃趁""睃见、睃看、睃望"等形式，如《西厢记》（第一本第二折）："缺怎睃趁着你头上放毫光，打扮的特来晃。"王季思校注："按趁，寻趁意。""睃趁"连用指快速略看寻找。再如《水浒传》（四五回）："光溜溜一双贼眼，只睃趁施主娇娘。"另，《水浒传》（三十回、一〇四回）："武松又见这两个公人，与那两个提朴刀的挤眉弄眼，武松早睃见，自瞧了八分尴尬。""当下不但邻近村坊人，城中人也赶出來睃看，把那青青的麦地踏光了十数亩。"总之，"睃"作为"䁙"的借字，语义发展变化逐渐与"䁙"相近，为偷偷地快速略看。

## 五　瞄

"瞄"江淮官话、西南官话、吴语、徽语、湘语、粤语、闽语和平话为偷偷斜眼略看义。"瞄"是现代汉语时期产生的字，指视力集中在一点上，最早见于民国。那"瞄"是如何在这短短的时间内，在秦岭淮河以南产生转化义指快速略看，而在秦岭淮河以北却没有呢②？另其语义的转化过程也无迹可寻。那么，只能是用字问题，"瞄"并非本字。考察字书、韵书等历史文献发现，"瞄"由"䀹"分化而来。"䀹"本义选择，从见毛声，读若苗。《广雅》语义转化为"视也"，《广韵》《字汇》《正字通》指"斜视"，可见，"䀹"有三种语义：择义、一般看义和斜眼看义。《说文》记载的"毛声""读若苗"语音相近，《中原音韵》萧豪韵唇音字一二等重出，二等字"苗"有 i 介音，"䀹"便有了两种读音，分别为有介音和无介音。随着语音演变的发生，致使音义相互结合，读音、语义分工渐为明确，无介音的表示一般看义，有介音的承载斜眼看义③。这在汉语方言中可以找到证据，大多数南方方言用有 i 介音的表示斜眼略

---

① "䁙"语义在不同方言区应该有所不同，在此，仅能证实蜀语从元代至明代，由一般看义转化到偷偷快速看义。

② 秦岭淮河以北的北方方言中，"瞄"多用来表示本义集中看，如哈尔滨、北京、万荣都表示集中看义；中部地区，如成都、武汉、南京和吴语北部苏州和杭州，"瞄"可以用来表示盯看义，也能表示快速略看义；秦岭淮河以南的南方方言中，"瞄"则专指快速略看义。

③ 近代汉语时期，"䀹"的选择义已消失。

看，有江淮官话、西南官话、吴语、湘语、粤语、闽语、平话、晋语、中原官话、兰银官话、西南官话则用无 i 介音的表示一般看义。这一系列演变催促分化字产生，用不同的字记录不同的音义。故用"睨（眪）"记录无介音的一般看义，用"瞄"记录有介音的快速看义。方言用例：

（25）一个青年发货员接过小 X 递来的发货单，瞄［miu$^{21}$］了一眼，就发起货来。（广州方言《自信过度的发货员》）
（26）我啱瞄［miu$^{21}$］了一眼，冇清楚。（广州方言）
（27）老佛婆的眼睛在金大娘身上一瞄［miæ$^{51}$］。（苏州方言《玉蜻蜓》第十八回）
（28）我瞄［miau$^{55}$］一眼，看要得不？（成都方言）

总之，"瞄"由"睨（眪）"分化出来表示有介音的快速看义，自宋代开始直至清代可用以表示斜眼看义。

## 六　瞭

"瞭"用于北京官话、晋语、湘语、客家话和闽语，义为远远地快速略看。《广韵》落萧切或卢鸟切。汉语方言语音表现虽然不同，但都对应中古萧韵来母平声或上声。方言用例：

（29）朝屋儿里瞭［liau$^{55}$］了一眼。（北京方言）
（30）你给我瞭［liau$^{53}$］一下。（太原方言）
（31）咱们到街上瞭达［liɔ$^{53}$ tɑʔ$^{22}$］给下。（忻州方言）
（32）瞭［lio$^{51}$］一眼就背得哩。（娄底方言）
（33）朝屋儿里瞭［lio$^{53}$］了一眼。（厦门方言①）

"瞭"《玉篇》"目明"，指眼珠明亮，概到三国时，"瞭"引申出远看义，《广雅》："骨曰鹘，瞭曰鹞。能远视也。"《醒世姻缘传》（三十八回）："狄希陈两个眼东张西瞭，那里有甚么步戏？连偶戏也是没的！"其

---

① 厦门方言"小瞭者"表示稍微看一下。

语义成分为［+距离远］。明代，"瞭"语义又发生变化，语义成分为［+距离远］、［+时间短］、［+程度浅］。《隋唐野史》（二十九回）："大惊，即令军人再上高楼，观其后面更有追兵来否。其人上楼远瞭，回报士览曰……"用"远"修饰限制"瞭"，表明"瞭"的语义不再单指远看。《札苏藩司为英船驶至浙江洋面赶修宝山沿海炮台》："初四日巳刻，远远瞭见有双桅夹板夷船一双。"可见，"瞭"在汉语方言中记录快速略看义大概从明代开始，也就是近代汉语时期的事了。

正如Hockett（1950：328）所说："汉字本质上是语素性的书写体系，它们也体现了几个世纪以来缓慢但是不断演化的对于语言的通俗分析。……汉字是有用的，当然只是作为线索，而不是作为答案"。文章将现代汉语方言成果中表示"快速略看"使用的九个用字归纳为"瞥、溜、扫、旨、瞄、瞭"六个成员，这六个成员的核心义素都是［+时间短］、［+程度浅］，在附加语义上，"瞥、溜、扫"有［+正视］的共同点，"旨、瞄、瞭"各有［+偷视］、［+斜视］、［+远视］的特点。以上六个主要成员的共时地理分布见下图1。

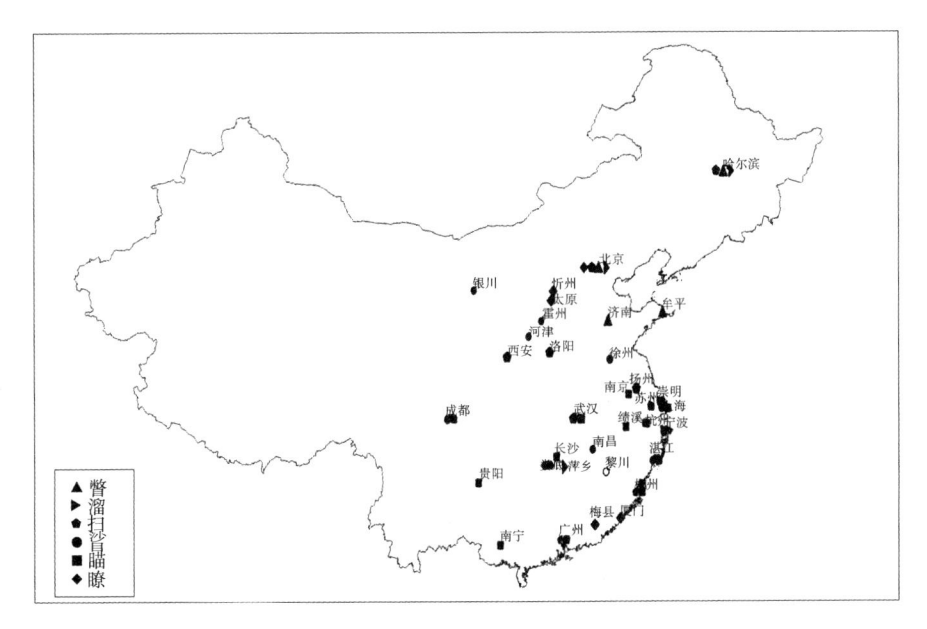

图1

由图1可知汉语方言"快速略看"概念域六个成员的地理分布是："瞥、溜"主要分布于秦岭淮河以北的东北地域；"扫、瞤"以链条状分布于南北方言；"瞄"分布于秦岭淮河以南地区；"瞭"则呈点状分布于南北方言之中。

这六个成员在历史长河中的发展变迁又是怎样的呢？依据历史文献资料，"快速略看"概念域成员在不同历史时期变迁如图2。

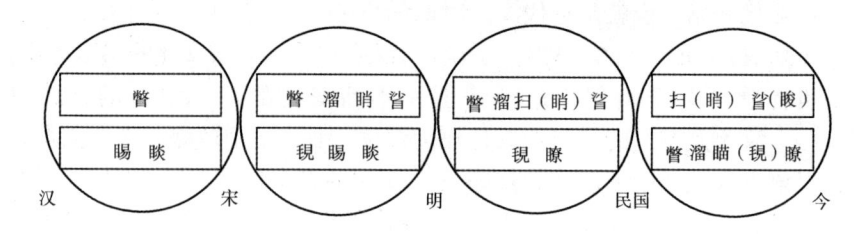

| 瞥 | 瞥 溜 睄 瞤 | 瞥 溜 扫（睄）瞤 | 扫（睄）瞤（睃） |
|---|---|---|---|
| 瞁 睒 | 覴 瞁 睒 | 覴 瞭 | 瞥 溜 瞄（覴）瞭 |
| 汉 | 宋 | 明 | 民国　　　今 |

**图 2**

"瞥"产生最早，其余五个成员产生时间大致相同，近代汉语"瞥""溜"的使用频率高；"扫"和"瞤"分别有"扫"与"睄""瞤"与"睃"两种用字，二者也频繁使用；"瞭"产生最晚，与"瞄（覴）"的使用频率都稍低。上古汉语时期的成员"瞁"在现代汉语方言中已消失，《说文》："瞁，目疾视也"。"瞁"一般与"睒"连用，表示快速看义，《玄应音义》（卷二十）："睒瞁，暂窥疾视不定也。"《广韵》："瞁，睒瞁，急视。"《古文苑·庾信·枯树赋》："木魅瞁睒。"章樵注："瞁睒，疾视貌。"近代汉语"瞁"逐渐消失。

经上文分析，"快速略看"概念域六位成员，"瞥"历时跨度最长，到现代汉语方言使用范围却缩小至秦岭淮河以北的东北部地区；"扫""瞤"共时分布最广，也最为复杂，历史文献用字有"睄"与"扫""瞤"与"睃"。"溜""瞄（覴）""瞭"是语义变化的结果，其中，"溜"从水名引申而来，多用于北方方言，"瞄"是"覴"语音语义分化后用于记录快速略看义的分化字，分布于南方方言，"瞭"历程最短，点状分布于南北方言。

总之，从现代汉语方言的"快速略看"概念域入手，可以看到成员共时空间地理分布的差异，如"瞥、溜"与"瞄（覴）"有明显的南北差异；再结合历时文献，也可以看到这些成员的消长变化，如"瞁"的消失、"眢"由偷看义到略看义的转变等等。由于结合了现代汉语方言的空间地理分布和历史的时间发展演变，才得以更加全面地梳理这些概念域成员的用词及其发展变化，正如徐通锵（2008：136）所言："从语言的空间差异探索语言的时间发展成为了历史比较法的一条重要原则。"基于这一原则的研究，还有待于我们今后进一步努力充实资料，持续探索。

## 参考文献

白云：《汉语常用动词历时和共时研究》，中国社会科学出版社 2012 年版。

北京大学中文系语言学教研室编：《汉语方言词汇》，语文出版社 1995 年版。

董绍克：《汉语方言词汇差异比较研究》，民族出版社 2002 年版。

冯良珍、赵雪伶：《霍州方言研究》，北岳文艺出版社 2014 年版。

符淮青：《词义的分析和描写》，语文出版社 1996 年版。

李荣主编：《现代汉语方言大词典》（分卷本），江苏教育出版社 1993—1998 年版。

钱曾怡：《汉语官话方言研究》，齐鲁书社 2010 年版。

尹戴忠、赖积船：《"斜视"概念场的历时演变研究》，《古汉语研究》2012 年第 1 期。

徐通锵：《历史语言学》，商务印书馆 2008 年版。

许宝华、[日] 宫田一郎主编：《汉语方言大词典》，中华书局 1999 年版。

Hockett, "Peiping Morphophonemics. Readings." *Linguistics*, No. 1, 1950.

（赵雪伶　太原 山西大学语言科学研究所　azalea_1675@163.com）

# 契约文书专题研究

# 明清契约文书所见税赋词语例释*

## 黑维强　黑文婷

**提　要**：古代文献词义的考释，除了传统训诂方式外，还可以通过别的方式进行有效考证，诸如利用套语句式的比较与词语之间的语法搭配关系等。文章就宋代以来契约文书中的税赋词语进行了考释，认为"原粮""熟粮"等词，都是表示税赋意义的词语。

**关键词**：明清契约文书；税赋词语；考释

收取税赋是历代官府财政收入的主要来源，我国土地税的征收已有两千多年历史，到21世纪的2006年才终止。无论是封建时代，还是当今社会，在百姓心目中，缴纳"皇粮国税"是为义不容辞的职责。因此，有关税收问题古今文献都有翔实的记录，反映在语言上，就自然有不少税赋类意义的词语问世使用。在土地买卖类契约文书中，随着土地所有权的转移，土地承载的税赋也就转移给新的所有权人了，这一问题在契约文书里一般都予以明确表达，并且将具体税赋的数量也写得清清楚楚，防止日后税赋交纳纠纷以及官府的追征惩罚。从文献看，契约文书写明土地税赋始于宋代。土地税赋在宋代以后的不同时期或不同地域有不同的用词，诸如"原粮""大粮""认粮""额粮""夏粮""秋粮""夏豆粮""池粮""民粮""载粮""税粮""差粮""官粮""边粮""粮务""粮差""熟粮""苗粮""粮色""田粮""粮米"等，在使用这类词语时，句式大致有了固定结构，形成了基本套语句式。这些词多为"字面普通而义别"，容易为人误解，大多为辞书不收或未载其义。有鉴于此，本文充分利用契

---

\* 本文为2017年国家社科基金项目《宋元以来民间手书文献俗字典编著与研究》（17BYY019）、华东师范大学教育部研究基地招标项目"魏晋至宋元明出土实物文字数据库语料深加工研究（16JJD740010）"、国家社科基金重大项目"西北地区汉语方言地图集（16JJD740010）"阶段性成果之一。论文曾在2018年7月14—15日南充"写本学国际学术研讨会暨中国敦煌吐鲁番学会2018年理事会"会议上宣读。

约文书所具有的套语句式及词语间的语法语义搭配关系（黑维强，2018），对其中的数条词语进行考释。所引例子末括号内注明出处简称和页码，征引文献见文末"契约文书例句出处"。

**【原粮、遗粮】**"原粮"指土地税粮。有辞书说，"原粮"是未经加工带有皮壳的粮食，也叫"自然粮"，与"加工粮"相对，而契约文书用例并非此义。例如：

(1)《清乾隆二年（1737）程国珍卖田文契》："随田科米仓升原粮肆升，连加增共仓升柒升柒合整，凭中出卖与汪世荣名下耕种管业。"（吉昌2页）

(2)《清乾隆三十五年（1770）姜应保卖田契》："其有随田愿（原）粮，照册上纳。"（文斗寨15页）

(3)《清嘉庆二十二年（1817）汪朝德卖明科田文契》："此田原粮贰升叁合，汪朝德只卖贰升，因道光七年造册口实汪朝礼应领粮叁合，共□□□□□。"（吉昌8页）

(4)《清道光四年（1824）乔含章立卖地文契》："随代（带）地内原粮伍斗肆升，当年割过三亩。"（陕西113页）

(5)《清道光拾陆年（1836）刘创远立卖地文契》："随带本地原粮四升，当年割过。画字钱照乡例付清不欠，并无遗粮、短价等弊。"（陕西115页）

(6)《清咸丰元年（1851）刘邦清立卖地文契》："随带地内原粮贰斗，当年割过，并无遗粮、短价、勒塞、折准等弊。"（陕西112页）

(7)《清咸丰九年（1859）子洲县曹树德卖地文约》："同人言明时值买价钱叁拾式千伍拾文整，当日交足，房亲户内备礼书字，一切在内，随带本地原粮式升，并无□□等弊。"（引者收藏图片）

(8)《清同治五年（1866）米脂县刘香明出典地文约》："随带本地原粮钱三十钱，长年本主完纳。此照。"（引者收藏图片）

(9)《清光绪九年（1883）龙邦贤父子杜卖水田房屋基地文契》："落低堰灌溉水田二段，大小三块，官弓约计三亩零，原粮一钱整；串架草房房屋长四间，板门四扇，窗格俱全。"（新都54页）

(10)《中华民国三年（1914）文自悔立卖地文契》："随带地内

原粮壹斗，即日割过。此系两相情愿，其中并无遗粮、短价、逼勒、折准等弊。"（陕西118页）

考察宋代以后契约文书，几乎都是说明税粮或税银"当年割过"、由某人"完纳"或随带税粮多少。比较之下，以上列举例中"原粮"也是这一意思的表达。例（1）是指土地税粮为四升。例（2）是说土地随带的税粮依据账册上的数额交纳。例（4）是谓乔含章卖地五段，共二十七亩，应缴纳土地税粮一共为伍斗肆升，当年只缴纳了三亩地的，其余二十四亩尚未交付。例（6）的土地内所带税粮二斗，当年已经交割完成。例（10）说随带地内的税粮是一斗，当日交割完成。余例皆同。"本地""地内"都是指所出卖的土地。其他文献亦见其例，时代要比契约文书更早。例如：

（11）明·吕坤《改复过割》："南里钱乙，因某事将本里第一甲（上、中、下）地一段一顷，原粮若干，同本家户长钱子，伊家户长赵丑，本甲甲正王辛，受价若干，卖与北里赵甲讫。当日过割，并无寄庄移坵情弊。"（《新吾吕先生实政录》卷四）

（12）明·张弼《议积荒粮》："田主既绝，孰肯承佃？所在原粮，递年里甲赔纳，赔纳既久，亦致逃移，逃移愈多，而田愈荒，田愈荒，而赔纳愈多。"（《张东海文集》，卷三）

（13）明·王之都《条议牍》："又据崇信县申查得，本县额设四里，逃亡不及二里，闾阎九空，原粮六千三百石，零卖入王府者三千有余。"（《让德公祠勒石诗章》）

（14）《乾隆朝实录》卷一百七十五："向因所顶地亩，原无本主，而招顶之里甲，每年更换，人非一姓，数世之后，物故者多，种地之子孙，赖为祖业，不认老户差粮，捏称另有里甲，以致原粮无著，里甲赔累。应将顶种之老户，一概开除，责令现耕业主，将实在姓名，造册承种。"（《清实录》）

（15）清·阎若璩《论折田潜邱札记》："又皆合一县之丈地，投一县之原额，以摊一县之原粮，而赋役由之以出。"（清·贺长龄《皇朝经世文编》卷三十一）

（16）清·刚毅《填给局颁执照》："为给发垦荒印照事。今有某州县民人某认垦绝户某州县村新荒地若干顷,坐落某都某庄某图某段。东至某处,西至某处,南至某处,北至某处,原粮若干石,每年应征正粮银若干,自承领认垦之日起,限二年后,再行启征,并于征粮之年起,将差徭概行宽免。"(《牧令须知》卷三)

例(11)的"改复过割"说的就是土地使用权转移后对于"税粮"处置问题。例(15)的文字源于下边例(17),比较可以看出例(15)的"以摊一县之原粮"是例(17)的"以敷一县之粮科"的意思,即"原粮"就是"粮科"。

(17)明·顾炎武《日知录·地亩》:"又皆合一县之丈地,投一县之元额,以敷一县之粮科,而赋役由之以出。"(清·贺长龄《皇朝经世文编》卷三十一)

此外,"原粮"还指原有粮食。例如:

(18)明·陈侃《使琉球录》卷上:"以军有原粮,工食可免;而他日出海贴驾,即以所选者充之,庶称两便。"

在上引例(1)—(7)(10)中,与"原粮"相对的还有"遗粮"一词,特指未交付的土地税赋。例(4)的下文说:"此系两家情愿,并无遗粮、短价、逼折、准等弊。"(陕西113页)这里的"遗粮"与"原粮"相承,当指遗留的土地税赋,文书要表达的意思是,土地的出卖不存在以往税粮未交纳的问题。例(5)(10)同。再如:

(19)《清乾隆四十四年(1779)许维世永卖水田文契》:"其田随代实条壹钱壹分陆厘正,并无遗粮、短价情弊。"(陕西2页)
(20)《清嘉庆十九年(1814)苏宠春永卖旱地文契》:"情愿受苏中梅钱叁千五百文以作粮价,日后宠春弘廒有粮,不得借端遗粮搜求。"(陕西3页)
(21)《清道光陆年(1826)绥德县李蔚廷等卖地文约》:"其中并无遗粮、勒价、账债、折准等弊。"(绥德档案局藏)

(22)《清宣统元年（1909）许肖氏出卖庄园文契》："其庄基地共带实条银贰分整，凭随买主提粮过户完纳，并无遗粮、短价、账债、扣除、异言等弊。"（陕西42页）

例中的"遗粮"都是与"原粮"相对而言。"遗粮"与"短价""账债""逼折"等并列，用在否定性词语"并无"之后，表明卖主对所出卖的土地不存在该行为，有"遗粮""短价"等是被否定的行为，这样的申明是避免日后纠纷的发生，也是土地交易过程中对标的物担保原则的具体体现。换言之，土地出卖者担保出卖的该土地，不存在未向官府交纳土地税粮。

【田粮】田地税粮。

(1)《清嘉庆捌年（1803）阙正学立送户票》："立送户票人阙正学，今将化瑶户下田粮捌分正，推入与本都茶排庄阙天贵户下入册完粮，不得丢漏，恐口难信，立送户票为照。"（石仓1/1/210页）

(2)《清道光元年（1820）雷卷福立卖田契》："计额田粮壹分正，计水租式担正，自愿托中笔立契，出卖与张新福亲边入手承买为业。"（石仓1/6/44页）

(3)《清道光肆年（1824）姜之豪等换田契》："外批：冉翁之田粮一升与田走。"（文斗寨235页）

(4)《清道光七年（1827）周增基立起送粮票》："立起粮票人周增基，今将二十都横水口庄周增基户下田粮式畂（亩）正，又将周文喜户下田粮式畂（亩），以上共计田粮四畂（亩），将粮推入廿壹都茶排庄阙德璁户下，入册办粮，不得丢漏厘毫。"（石仓1/2/42页）

(5)《清咸丰六年（1856）王田生立推签字》："立推签字王田生，今将王田生户内推出田粮贰亩正，推入松邑廿一都阙玉宽户内完纳，不敢推多减少，今恐无凭，立推签字为据。"（石仓1/7/218）

(6)《清光绪十八年（1892）阙宝民立杜找断截田契》："一批将本都后宅庄阙振琰户田粮入与阙玉苍户完纳，此照。"（石仓1/6/213页）

(7)《清光绪二十四年（1898）阙振常立卖断截田契》："一批

田粮卖人自己完纳。"（石仓 1/7/136 页）

（8）《清光绪拾陆年（1900）陆龙茂富补损田断卖契》："田粮每年完钱六十文，付与茂富完纳。"（加池 4/230 页）

上述例子的"田粮"并非字面意思的田地所产之粮食，因为这里的"田粮"要由某人去"完纳"，而"完纳"一词主要用在和"税赋"类词的组合中，也就表明"田粮"是指交纳的税赋，即土地税粮。"完纳"是同义复合词，"完"亦"纳"的意思，现代汉语保留其义，如"完税""完粮"。若指田地所产粮食，就不需要去"完纳"，因为不是交易对象的直接钱财，所以"田粮"有时在契约文书正文之后附录，故而用"外批""一批"之类的词语来体现，与交易物的钱物比较，数额也都比较少，体现了赋税数额的特征。有关文献中也能看出这一点。例如清·陈道《江西新城田租说》云："俗但以石斗名田，田供租一石，税粮三升。"（清·贺长龄《皇朝经世文编》卷三十一）例（3）（6）（7）的"田粮"用在"外批""一批"之后，说明这个钱非正式交易价格，所以也是指所交纳的税。例（1）的"田粮"是八分整，显然是折合为钱的，例（2）"田粮"是"壹分正"，也是指钱的，例（8）的"田粮"每年要折合成钱六十文，交付茂富上交完纳。也就是说，例中"田粮"不是指字面的田地所收粮食。

【正粮】正税，相对于杂税而言。

（1）《明天启四年（1624）宁河都（今陕北佳县）武得先卖地土死契》："兑众言明，地价银货八钱，当日交收并足，随带正粮九升。"（图片收藏）

（2）《清雍正二年（1724）闽清县马奕辉兑田契》："递年载租叁千叁百斤，其田抛荒已久，除扣荒外，年纳正粮陆钱贰分肆厘库。"（福建 22 页）

（3）《清嘉庆二年（1797）姜文甫卖田契》："外批：此田因正粮壹分正。"（文斗寨 57 页）

（4）《清道光柒年（1827）朱达泗卖田契》："立断卖田约人朱达泗，为因遗业就业，自愿将到得买上寨龙老富之田，土名眼翁田大六坵，约谷拾陆石，随代天柱粮贰合，上寨黎平粮一分八石正粮，今

凭中出卖与姜绍熊名下承买为业。当日议定断价银柒拾三两伍钱八分整，亲手领问应用。"（文斗寨 247 页）

（5）《清道光十九年（1839）陆春华卖田契》："外批：每年正粮三钱，其有彩买照数加之。"（文斗寨 354 页）

考察以上用例，"正粮"都是与交易物价钱相对的钱粮，它是宋代以后契约文书中才出现的必备要素，这只能是土地纳税的粮食，是指正税。例（1）的交易价格是"银货八钱"，随带的"正粮"只能是指交易带来的税钱，税钱可以用银两来体现，也可以用粮食来代替。因为是交易价钱之外的付出，所以有时用"外批"来与正价相对应，以显示彼此的区别，如例（3）（5）。一些大型辞书，该词收录书证时代较晚，为清代文献。

【熟粮】土地税粮，熟地的税粮。

（1）《清道光元年（1821）方义安卖山场房屋文契》："当日方姓父子亲手领讫，并无短少分文，其地随带熟粮六合，听从买主过割。"（陕西 86 页）

（2）《清道光三十年（1850）紫阳王元寿父子立卖文契》："随载熟粮、老契完纳。"（陕西档案馆）

（3）《清咸丰元年（1851）紫阳陈义父子立杜卖文约》："其钱比日亲手领足，无欠分文，所有走边画字一并在内，随带熟粮一勺过割完纳。"（陕西档案馆）

（4）《清同治四年（1865）紫阳刘景亮出卖山地等文契》："四界分明，随载熟粮壹合，请凭中证出卖与夏之坤名下承买为业。"（陕西档案馆）

（5）《清同治八年（1869）紫阳王价茂杜卖熟地字》："先尽户族，无人承手，只得请凭中证出卖与李明立名下过割管业，随带熟粮一勺……一并包在价内，任从业主过户纳粮。"（陕西档案馆）

（6）《清同治十一年（1872）田泰恒永卖荒山等文契》："四至分明，并无混杂，地内随载熟粮贰钱。"（陕西 91 页）

（7）《清同治拾二年（1873）紫阳张贵华永卖荒山等字》："地内额载熟粮贰合，节年完纳。"（陕西档案馆）

（8）《清同治拾二年（1873）紫阳张贵华立卖地契字》："其钱

是张贵华亲手领足,并无下欠,地内额载熟粮贰合节年完纳。"(陕西档案馆)

(9)《清光绪四年(1878)绥德县霍小山出卖地文约》:"随带民熟粮捌合。"(绥德县档案局藏)

就字面来看,例中的"熟粮"似乎是成熟的粮食,但是实际上不是指这一意思。例(2)(4)(6)中"熟粮"前有动词"随载",例(1)(3)(5)(9)有"随带",例(7)(8)中有"额载",颇能说明"熟粮"的词义问题,它是指土地交易价之外,另外携带着或额定携带钱粮。一般来说,某块土地所收获的粮食不需要用"随载"或"随带""额载"来说明什么,能收获多少是多少,也无须说明这一情况。换言之,这一表述不是契约文书构成的必备要素,而在此却明确说明,使用了"随载"或"随带""额载"之类词,这就表明"熟粮"非一般意义的成熟粮食,而是有特定的意思,再结合与其搭配的"完纳"一词来看,显然是指纳税的粮食,而且是指熟地的税粮。紫阳契约文书提供了释义的一个桥梁,同样是"熟粮"意思的表述,又有如下例(10)的文字:

(10)《清道光十三年(1833)紫阳陈圣言、陈圣浩立杜卖山地文约》:"比日兄弟叔侄等亲领无欠,地内随带熟地征粮肆升。"(陕西档案馆)

该例中的"熟地征粮"就是"熟粮"意思的极好解释。换句话说,"熟粮"即为"熟地征粮"的一个缩略。回过头来看,例(3)(5)(7)在文书中都说是出卖"熟地","熟地"是与"白地"或"荒地"相对应的一个概念,所以"熟"本源于"熟地"的"熟"。例(3)的开头说:"立杜卖荒山、熟地、水田、房屋、基址、场圃、桐棕、柴朳、水堰文约字人陈义同开元。"例(5)的开头说:"立杜卖熟地一段茶叶字人。"例(7)的开头文字是:"立出永卖荒山、熟地、房屋字人张贵华。"这里将"荒山"与"熟地"并举,其"熟粮"之"熟"的性质昭然若揭。

"熟粮"在有关税赋的文献中,例子亦为多见。例如:

(11)明·赵用贤《议平江南粮役疏》:"臣闻其中弊不可穷,有因坍一亩而报数百亩者，有因无主抛荒田，捏作己业，而以成熟田报抛荒者，有因量田时身为耆民，将已业谬作荒田，诡免粮税者，以故荒田之粮，皆归于奸民，而赔补之累，乃缺于正额也。且既云荒粮无处，似宜从宽恤矣。乃每石折银五钱，彼熟粮本折各半，而荒粮独全折银，是荒粮反重于熟粮。则以银可侵渔而米难隐匿故耳，臣愚以为宜。"（明陈子龙等《皇明经世文编》卷三百九十七）

（12）清·张廷玉等《皇朝文献通考·田赋考》："又准河南抛荒地亩，令镇协官兵开垦，查系向来熟粮，令一年后供赋，盖三年起科者，原荒之田，一年后供赋者，原熟而抛荒之田也。"

（13）《钦定大清一统志》卷三百六十二："（刘）广国为给牛种，俾垦荒田，县熟粮不满五百石，而逋者皆穷民，广国不忍催科，遣家人归取金，代偿之。"

例（11）中，前边说"成熟田报抛荒者"，即成熟田地申报为荒废田地，后边说"熟粮"，这个"熟粮"自然承前而来的熟田所产的粮食；前言"荒田之粮"，后说"荒粮"，所以"荒粮"就是"荒田之粮"。这里"熟粮"与"荒粮"相对，二者意义显见。例（12）（13）也是相对于荒田而言的，所以可以确定为熟地上收获的粮食。

此外，"熟粮"还指加工的熟食。唐代已见其例。例如：

（14）唐·张九龄《敕河西节度牛仙客书》："比已敕朔方军西受降城定远城及灵州，兼取大家子弟，并丰安新泉等军，共征二万，于瓜州北庭招托，就中简择骁健五千人先入，直赴北庭，从瓜州宣给一月熟粮；若至北庭，粮贮可支五年以上。"（《全唐文》卷二百八十四）

（15）明·严从简《殊域周咨录》卷十三："镇兵三千为后援，遣一副将将之，赍数日熟粮，取道南山，驰至罕东。"

"熟粮"一词，有关大型辞书未收录。

**【额粮】** 土地额定的税粮。

（1）《明万历十三年（1585）屯余唐继贺屯田挂号执照》："今

丈实中则田共叁拾柒亩贰厘乙毫，摊派额粮柒石伍升柒合肆勺，今给唐继贺顶种。"（福建 718 页）

（2）《清乾隆四十六年（1781）周文瑜立卖田契》："立卖田契人周文瑜，今因钱粮无办，自情愿将到父分阄下民田壹处，土名坐落廿都树稍庄下坞口，水田大小壹拾伍坵，计额粮陆分正。"（石仓 1/1/120 页）

（3）《清乾隆五十四年（1789）清涧县刘立朝卖地契》："仝中要到时价钱贰十千整。随带原额粮四升九合，折色艮（银）照粮科纳。"（引者收藏）

（4）《清乾隆五十八年（1793）周应福等立卖田契》："今具四至分明，计额粮捌分正，自愿托中立契，出卖与梁寿春入手承买为业。"（石仓 1/1/160 页）

（5）《清嘉庆三年（1798）邓富生立卖田契》："立卖田契人邓富生，今因钱粮无办以及吉[急]用，自情愿将兄弟仝置分门开股下民田壹处，坐落廿都横水口庄自己屋后铁炉基，计田大小叁坵正，计额粮壹亩叁分正。"（石仓 1/1/184 页）

（6）《清嘉庆九年（1804）李学周立卖田契》："上至阙姓田为界，下右两至梅姓田为界，左至张姓田为界，计额粮壹亩五分正，自愿托中送与廿一都阙天贵、天培二人入手承买为业。"（石仓 1/1/212 页）

（7）《清嘉庆二十四年（1819）周宗富等立卖山场契》："今具贰处界限明白，计额粮壹亩伍分正，自愿托中立契出卖与梁祖惠入受承买为业。"（石仓 1/1/301 页）

（8）《清道光十四年（1834）马速麻恨出卖土地契文》："今凭中人马排山等说合，除酒食、画字小钱一串五百外，议就正价小钱一十四串文，情愿出卖与[于]吉米石马金为业，随地额粮二斗三合，自有买主过割完纳，不干卖主之事。"（河州 10 页）

（9）《清咸丰十年（1860）陈文蔚出卖山地水田房屋文契》："随带额粮壹升，在陈至棋名下过割完纳，一笔扫卖，并无佘地，情愿请中说合，出卖与曹坦臣父子名下承差管业，三面言地，时值价钱壹百贰拾串文整。"（陕西 89 页）

据"额粮"所处句式来看,该词所出现的语境也是在套语句式中,与上文所考其他词的意思一样,也是指土地税赋。例中的"计额粮一亩×分正",要说明的意思是该土地的税赋为多少。其他文献亦见其例。例如:

(10)明·王士性《广志绎》:"若从其请,欲尽从庙湾一线出,则高宝五郡邑沮洳昏垫之民永无平陆之期,畎亩赋税公私不将尽废矣乎!五郡邑水田额粮亦不少,泰州五万二千三百石,高邮二万九千九百石,兴化五万六百石,宝应一万二百七十石。"

(11)明·田汝成《西湖游览志余》卷一:"盖为佣一百五十二日,为夫六百七十万,为直银二万三千六百七两,斥毁田荡三千四百八十一亩,除豁额粮九百三十余石,以废寺及新垦田粮补之,自是,西湖始复唐宋之旧。"

(12)清·张廷玉等《皇朝文献通考》卷二十四:"额粮尚未收纳,而浮费于催征,中饱蠹胥,已什去二三矣。"

(13)《清史稿·高宗本纪》:"十二月甲戌,免新疆本年额粮十分之三。"

(14)《清史稿·傅腊塔传》:"臣履亩详勘,盐城、高邮等州县因遇水灾,业户逃亡者众。今田有涸出之名,人无耕种之实,小民积困。熟田额粮尚多悬欠,何能代偿盈万之荒赋?请恩赐蠲除,庶逃户怀归,安居乐业。"

(15)清·计六奇《明季北略》:"今各处巡尉司设弓手,各路县狱司设禁子,牧民官各衙门设祗候、皂刺,既免粮以优之,而有司不与开除,反令税户分任包约,于各输额粮之外,别立名项曰包米,诚古今所未见。且各户劳逸相悬,如站有消乏,金须本色,灶欲办课,匠不离局,设有不及,诃责踵至,所淮税粮,岂足供给?"

(16)清·冯昌奕《宁远州志·粮税》:"明,宁远卫:额粮一万七千九十九石三斗。"

例(10)前言"赋税",后言"额粮","额粮"即为"赋税",田地额定的税赋。(11)上文说"额粮",引例文字言"税粮",所指相同,意思是免除税粮九百三十余石。(13)说免掉新疆本年度的税粮十分之三。(14) 说盐城等地遭遇水灾,悬欠税粮太多,请求恩赐免除。(15) 前言"额粮",后言"税粮",所指相同。(16) 的"额粮"是在"粮税"下罗列,此例的意思是明代宁远卫的税粮为一万七千九十九石三斗。

【池粮】池塘田地的土地税赋,土地税。

(1)《清道光贰十八年(1848)雷怀远永卖池田文契》:"立永卖池田文约人长乐里三甲雷怀远,因需钱使用,今将自置雨子池塘田壹段,平权陆分,随带池粮壹升贰合,丁依粮行,央中说合,永卖于本里本甲袁尚勤名下,子孙永远为业。"(陕西8页)

(2)《清同治四年(1865)李占春永卖池田文契》:"立永卖池田文约人真符里六甲李占春,因需钱使用,今将己身坐落小王池池水田壹段,平木义伍分,随带池粮壹升,丁依粮行,央中说合,永卖于龙泉里七甲胡居安名下子孙永远为业。"(陕西15页)

例中的"池粮"盖因池塘田地而得名,汉中地区把能够灌溉的田地叫"池田"。例中"池粮"的使用也是出卖土地时被"随带"的,所以当为土地税赋。该词用例不多见,目前仅在陕西汉中地区契约文书中有以上两例。

以上选释的几个土地税赋词语,词义的考释主要根据套语句式"随带/载+×粮+数额"进行推测;或者依据"外批""一批"推断,"外批""一批"表明"×粮"不是正式售价之内的钱粮。同时,还考察这些词语后边出现的"完纳""割过"等词,它们是与税收有关联的词,最终确定词语的释义。

## 契约文书例句出处

曹树基等:《石仓契约》,第1辑,第1—8册,浙江大学出版社2011年版。简称"石仓1/1-8"

陈金全等:《贵州文斗寨苗族契约法律文书汇编——姜元泽家藏契约文书》,人民出版社2008年版。简称"文斗寨"

福建师范大学历史系编:《明清福建经济契约文书选辑》,人民出版社1997年版。简称"福建"

甘肃临夏回族自治州档案馆编：《清河州契文汇编》，甘肃人民出版社1993年版。简称"河州"

孙兆霞等：《吉昌契约文书汇编》，社会科学文献出版社2010年版。简称"吉昌"

王本元等：《陕西省清至民国文契史料》，三秦出版社1991年版。简称"陕西"

熊敬笃编纂：《清代地契档案史料：嘉庆至宣统》，四川省新都县档案局、档案馆，1986年。简称"新都"

绥德县档案馆藏契约文书。本文作者收藏契约文书。

## 参考文献

黑维强：《论古代契约文书的文献特点及词汇研究价值》，《合肥师范学院学报》2011年第2期。

黑维强：《论唐宋以来民间手书文献套语句在语言研究中的价值及相关问题》，《敦煌学辑刊》2018年第3期。

（黑维强　西安　陕西师范大学文学院　heiweiqiang@163.com；
黑文婷　西安　陕西师范大学文学院　304809542@qq.com）

# 《云南省博物馆馆藏契约文书整理与汇编》校读九则[*]

储小旵 张 丽

**提 要**：此文为课题组所著《云南契约文书疑难字考辨十五则》等的续篇。通过核对《云南省博物馆馆藏契约文书整理与汇编》图版，校勘释读该书第四卷录文中带有规律性的文字讹误，以期恢复云南契约文书的本来面貌，提高文书整理和研究的质量。

**关键词**：云南省博物馆；契约文书；文字；校勘释读

由吴晓亮、徐政芸主编，人民出版社出版的《云南省博物馆馆藏契约文书整理与汇编》（以下简称《汇编》）共六卷，收有自1840年以来3000余件契约文书，为中国西南民族的历史、经济、文化等研究提供了十分珍贵的原始性文献资料。然而由于这些契约文书字迹潦草、漶漫，难以识读，客观上给契约文书的汇编整理带来了相当大的难度。除《汇编》第四卷外，课题组已针对其他五卷录文撰写了系列校读文章（张丽、韩健，2017；张娜娜、储小旵，2017；储小旵、汪曼卿，2018；储小旵、张娜娜，2018；张丽，2018；张丽、高雅靓，2018；查平，2018）。笔者在阅读该书第四卷录文时，又发现了一些带有规律性的文字讹误。为了给该书将来修订再版时提供参考，也为契约文书的史学、档案学和法学等研究提供更为准确的研究文本，笔者不揣浅陋，对该书第四卷契约录文中的文字疏讹之处进行校勘释读，并求教于方家、同好。

1. 【廷】（廷）

《新平杜卖田产文契白世昌白兆昌白富昌白贵昌同侄中华等将父遗田

---

[*] 本文的研究得到国家社会科学基金项目"宋元以来契约文书词语汇释"（2015BYY120）的资助。

产杜卖与李治安》录文："凭中人：许连珍（实）。"（40页）

按：上揭契约录文中的"连"字误，原契图版作"廷"，此乃"廷"的手书字形。《说文·廴部》："廷，从廴壬声。"而手书中"廷"的形旁"廴"往往形变与"辶"形近，声旁"壬"往往形变作"手"，上揭契约即其例，明清以来契约文书中还有不少"廷"的手书字形，如田涛等主编《田藏契约文书粹编》第一册《清光绪十二年（1886）张康宁卖地连三契》："乡保：索廷秀。"（112页）刘伯山主编《徽州文书》第一辑第一卷《清同治七年（1868）十月周永廷等立推单》："立推单人：周永廷等（押）。"（173页）曹树基等编《石仓契约》第一辑第七册《光绪十一年（1885）九月八日刘樟廷立讨田札》："立讨田札字人刘樟廷，今因无田耕种，自情愿问到石苍（仓）源……"（106页）张应强、王宗勋主编《江水江文书》第一辑第一册《姜世安断卖山场杉木约》："自愿将到先年得买文斗上寨姜廷智之山场乙（壹）块……出卖姜开让名下承买（为）业。"（46页）刘伯山主编《徽州文书》第三辑第十卷《清光绪十二年（1886）丙戌冬月宋观成订〈乡音集要解释〉》上册之四六："廷：朝廷，大廷。廷：仝上。"（237页）皆其例。又《汇编》第四卷《新平典山地契李国陛将祖遗地典与李国华》："凭中人大族兄：耀廷（花押）。"（63页）《新平当田文约刘相廷将当获田转当与李国相》："相廷代押。"（71页）其中的"廷"图版作"廷""廷"，正与上揭契约录文"廷"的图版"廷"形近，皆可证明。

2.【初】（幼）

《新平当田契文约李文光将祖遗田出当与戴荣》录文："为因谨（窘）迫应用，情愿将分获祖遗养老田半分，请凭族庭老初出当与戴荣名下。"（56页）

按：上揭契约录文中的"初"误，原契图版作"幼"，此乃"幼"的手书形变字。"幼"的"力"旁手书往往形变作"刀"，明清以来契约文书中经见，如刘伯山主编《徽州文书》第一辑第二卷《清咸丰十一年（1885）六月父示庆立遗嘱》："立遗嘱父示庆和庆松二男捧读：予生不时，家事萧条，自幼贸易龙坪。"（42页）刘伯山主编《徽州文书》第四辑第五卷《清同治九年（1870）又十月父倪昭镜立主分关遗嘱

（双）》："惜乎今之世命途多舛，[幻]失怙恃。"（359页）刘伯山主编《徽州文书》第五辑第三卷《清光绪二十五年（1899）十一月叶幼声立卖小买青苗田契》："立卖小买青苗田契人：叶[幻]声（押）。"（348页）黄山学院编《中国徽州文书》民国编第十卷《民国二十五年（1936）五月徽州张正宗等立合同》："立合同约人口口正宗仝侄孙振兴等，因年[幻]父亲早亡，家内不顺。"（90页）皆为其证。又《汇编》第四卷《新平归并房契文书方氏同五子李国宝将分得房屋归并与长子李国相》："为因原日分居之时，五子年[幻]，尚未成婚，因而提起正房三间、厢房四隔、大厅一座。"（91页）亦可比勘。上揭契约中的"族庭老幼"指整个家庭的老幼全体人员。

3.【亏】(之)【永】(三分)

《新平分水章程田头李世美及佃民哈若巴等共议刻木将种田用水均分》录文："倘有贪心不足之辈，偷人之水肥己亏身，互相傲察，倘若查获，罚银乙两三钱之下，以作祭龙之费。"（430页）

按：上揭契约录文中的"亏"字误，"亏"原契图版作"[亏]"，此乃"之"的草书字形，同句中"偷人之水"的"之"图版作"[之]"，可为其确证。明清契约文书中有"之"的草书字形，如刘伯山主编《徽州文书》第一辑第三卷《清咸丰九年（1859）十月程开宏立推单》："自推[之]后，再不到局面会。"（87页）黄山学院编《中国徽州文书》民国编第六卷《民国二十一年（1932）八月歙县吴观法立卖大小买地基契》："四至[之]内，以及出入路道通行，壹应尽行凭中立契出卖与叶汉堂兄名下为业。"（84页）又同书第一卷《民国二年（1913）十二月歙县江日坤立卖大小买田赤契附民国三年（1914）卖契执照》："四至[之]内，自身托中凭中立契尽行出卖与张桂生名下为业。"（30页）例不胜举。

又"罚银乙两三钱之下"不通，"之下"原契图版"[永]"，此乃数字"三分"的连笔字形。明清以来契约文书中"分"手书往往简省俗写作"卜"，如田涛等主编《田藏契约文书粹编》第一册《清光绪八年（1882）张连节卖地连二契》："北长可三十六步四[卜]。"（110页）刘伯山主编《徽州文书》第一辑第二卷《清光绪十二年（1886）七月江隆泰立借字》："凭中让过利钱卅余串文，面议还钱之日，本利并付，不得再让小文。"（127页）黄山学院编《中国徽州文书》民国编第十卷《民国四年（1915）至民国十八年（1929）婺源［方］一灏〈庚申录清帐〉》："庚申收派还米洋四元三角六小。"（315页）例不胜举。

4.【石】（石）【篩】（篩）

《丽江收租放佃文约杨品超将自有田放佃与陈德珍》录文："自放之后，年应纳隔谷□碎筛净白米贰皇斗柒升。"（448页）

按：上揭契约录文中的"谷"字误，原契图版作"石"，此乃"石"的隶书"石"的手书字形，明清以来契约文书中经见，如曹树基等编《石仓契约》第一辑第八册《乾隆四十八年（1783）十二月二十七日胡正富立找田契》："代笔人：叶石泰（押）。"（15页）刘伯山主编《徽州文书》第三辑第十卷《清光绪十二年（1886）丙戌冬月宋观成订〈乡音集要解释〉上册之三八》："盘：盘石之安。"（229页）张应强、王宗勋主编《江水江文书》第一辑第十册《姜培根断卖田约》："约谷八石。"（272页）田涛等主编《田藏契约文书粹编》第二册《一九五一年边守绪卖地契》："小麦一石三斗整。"（103页）例不胜举。"隔石"即筛隔去石子。

上揭契约录文中的未识字"□"原契图版作"篩"，此乃"筛"的繁体"篩"的手书字形。故上揭"年应纳隔谷□碎筛净白米"当校正作"年应纳隔石筛碎筛净白米"，语意通畅。

5.【公】（公）

《丽江收租放佃文约杨品超将自有田放佃与陈德珍》录文："如有拖欠租粮或用糠谷（石）碎米充纳或任意荒芜田地等情，则除将押金没收并请□理论赔偿业主损失外，任余另找他佃对于业主行使业权，不得借故阻挠。"（448页）

按：上揭契约录文中的未识字"□"原契图版作"公"，此乃"公"的草书，明清以来契约文书经见，如刘伯山主编《徽州文书》第一辑第九卷《清乾隆十九年（1754）六月弟宗佑立卖茶科山契》："如违，甘罚契价一半公用。"（332页）又同书第七卷《清乾隆四十九年（1784）十二月汪加训立卖田契》："如违，甘罚契价壹半公用。"（361页）据李志贤等编《草书大字典》，宋赵构《真草千字文》"公"草作"公"，明文彭《吴宽种竹诗跋》"公"草作"公"（113页），可资比勘。"请公理论"邀请公家理论。

6.【㧟】(浼)

《新平典山地契李国陛将祖遗地典与李国华》录文："四至开明，情愿憑请亲族憑中代笔立典与国华四族兄名下。"(62页)

按：上揭契约录文中的前"憑"字误，原契图版作"㧟"，此乃"浼"的手书字形。《汉语大词典·水部》"浼"义项❷："央求；请求。"(卷五，1255页左)"浼"的形旁"氵"手书往往减省作"冫"，明清以来契约文书中经见，如刘伯山主编《徽州文书》第四辑第九卷《清光绪六年（1880）方柏荣立杜卖大小山税契草底（正面）》："㧟中杜卖与堂弟恒达名下震生户内为业。"(167页) 又同书第七卷《清嘉庆二十四年（1819）二月储曦荣立交山业墨据》："㧟中向吴光鉴商议。"(111页) 周向华编《安徽师范大学馆藏徽州文书·清乾隆十九年（1754）六月朱鲁封阄书抄本》："今遵母命，央㧟亲族将屋宇、田地、茶柯、园坦等项两半品搭均匀，焚香各拈壹阄。"(173页) 王钰欣、周绍泉主编《徽州千年契约文书》清民国编第二卷《嘉庆七年（1802）夔杰三等立加添字据》："立杜加添田字人夔杰三仝侄起山，今因手头不足，无处揭借，今浼中情恳杜加添到陈名下加添田艮（银）拾四两整，比即艮（银）字两交。"(147页) 例不胜举。盖因请求与动作有关，故契约文书中有时将"浼"换旁作"挽"，如刘伯山主编《徽州文书》第四辑第七卷《清宣统二年（1910）荷月吴鸿鍟、吴鸿钰立暂分盟》："今鸿鍟愿意各自分开，挽人言定。"(385页) 上揭契约录文后"憑"原契图版作"㧟"，此乃"憑"的手书无疑，可以和"浼"的手书比勘。

7.【▓】(濟)

《新平转当荒场陆地文约吴成文三弟兄将当得荒场转当与李国华》录文："代字：赖潘世（花押）。"(68页)

按：上揭契约文书录文中人名用字"潘"误，原契图版作"▓"，此乃"济"的繁体"濟"手书简省字形，明清契约文书中经见，如刘伯山主编《徽州文书》第一辑第一卷《清末民初胡庆贵办抄本之九》："论者谓其婴守孤城，使江淮得全财赋，以济中兴。"(416页) 刘伯山主编《徽州文书》第三辑第七卷《清道光二十二年（1896）六月朱韩氏立杜断加典田租字》："央中商求加价洋贰员，以⿰氵齐急需。"（442页）田涛等主编《田藏契约文书粹编》第三册《清乾隆十二年（1747）洪济州卖地契》："侄：洪济州。"（71页）例不胜举。故上揭契约代字人姓名"赖潘世"当校正作"赖济世"。

8.【李二相公义李三相公有有兴名下】

《新平当田文约刘相廷将当获田转当与李国相》录文："兹又向李二相公义李三相公有有兴名下加找银叁拾两整。"（70页）

按：上揭契约录文未能准确记录契约原文真实内容。该契图版中"又向李"后"二三"双列小字作一列，故"李二""李三"为并列的两个相公，"二""三"为李姓弟兄二人的排行；图版"有"后"义""兴"二字并列为一列，故"李二""李三"相公分别对应"有义""有兴"二人的名字。故上揭契约录文"兹又向李二相公义李三相公有有兴名下加找银叁拾两整"当校正作"兹又向李二、李三相公有义、有兴名下加找银叁拾两整"。

9.【图】（因）【承】（凭）

《新平转当田契文约郎阿七将当得田转当与李朝珍》录文："立传（转）当田契文约人郎阿七，系山白衣住，为田缺银两……日后有力，只□取赎；无力，不致加找。"（72页）

按：上揭契约录文中的后一"田"字误，原契图版作"图"，此乃"因"的手书，字迹有点模糊，但从上下文语义看，"为田"不通，而"为因"表示说明转当田的原因。又录文中的未识字"□"原契图版作"承"，此乃"凭"的手书字形。《集韵·证韵》："凭，或作凭。"《汉语大词典·心部》："凭（凭）：❺任凭。"（卷七，722页）故"只凭"为任凭的意思，谓转当人有能力时，只需任凭取赎，语义通畅。

宋元以来契约文书主要系当地百姓手抄而成，文中含有大量方言俗语，字形异写变化多样，故在契约整理中，我们既要掌握一定的近代文字学知识，又要了解宋元以来契约文书的文本特征，只有这样，才能在契约汇编整理中尽量将录文讹误降低到最低，忠实地记录原文，为契约文书的相关研究提供准确可靠的文献资料。

## 参考文献

曹树基、潘星辉、阙龙兴：《石仓契约》（第一辑），浙江大学出版社 2011 年版。

储小旵、汪曼卿：《〈云南省博物馆馆藏契约文书整理与汇编〉校读十则》，《安庆师范大学学报》2018 年第 2 期。

储小旵、张娜娜：《云南契约文书疑难字考辨十则》，《皖西学院学报》2018 年第 3 期。

（宋）丁度等编：《集韵》，上海古籍出版社 1985 年版。

黄山学院编：《中国徽州文书》（民国编），清华大学出版社 2010 年版。

李志贤、蔡锦宝、张景春：《草书大字典》，上海书画出版社 1994 年版。

刘伯山主编：《徽州文书》（第一辑），广西师范大学出版社 2005 年版。

刘伯山主编：《徽州文书》（第三辑），广西师范大学出版社 2009 年版。

刘伯山主编：《徽州文书》（第四辑），广西师范大学出版社 2011 年版。

刘伯山主编：《徽州文书》（第五辑），广西师范大学出版社 2015 年版。

罗竹风主编：《汉语大词典》，上海辞书出版社 2011 年版。

田涛、宋格文、郑秦主编：《田藏契约文书粹编》，中华书局 2001 年版。

王钰欣、周绍泉主编：《徽州千年契约文书》（清民国编），花山文艺出版社 1991 年版。

吴晓亮、徐政芸主编：《云南省博物馆馆藏契约文书整理与汇编》（第四卷），人民出版社 2013 年版。

许慎：《说文解字》，中华书局 1963 年版。

查平：《〈云南省博物馆馆藏契约文书整理与汇编〉（第四卷）校读七则》，《皖西学院学报》2018 年第 6 期。

张丽：《云南契约文书疑难字词考辨十则》，《沈阳大学学报》2018年第4期。

张丽、高雅靓：《云南省博物馆馆藏契约文书疑难字续考》，《安庆师范大学学报》2018年第5期。

张丽、韩健：《〈云南省博物馆馆藏契约文书整理与汇编〉（第三卷）校读札记》，《皖西学院学报》2017年第6期。

张娜娜、储小旵：《〈云南省博物馆馆藏契约文书整理与汇编〉（第六卷）校读札记》，《皖西学院学报》2017年第6期。

张应强、王宗勋主编：《江水江文书》（第一辑），广西师范大学出版社2007年版。

周向华：《安徽师范大学馆藏徽州文书》，安徽人民出版社2009年版。

（储小旵　安庆　安庆师范大学文学院　42550651@qq.com；

张　丽　安庆　安庆师范大学文学院　zhangliaq@163.com）

# 贵州契约文书"四至"类词语研究[*]

卢庆全

**提　要**：贵州契约文书词汇丰富，同义词语数量可观。以《贵州苗族林业契约文书汇编（1736—1950）》等八种契约文书资料为研究对象，采用"同义类聚"的方法，对贵州契约文书表达"四面、八方界限清楚明白"这一意义的"四至"类词语进行研究，可以管窥贵州契约文书表情达意时用语丰富性特色之一斑，而利用"套语结构"来考释契约文书同义词语的尝试，则能够为词语考订的方法和理论提供有益的补充。

**关键词**：贵州契约文书；同义词；"四至"类词语

契约文书是起证明作用的文字凭证，这就要求其在语言文字的表达上做到准确、清楚。契约文书作为一种特定的应用文体，功能古今一致，其构成要素谨严固定，例如土地等买卖契约文书大抵是按照这样的基本内容、行文顺序进行表达的：立契的买主或卖主的姓名，土地的来源或性质，出卖土地的原因、态度（自愿），所卖土地的名称、面积及坐落界限，议定交易价格，交付土地、钱款等的方式，卖主声明交易没有任何纠葛，违约的处罚措施，其他附带情况的说明，信誉凭证的表述，立契人、见证人、担保人、书写人姓名及签字画押。有的契约还附有相关材料等。基本固定的构成要素促使表达的句式结构也趋于固定化。

清楚了契约严谨固定的格式之后，我们便会发现千差万别的契文内容，其实只是不同形式的语词在同样的框架格式中的重新组合而已。所以，当我们以契约固有的格式为依据，去认识理解每一份契约时，就能够从中发掘出丰富的同义词语，进而形成各种语意类别的同义词语系统。对贵州契约文书进行词汇研究，"同义类聚"的方法无疑是非常有效的。

---

[*] 基金项目：2017年国家社会科学基金项目"贵州契约文书俗字词汇研究"（17BYY137）。

"同义类聚"的"类"是指语义类属,即"语义场"。居于同一语义场中的词语常常来源于同样的语境,即从言语链的相同的环节中提炼、聚合而得。上文提到,契约文书的结构彼此极为相似,我们不妨把这些结构上相似度非常高的契约视作一条条活的言语链,从这些链条相似的环节里提取出一个又一个的独立的语词,然后把它们聚合在一起,就可以形成一个又一个具有某一意义类属的语义场。语义场中每个语词成员的意义和功能都大致相当。在语义场中我们可能会遇到一些陌生的词语,但没有关系,通过熟悉的词语的"引荐",陌生者终将会被认知。

"由于契约文书数量极其丰富,在对契约文书词义的考索中,针对材料的特殊性,充分利用其语义表达及句式结构特点,通过相互对照比较,就能够得到一个或一组词语意义的解释。"[①]

在贵州契约文书中,具有某一意义类属的语义场的数量众多。透过这些同义词语系统,可以管窥贵州契约文书在表情达意时语言丰富性之一斑。这里我们使用"同义类聚"的方法,对贵州契约文书中的"四至"类词语系统进行了探究,希望这一尝试能够有利于发掘出更多的同义词语系统,能够为词义的考释提供可能与条件。贵州契约文书在表达"四面、八方界限清楚明白"这一意义时,用语颇为丰富多样。归纳起来可以分为如下八类:第一,"四至"类;第二,"四趾"类;第三,"四界"类;第四,"四处"类;第五,"四抵"类;第六,"四据"类;第七,"八抵"类;第八,"八界"类;第九,"处处"类。试就各类举例分析如下。

# 一 "四至"类

【四至分明】

(1)《乾隆十二年汪再昆同弟朝昆、荣昆立卖田文约》:"凭中将分内田壹块,坐落名小山,东至汪家田,南至陈家田,西至斗会田,北至大路,四至分明,其随田科米仓升壹升四合一勺,情愿出卖与汪世荣名下管业耕种。"(《吉昌契约文书汇编》,3页)

(2)《乾隆四十八年姜老远、九唐卖木契》:"其山自卖之后,右

---

[①] 参看黑维强、高岩(2015)。

凭冲，车凭冲，上凭田，下凭田为界，四至分明。"（《贵州文斗寨苗族契约法律文书汇编——姜元泽家藏契约文书》，34页）

"分明"即"明确清楚"。"四至分明"即"四个方向到达的界限明确清楚"。"四至分明"或写作"四至分名、四致分明"，例如（3）（4）（5）（6）。将"四至分明"写作"四至分名、四致分明"实是书写时同音替代的结果。

（3）《嘉庆十五年陈老祥卖木契》："自愿将到地名难晚之山场杉木一块，上凭岭，左凭老元，右凭政邦，下凭河唯（为）① 介（界），四至分名，出卖与下寨姜应辉名下承买为业。"（《贵州文斗寨苗族契约法律文书汇编——姜元泽家藏契约文书》，111页）

（4）《民国十八年石黄氏同子元妹立卖明秋田文契》："愿将祖父遗留分授自己名下秋田壹块，坐落地名仡老（佬）坟，东抵冯姓田，南抵本族田，两抵范姓田，北抵石姓界，四至分名。"（《吉昌契约文书汇编》，100页）

（5）《道光元年陆美才高达茶山断卖契》："上凭岭，下凭地圹上，左右凭硬为界，四致分明，要行出断。"（《贵州清水江流域明清土司契约文书——九南篇》，13页）

（6）《同治三年黄光朝烂泥冲杉山断卖契》："上凭买主为界，下凭龙姓山为界，左凭胡姓茶山为界，右凭买主为界，四致分明，要行出卖。"（《贵州清水江流域明清土司契约文书——九南篇》，60页）

"四至分明"或写作"四字分明、四自分明、自至分明、四是分明、字四分明、至四分明、士自分明"等。将"四至"写作"四字""自至""四是""字四""至四""士自"应是方言语音作用的结果，即 s 与 z 混同，s 与 sh 混同，zh 与 z 混同，zh 与 sh 混同。试举例如下。

【四字分明】

---

① 文中引用贵州契约文书资料时，假借字、讹字在原字后面用"（）"注出本字或正字。下同。

(7)《光绪二十三年伍华恩立卖田契山地字》:"上抵田路山,下抵田,左抵山,右抵路,四字分明。"(《天柱文书》(第11册),167页)

(8)《宣统四年伍华卓、伍华能立卖田契字》:"自愿将到土名樑坡凹上田田一坵,收花十八边。上抵买主田,下抵杨姓田,左抵路,右抵买主田,四字分明。要钱出卖。"(《天柱文书》(第11册),175页)

【四自分明】

(9)《道光二十九年姜焕彰弟兄三人立卖山场杉木》:"其山界限:上凭田沟,下凭杨世英,左凭世贤,右凭冲,四自分明。"(《贵州苗族林业契约文书汇编》(第1卷),A/205页)

【自至分明】

(10)《民国三十八年龙见生立卖田契字》:"立卖田契字人岑孔村龙见生。今因家下要大洋使用,无所出处。自愿将到土名德白冲田一坵,上下抵杨胜甲田,左右抵山,自至分明。"(《天柱文书》(第11册),160页)

【四是分明】

(11)《光绪二十四年杨学来、杨思富立卖山地》:"上抵杨因二,下抵福地,左抵因二,右抵因二,四是分明。"(《天柱文书》(第11册),170页)

【字四分明】

(12)《光绪二十三年伍华恩立卖田契字》:"立卖田契字人本寨伍华恩。今因家下要钱使用,无从出处。自愿将到土名冲□[1]田大小

---

[1] 文中引用贵州契约文书资料时,缺字处用"□"号表示,缺几个字便用几个"□"。下同。

四坵。一共收和（禾）花三十边。第一坵上抵卖主兄弟之田，下抵山，左抵山，右抵山。第二坵□□二坵上抵买主之田，下抵卖主兄弟之田，左右抵山，字四分明，要钱出卖。"(《天柱文书》(第11册)，166页)

【至四分明】

(13)《(年代不详)佚名卖山契》："上登嶺，下抵思禄墙土，左抵思禄山，右抵老共山，至四分明，要钱出卖。"(《天柱文书》(第11册)，168页)

【士自分明】

(14)《光绪三十一年杨有相兄弟二人立卖田字》："上抵园坎，下抵伍姓田，左抵山，右抵田坎，士自分明。"(《天柱文书》(第11册)，173页)

【自至分明】

(15)《光绪十六年龙富恩、龙求泰卖田契》："上抵东浦，下抵照德，左抵路，右抵宏运。……上抵乔上田，下抵思荣，左抵宾全，右照德。自至分明，要钱出卖。……其田卖与买主耕管为业。"(《天柱文书》(第13册)，62页)

(16)《民国三十年龙登松卖田契》："自愿将到保二理冲天一坵出卖。上抵龙大流田，下抵买主田，左右抵山，自至分明。"(《天柱文书》(第11册)，152页)

(17)《民国四年龙恩祖立卖田地字》："上抵明焕田，下买主，左抵溪，右海泰，收花十八边，自至分名(明)，要钱出卖。"(《天柱文书》(第13册)，71页)

【四字为界】

（18）《嘉庆十四年范绍奇、姜老点主佃分成合同》："为因先年佃种范绍奇之山，坐落土名倍拜。上凭大直之地，下凭小溪，左凭大直，右凭德音，四字为界。"（《贵州文斗寨苗族契约法律文书汇编——姜元泽家藏契约文书》，105页）

"四字为界"即"四至为界"。将"至"写作"字"，实是"zh"与"z"相混同的方言语音作用的结果。"四至为界"即"以四个方向所到达的地方作为界限"。"上下左右"所到之处在文中都记载得清楚明白，故"四字为界"实与"四至分明"义同。

【四至分明，毫无插花紊乱】

（19）《民国□□年□□□》："其田东、南二方俱抵卖主界，西、北俱抵买主界；又壹块坐落地名大粪堆，其地东、北俱抵汪姓地，南抵沟，西抵买主地，二处四至分明，毫无插花紊乱。"（《吉昌契约文书汇编》，202页）

（20）《民国十三年石维垣立杜卖明科田文契》："其田四至：东抵冯姓界，南抵罗姓界，西抵石冯二姓界，北抵石姓界，四至分明为界，并无插花紊乱。"（《吉昌契约文书汇编》，75页）

"插花"指"分散掺入别的群体中"。"四至分明，毫无插花紊乱"即"四个方向界线分明，丝毫没有与别人的田地掺杂"。

【四至分明，毫无紊乱】

（21）《宣统元年马德陈同子小二立杜卖明科田文契》："其田四至：东抵陈姓田，南抵田姓田，西抵田姓田与沟，北抵河，四至分明，毫无紊乱。"（《吉昌契约文书汇编》，61页）

（22）《民国十年汪纯美同子兴弟立出卖明秋田文契》："其田四至：东抵侄子金安的田，南抵胡姓田，西抵买主与路，北抵桂姓田，四至分明，毫无紊乱。"（《吉昌契约文书汇编》，69页）

【四至分明，毫无差错】

(23)《宣统元年马陈氏立出分约字》:"次子马开臣拈得小弯(湾)田尖阁田小地乙(壹)块,四至分明,毫无差错。"(《吉昌契约文书汇编》,354页)

(24)《民国十九年田兴臣立卖明陆地文契》:"其地四至:东抵罗姓界,南抵田姓界,西抵汪姓界,北抵田姓界,四至分明,毫无差错。"(《吉昌契约文书汇编》,170页)

【四至分明,毫无错乱】

(25)《民国十年汪黄氏同男顺有、毛妹立出卖明科田文契》:"愿将祖父遗留科田贰块、陆地贰块,东抵周姓地,南、北具(俱)抵买主田,西抵沟,四至分明,毫无错乱。"(《吉昌契约文书汇编》,70页)

(26)《民国三十年田华清立卖明房子地基墙垣文契》:"其有四至:东坻(抵)卖主墙,南坻(抵)石姓墙,西坻(抵)路,北坻(抵)买主东狮(厮),四至分明,毫无错乱。"(《吉昌契约文书汇编》,254页)

【四至分明,并无错乱】

(27)《乾隆三十六年姜生音等三人立断卖杉山约》:"左凭相之田冲为界,中凭张化田为界,左下至溪,右凭眼难岭路为界,上凭坡顶为界,右中凭天玉田中为界,右下凭泥三小田三垅为界。四至分明,并无错乱。"(《贵州苗族林业契约文书汇编》(第2卷),B/1页)

"紊乱"即"杂乱;纷乱"。"四至分明,毫无紊乱"即"四个方向界线清楚明白,一点也不杂乱"。"差错、错乱"同于"紊乱",即"杂乱;纷乱"。故"四至分明,毫无差错""四至分明,毫无错乱""四至分明,并无错乱"皆同于"四至分明,毫无紊乱"。

【四至彰明】

（28）《民国三十二年孙秀煌卖田契》："母子商议情愿将到己面分地名马邪洞田壹坵，并坎上壹小坵，……四至：东南与孙文君田相接，西抵小溪，北抵吴姓田，四至彰明。要行出卖。……请中问到表嫂魏氏爱杳名下承买为业。"（《天柱文书》（第9册），20页）

"彰明"义为"显豁，明显"。"四至彰明"即"四个方向的界线明显"，同于"四至分明"。

【四至止明】

（29）《道光十二年姜光照立断卖山场杉木字》："自愿请中出卖与姜钟英兄弟名下承买为业。地名一处皆粟，地主二股，上凭路与陆姓为界，下抵溪，左凭冲，右凭岭与载渭木为界，下抵岩洞，左凭岭与启宾为界，右凭冲，四至止明。又一处培拜，上抵起宾木为界，下抵岩洞，左凭岭与起宾为界，右凭冲，四至止明。自愿将地主三股出卖。又一处白号，本名占栽手二股，上凭盘路，下凭冲，左凭岭，右凭冲，四至止明。又一处冉高多，本名占光模栽手一股，上凭田，下凭载渭木为界，左凭岭，右凭冲，四至止明。"（《贵州苗族林业契约文书汇编》（第2卷），B/101页）

（30）《道光十四年姜必显卖木契》："自己将到先年所栽姜光模山一块，地名风黎，其山界至：上登岭下，下凭田，左凭岭与绍宏山为界，右凭岭以相歧山为界，四至止明。"（《贵州文斗寨苗族契约法律文书汇编——姜元泽家藏契约文书》，308页）

（31）《道光廿三年姜光照卖木契》："自己请中将到祖遗山场一块，土名报楼，其山界至：上凭买主，下凭荒坪，左凭大冲，右凭冲直上小岭以路为界，四至止明。"（《贵州文斗寨苗族契约法律文书汇编——姜元泽家藏契约文书》，378页）

"止"可释为"终止，到达"。"四至止明"指"四个方向所到达之处界线清楚明白"，与"四至分明"同。

【四至分清】

（32）《嘉庆十二年窝□□、孙□□佃契》："今有山一块，土名鸠挽山，右抵乌也因溪，下抵溪，左抵冷水冲，上抵田，四至分清，不得过界。"(《贵州文斗寨苗族契约法律文书汇编——姜元泽家藏契约文书》，87页)

(33)《道光元年姜之谟立卖山场约》："自愿将地名格现，界线：上凭盘路，下抵土墾，左凭岭，左凭冲与启周弟兄之山分界，四至分清。"(《贵州苗族林业契约文书汇编》(第1卷)，A/140页)

【四致分清】

(34)《民国二十九年龙登松立卖契字》："上抵龙大流田，下抵龙彦寿田，左右抵山，四致分清，要洋出卖。"(《天柱文书》(第11册)，151页)

【四字分清】

(35)《光绪二十一年姜世俊、姜世龙叔侄弟兄等分山契》："界线：上凭顶，下凭任伍喜所栽之山为界，左凭岭，右凭岭与熙龄之山为界，四字分清。"(《贵州文斗寨苗族契约法律文书汇编——姜启贵家藏契约文书》，432页)

(36)《光绪二十三年台言发兄弟卖菜园契》："自愿将到先年得买姜世发之菜园，地名羊报，界趾：上凭路，下凭世□之园，右凭买主之园，左凭永和之园为界，四字分清。"(《贵州文斗寨苗族契约法律文书汇编——姜元泽家藏契约文书》，487页)

【四至分亲】

(37)《同治九年龙凤飞立断卖山场并栽手约》："此山界趾：上凭顶，下凭河，左凭苗光姜姓之木，右凭卖主之山，四至分亲。将出卖与本家堂侄长生、木生、和生三人承买为业。"(《清水江文书》(第1辑第6册)，45页)

"清"同于"明"，即"清楚明白"。"四至分清"即"四至分明"。

"四至分清"或写"四致分清",如例(34);或写作"四字分清",如例(35)(36);或写作"四至分亲",如例(37)。将"清"写作"亲",实是方言语音作用的结果,即前后鼻音混同,"ing"与"in"混同。

【四至开清】

(38)《道光十年龙文瑜佃契》:"立佃帖字人高让寨龙文瑜父子,今佃到文斗下寨姜映辉、绍韬、绍吕三家之山,地名党假令,上凭地主山场,下凭岩洞,左凭冲,右凭岭,四至开清。"(《贵州文斗寨苗族契约法律文书汇编——姜元泽家藏契约文书》,265页)

(39)《道光廿九年龙士坤暴水冲茶山断卖契》:"自愿将受分之业坐落土名暴水冲茶山一块,左右上凭买主为界,下凭龙吉山为界,四至开清。"(《贵州清水江流域明清土司契约文书——亮寨篇》,9页)

"开"有"陈说;表达"之意。"四至开清"即"四至陈说清楚"。同于"四至分明"。"四至开清"或写作"是字开清",如例(40)。

【是字开清】

(40)《光绪十年龙绍富弟兄三人立断卖茶山约》:"上凭士其茶山为界,下平花地为界,右凭本忠茶山为界,左凭绍箕茶山为界,是字开清。"(《贵州文斗寨苗族契约法律文书汇编——姜元泽家藏契约文书》,17页)

将"四至"写作"是字",当是"sh"与"s"相混同、"zh"与"z"相混同的方言语音作用的结果。

【四至抵清】

(41)《光绪二十八年龙现来兄弟三人卖地土字》:"又岑宏美地土一圑,上抵龙狼宇山,下抵龙嘉喜山,左抵木宏,右抵龙狼章山,一共地土三圑,四至抵清,要钱出卖。"(《天柱文书》(第11册),136页)

(42)《民国三十一年龙大昌卖田地字》:"自愿将到普东田一坵,

上抵龙大珠山，下抵龙彦南田，左抵卖主山，右抵大珠山，四至抵清，要洋出卖。"（《天柱文书》（第 11 册），126 页）

"至"与"抵"同，皆为"到达"之义。所谓"四至抵清"即"四至清楚明白"，实与"四至分明"义同。

【四至清明】

（43）《咸丰六年范锡寿立佃帖字》："今佃到文斗寨姜春发公、姜本和、姜本羲叔侄弟兄之山，地名八牛山。界：上凭姜开奇，下凭大冲，左凭范本璠，右凭冲，四至清明。"（《贵州苗族林业契约文书汇编》（第 2 卷），C/65 页）

"清明"即"清楚明白"。"四至清明"同于"四至分明"。

【四至朗然】

（44）《嘉庆十四年杂契（诉状）》："缘生父于乾隆二十八年去田二坵银一两，掉得姜乔包土名阳球山场，契载：前抵田，后抵坳，左右抵冲，四至朗然。阴阳历管数十余年无异。"（《贵州苗族林业契约文书汇编》（第 3 卷），F/30 页）

（45）《光绪二十九年姜东臣等分山分林分银合同》："界线：上凭老坟墓，下抵乌堵佑，左凭海治等山，右凭岭与姜彩等山为界，四至朗然。"（《贵州苗族林业契约文书汇编》（第 3 卷），E/71 页）

"朗然"即"明白的样子"。可见"四至朗然"亦即"四至分明"。

# 二 "四趾"类

【四趾分明】

（46）《同治元年范本顺等分山合同》："界：东至范本性之田角，西至河，左抵姜世模山，右抵四公共之山，四趾分明。"（《贵州文斗寨苗族契约法律文书汇编——姜元泽家藏契约文书》，444 页）

(47)《光绪八年姜凤乔佃山契》:"界趾:上凭世珍田以土垦为界,下凭水沟盘路,左凭地主三老家共山以嶺为界,右凭开宏永文之山以垦嶺为界。四趾分明。"(《贵州文斗寨苗族契约法律文书汇编——姜启贵家藏契约文书》,411页)

"趾"指"界趾",与例(30)(31)之"界至"、例(50)之"界线"意同。"四趾分明"即"四个方向界线分明"。"四趾分明"或写作"四址分明",如例(48)(49)。

【四址分明】

(48)《道光六年彭相因、彭相廷弟兄二人立断卖山场杉木约》:"立断卖山场杉木约人彭相因、彭相廷弟兄二人。……自愿将到坐落土名番章山一所,上凭岭,下凭田,左右凭大冲,插岭在内,四址分明。"(《清水江文书》(第3辑第1册),90页)

(49)《道光十一年彭相极、彭守德二人》:"为因先年所栽彭泽舍公之山,坐落土名杨拜山一块,……四址分明。"(《清水江文书》(第3辑第1册),93页)

【四趾分清】

(50)《民国十七姜尚镛等分山合同》:"其山界限:上登大岭,下抵溪,左凭大冲以姜周礼等共山,右凭岗休大岭,直下双溪口为界,四趾分清。"(《贵州文斗寨苗族契约法律文书汇编——姜启贵家藏契约文书》,459页)

"清"即"清楚明了",与"明"意同。"四趾分清"即"四趾分明",亦即"四至分明"。

【四趾载明】

(51)《光绪八年范兴荣佃山契》:"界趾:上登嶺,下至河,左凭范镜湖之山,右上截抵士官弟兄之山,下截抵名卿之山以冲为界,四趾载明。"(《贵州文斗寨苗族契约法律文书汇编——姜启贵家藏契

约文书》，410 页）

"载明"即"记载清楚明白"。"四趾载明"即"四个方向的界线记载得清楚明白"。

## 三 "四界"类

【四界分明】

（52）《光绪十三年杨廷恩卖园地字》："东抵龙道明，西抵张吉发，南抵吴姓祖坟，北抵鱼塘大路，四界分明。"（《清水江文书》（第 3 辑第 1 册），13 页）

（53）《光绪二十一年杨秀吉立卖地土契》："上抵路，下抵田，左右抵坡，四界分明。"（《天柱文书》（第 11 册），165 页）

（54）《民国十年杨承贤卖田契》："上下抵山，左右抵山，四界分明，要行出卖。"（《清水江文书》（第 3 辑第 1 册），43 页）

"界"即"界至、界限"。"四界分明"即"四个方向界线清楚明白"。

【四界分清】

（55）《光绪二十六年姜吉春等佃山契》："界限：上登岭，下抵冲，左凭际春之山，右凭姜□卿之山，四界分清。"（《贵州文斗寨苗族契约法律文书汇编——姜启贵家藏契约文书》，442 页）

（56）《光绪二十六年姜德贵、姜登池佃契》："界限：上凭田，下凭地垦，左凭岭以主家之山为界，右凭冲，四界分请。"（《贵州文斗寨苗族契约法律文书汇编——姜启贵家藏契约文书》，443 页）

"清"与"明"同。故"四界分清"同于"四界分明"。"四界分清"或写作"四界分请"，如例（56）。

## 四 "四处"类

**【四处抵清】**

(57)《民国十二年杨正学卖山地土字》:"上抵坎为界,下抵坎为界,左沟溪为界,右抵坎为界,四处抵清,要钱出卖。"(《清水江文书》(第3辑第1册),210页)

**【四处分明】**

(58)《光绪十二年龙耀林卖田契》:"上依伍开学,下依要全田,右依敢,左依路,四处分明。"(《天柱文书》(第13册),128页)

(59)《民国三十九年龙之顺卖地土字》:"上抵登嶺以路角凹?蒋为界,下抵洞下,右抵龙之保山为界。……四处分明。"(《天柱文书》(第15册),139页)

"抵"即"抵达,到达"之意。"四处抵清"即"四个方向所到达之处界线清楚明白"。"四处分明"即"四个方向界线清楚明白"。

## 五 "四抵"类

**【四抵载清】**

(60)《民国十七年姜元贞兄弟三人分房屋并地基股份合同》:"而界线:上凭元贞私买东成、松成之地,下凭梦鳌、品发之地,左抵水沟,右抵梦鳌之园为界,四抵载清。"(《清水江文书》(第1辑第6册),338页)

"抵"同"至"。"载"即"记载"。"清"即"清楚明白"。"四抵载清"即"四个方向的界线记载得清楚明白"。

**【四抵为界】**

(61)《民国六年吴秀培父子立佃字合同》:"立佃字合同字人八洋寨吴秀培父子名下。情因佃到平略上牌龙绍清、龙彦贤父子二人所共洞头上边从兜大冲之私土一块,其山四抵界字:上凭岭,下凭溪,左凭平略上牌之私土破(坡),下抵溪,右凭八洋大小寨之地土破(坡)下溪边,四抵为界。"(《贵州苗族林业契约文书汇编》(第3卷),G/14页)

"抵"即"抵达,到达"之意。所谓"四抵为界"即"以四个方向所到达的地方作为界线"。文中四个方向所到达的地方都已经清楚写明,故"四抵为界"实即"四至分明"。

【四抵朗然】

(62)《光绪二十八年姜海治等分山分林分银合同》:"光绪二十八年二月初一日卖汪度库山木与姜登云、石引客刘家朝斫伐,议定价银一十六两八钱四分。我等此山界线:上凭土恳抵着姜、杨二姓山,下抵路,左凭姜正荣等之山,又凭海治、为宏之山,四抵朗然。"(《贵州苗族林业契约文书汇编》(第3卷),E/70页)

(63)《民国三十七年大坡村立卖田契字》:"立卖田契字人大坡村。今因□□名恩塘坝上田一坵,上抵陶姓,□□抵陶姓之田为界,四抵朗然。"(《天柱文书》(第15册),23页)

"抵"即"抵达,到达"之意,与"至"意同。"四抵朗然"同于"四至朗然",实即"四至分明"。

【四抵清白】

(64)《光绪十年韩禄清立断卖山场杉木字》:"立断卖山场杉木字人韩禄清。情因缺少钱用,自将到先年父亲得买八阳寨杨通煌、正彬子清林等之山一所,坐落地名也程,上抵平鳌山交界,下抵两水相交河口,左抵平鳌山依下至大河为界,右抵平鳌山以下依归遂溪至洋洞小河水流至大河相交为界,四抵清白。"(《贵州苗族林业契约文书汇编》(第1卷),A/243页)

(65)《光绪二十二年龙保佃契》:"界限:上抵沟,下抵沟,左

抵田角以下至冲，右抵小冲为界，四抵清白。"（《贵州文斗寨苗族契约法律文书汇编——姜启贵家藏契约文书》，434页）

（66）《光绪二十三年范基明与姜世俊等分成合同》："界线：上凭岭，下凭地垦，左以地主山为界，左凭禁山以姜元卿山为界，右凭地主山为界，四抵清白。"（《贵州文斗寨苗族契约法律文书汇编——姜启贵家藏契约文书》，437页）

"清白"即"清楚明白"，与"朗然"意同。"四抵清白"即"四至清楚明白"，实与"四至分明"意同。

【四抵分明】

（67）《乾隆四十九年姜绍宗立卖山场杉木契》："自己母子商议，将到山地杉木土名眼学诗八股，一概出卖与族公姜文勤名下承买为业。上边左冲凭姜佐周木为界，下边右冲凭姜梦熊木为界，上凭顶，下凭河，四抵分明。并无包写他人之木在内。"（《贵州苗族林业契约文书汇编》（第1卷），A/25页）

（68）《光绪三十有四年姜世以卖地基契》："自愿将到祖遗所共之屋基地壹块，地名皆抱中宝，界趾：前凭坎砌以大路为界；后凭路沟以坎砌为界，左右俱凭世清所共之屋地基，四抵分明。"（《贵州文斗寨苗族契约法律文书汇编——姜元泽家藏契约文书》，503页）

（69）《民国二十七年杨彩惟灭江核桃山断卖契》："上凭大岩梁地脚，下凭大沟，左凭中领路，右凭何燕核桃山边为界，四抵分明。"（《贵州清水江流域明清土司契约文书——九南篇》，94页）

（70）《民国二十一年龙昌和父子立典竹山字约》："其山上抵茶山，下抵典主，左抵寸山，右抵昌微之竹山，四抵分明。"（《贵州清水江流域明清土司契约文书——亮寨篇》，213页）

"抵"与"至"同，"四抵分明"即"四至分明"。"四抵分明"或写作"四底分明、四低分明"，如例（71）（72）（73）。

【四底分明】

（71）《光绪三年潘宏义弟兄毫沟换田约》："其有界至：上凭沟

以坎，下凭沟，左右凭田角，四底分明。"（《贵州清水江流域明清土司契约文书——九南篇》，266页）

【四低分明】

（72）《民国十四年龙运椿乌龟岩核桃山断卖契》："上凭与核桃山为界，下凭田倚坎为界，左凭田角中岭为界，右凭买主山为界，四低分明。"（《贵州清水江流域明清土司契约文书——九南篇》，88页）

（73）《民国十四年龙兴高立断卖核桃山字》："上凭地脚为界，下凭田为界，左右凭杨胜明山为界，四低分明。"（《贵州清水江流域明清土司契约文书——九南篇》，89页）

【四抵详明】

（74）《民国三十三年吴宏宇母子卖田契》："立卖田契字人袍带吴宏宇母子。……自愿将到祖遗下膝树湾田乙（一）坵。……又恩堂榜上一连叁坵。……两处四抵详明。"（《天柱文书》（第15册），17页）

"抵"同于"至"，"四抵详明"即"四个方向所到达之处记载得详细明白"，实即"四至分明"。

【四抵分清】

（75）《嘉庆廿年姜绍兴卖山契》："自愿将到光年得买绍宽山土一块，地污格田砍（坎）下，界上抵少田，下抵污格溪，左抵冲，右抵岭，四抵分清。今凭中出断卖与姜应（映）辉名下承买为业。"（《贵州文斗寨苗族契约法律文书汇编——姜元泽家藏契约文书》，147页）

（76）《光绪十六年姜开宏、姜世官兄弟分山合同》："立分合同人姜开宏、姜世官弟兄，所共之山，地名党陋，界至：上凭田角，下抵水冲，左凭冲，右凭恩诏弟兄之山，四抵分清。"（《贵州文斗寨苗

族契约法律文书汇编——姜元泽家藏契约文书》，17 页）

（77）《民国二十六年杨胜松立卖田契字》："其田界线上抵买主田，下抵卖主田，右抵龙大珠田，左抵路，四抵分清。"（《天柱文书》（第 11 册），145 页）

"抵"与"至"同，"分清"同于"分明"，"四抵分清"即"四至分明"。

## 六　"四据"类

【四据分明】

（78）《嘉庆贰拾肆年李必望卖木契》："自愿将到先年所栽白号山之木，分为伍股，地主占叁股，栽主占贰股，今将栽主贰股出卖与地主姜映辉爷承买为业。……此山上凭顶，下凭路，左凭岭，右凭冲，四据分明。任凭买主修理管业，卖主叔侄弟兄日后不得异言。"（《贵州文斗寨苗族契约法律文书汇编——姜元泽家藏契约文书》，183 页）

"四据分明"当是"四俱分明"，即"四个方向界线都清楚明确"。"四据分明"与"四至分明"意同。

## 七　"八抵"类

【八抵分明】

（79）《民国二十七年杨门易氏东妹母子卖柴山阴阳三宅油树杉木契》："母子商议情愿将到己分土名膳寨冲柴山一副，其界上抵岭过盖蒋姓坎为界断，下抵买主田，左抵魏姓油树断，右抵魏荒山断；又对塆柴山子岭油树一幅，其界上抵岭断，下抵买主田，右抵魏姓山，右抵买主田坎角直上为界。其柴树油二幅，界至八抵分明。"（《天柱文书》（第 1 册），117 页）

(80)《民国三十年张玉林、张玉贵卖基地山土阴阳二宅桐茶五色杂木等契》："外边园铺□内，其界上抵卖主屋坎，下抵吴姓土，左抵龙姓界字，右抵吴姓土坎为界；右挞上节山土一幅，其界上抵邹姓山，下抵卖主屋坎，左抵唐姓界至，右抵吴姓土为界，八抵分明。"(《天柱文书》(第1册)，118页)

　　(81)《民国廿四年刘氏酉花姊妹卖水田契》："今开四抵：上抵舒伟泮水田并伟吉水田，下抵溪，右抵舒烈华水田并荒山，左抵荒山并桥头。四抵：上抵溪，下抵舒伟吉水田，左抵溪，右抵荒山。八抵分明。"(《天柱文书》(第1册)，165页)

　　"抵"即"抵达"之意。"二四得八"，所谓"八抵分明"文中意指两处将要出卖的产业的"四至"皆是"分明"的。

## 八 "八界"类

**【八界分名】**

　　(82)《民国十三年杨先立断卖水田文契》："情愿将到己面之业□□水田大小壹□十二坵，其界上抵岩山高坎横过石岩洞，下抵老水沟，左抵高坎直上抵子岭，右抵黄罗杨姓为界。右达对面外有一坵水田，其界上下左右杨姓田为界，八界分名（明）。"(《天柱文书》(第1册)，104页)

　　"八界分名"即"八界分明"，文中意指"两处水田的四方界线都是清楚明确的"。

## 九 "处处"类

**【处处分清】**

　　(83)《光绪三十一年杨胜芳卖田地字》："上抵杨招福田，下抵杨招福田，左抵卖主山，右抵油山为界，右山抵以坎为界，处处分

清，要银出卖。"（《天柱文书》（第2册），238页）

"分清"同于"分明"。"处处分清"即"处处界线明确清楚"。

综上，贵州契约文书在表达"四面、八方界线清楚明白"这一意义时，使用了丰富多样的词语。这一方面因为贵州契约文书书成众手，容易将个人的或个人生活居住地的用词用语融入其中；另一方面，也与固定化的套语结构密切相关。利用套语结构，根据已知词语的语义，还可以帮助我们有效地对一些生僻词语做出训释，从而构建起一组又一组的同义词语[①]。通过考察这些同义词语，一方面可以管窥贵州契约文书表情达意时用语的丰富性特色，另一方面希望我们利用"套语结构"来考释契约文书同义词语的尝试，能够为词语考订的方法和理论提供有益的补充。

## 参考文献

陈金全、杜万华：《贵州文斗寨苗族契约法律文书汇编——姜元泽家藏契约文书》，人民出版社2008年版。

陈金全、梁聪：《贵州文斗寨苗族契约法律文书汇编——姜启贵家藏契约文书》，人民出版社2015年版。

高聪、谭洪沛：《贵州清水江流域明清土司契约文书——九南篇》，民族出版社2013年版。

高聪、谭洪沛：《贵州清水江流域明清土司契约文书——亮寨篇》，民族出版社2014年版。

黑维强、高岩：《清朝契约文书之"比日"考》，《汉语史研究集刊》2015年第19辑。

黑维强、贺雪梅：《论唐五代以来套语句式的语言文字研究价值及相关问题》，《敦煌学辑刊》2018年第3期。

孙兆霞：《吉昌契约文书汇编》，社会科学文献出版社2010年版。

唐立、杨有赓、武内房司：《贵州苗族林业契约文书汇编》（第1卷），[日本] 东京外国语大学2001年版。

---

[①] 参看黑维强、贺雪梅（2018）。

唐立、杨有赓、武内房司：《贵州苗族林业契约文书汇编》（第2卷），[日本]东京外国语大学2002年版。

唐立、杨有赓、武内房司：《贵州苗族林业契约文书汇编》（第3卷），[日本]东京外国语大学2003年版。

张新民：《天柱文书》（第1册），江苏人民出版社2014年版。

张新民：《天柱文书》（第2册），江苏人民出版社2014年版。

张新民：《天柱文书》（第9册），江苏人民出版社2014年版。

张新民：《天柱文书》（第11册），江苏人民出版社2014年版。

张新民：《天柱文书》（第13册），江苏人民出版社2014年版。

张新民：《天柱文书》（第15册），江苏人民出版社2014年版。

张应强、王宗勋：《清水江文书》（第1辑第6册），广西师范大学出版社2007年版。

张应强、王宗勋：《清水江文书》（第3辑第1册），广西师范大学出版社2011年版。

（卢庆全　大连　大连大学文学院　luqingquan1209@126.com）

# 契约文书讹误量词的判定与校订

黑学静

**提　要**：契约文书作为手书文献材料，近年来成为语言文字学研究方面不可多得的新材料。因其错讹繁多，难读难懂，所以校正、疏解契约文书中的字词语句及语法问题日益成为学界关注的焦点。契约文书中丰富的方言口语、套语句式以及固定行文格式，为校订文字提供了充分的依据，因此，利用现代方言材料及不同契约印证、比勘就成了校订契约文书讹误量词的有效手段。

**关键词**：契约文书；量词；讹误；判定；校订

契约文书作为一种珍贵的社会经济文献，有着极其重要的研究价值，但因多为民间普通百姓手书而成，故其中俗字俗词、俗言俗语比较丰富，同时，错讹之处亦甚繁多，这一状况导致契约文书难读难懂，所以校正、疏理契约文书中字词语句成为众多语言文字研究者关注的焦点。为更好发挥契约文书的文献资料价值，扫除阅读过程中的语言文字障碍，本文根据契约文书多用套语及行文格式固定的自身特点及校订词语常用的方法，归纳出了契约文书中讹误量词的判定与校订方法。

## 一　印证法

契约文书作为反映历代民间百姓社会生活的特定文献，有着较强的应用性、口语性和地域性。所谓"印证法"，就是利用方言口语材料对涉及的量词进行印证、求证，从而明确本字，确定词义。

【燈】契约中称量屋场、山园等。用例如下：

　　（1）《清光绪三十三年（1907）刘德林卖屋场地契》："……情愿将到土名油祚塆<u>屋场基半燈</u>，上抵刘常光、下抵卖主、左抵上石

路、右抵买主，正身长二墱均分。"（天柱 22/265）

（2）《民国二年（1913）潘富祖卖荒山地契》："……情愿将到土名宝项背荒山壹墱，开明四抵，上抵买主老油树、下抵买主杉木、左抵领边、右抵潘姓荒山，四抵分明。"（天柱 4/34）

（3）《民国八年（1919）刘世秀等卖墦场契》："立卖墦场二墱地契人刘世秀、世□，今因家下要钱使用，无从得出，是以兄弟商议情原将到土名石家坪垮内墦场二墱出卖。"（天柱 5/169）

（4）《民国十年（1921）吴恒钊卖池塘地契》："又园壹墱一并在内，外开四抵，上抵请泉田、下抵会楚塘、左抵恒顺屋场、右抵运富抵田，四抵分明，并无包卖他人寸土在内。"（天柱 8/248）

（5）《民国二十三年（1934）杨文朗租房屋基地墦土付约字》："立付约字人杨文朗，先年得买宗贵林、宋景江房屋基地墦土合共陆墱，租与宋贵林耕管住座。"（天柱 1/130）

上例中"墱"的称量范围广泛，既包括房屋地基，亦包括山地、园地等。"墱"在粤语中可作量词，表阶梯的一级，犹"层"，而其层级义与契约所见量房屋、田地、园坪等的意义却无关联。《天柱文书》中除用"墱"外，还偶见"橙""鄧""燈""撜""登"等字形。用例如下：

（6）《清道光十二年（1832）潘进言卖屋场地》："立卖屋场地契人潘进言，今因家下钦少用度，无从得处，自己情愿将到土名园头村屋场壹燈，开明四抵……"（天柱 6/125）

（7）《清光绪乙亥年（1875）周王二氏家族田土交易明细单目》："又得卖之业，地名顺山大田嘴堰塘二处，团田全幅三处，菁林二撜一幅，钱三百七十廿千文。周伯祥收团田菁林粮二钱。二撜之业并与粮在王时太户内。"（道真 518）

（8）《清光绪二十四年（1898）潘仕善卖墦坪地契》："……请（情）愿将到土名同罗坪墦坪壹橙，上抵古路、下佐抵佑抵本主，四抵分明，欲行出卖，无人承就。"（天柱 4/5）

（9）《清光绪二十六年（1900）杨元金立卖墦冲地土阴阳字》："又左边路坎上大坪小冲二鄧，共乙团，上抵登岭、下抵路、左抵杨学来墦土坎及岭、右抵伍杨二姓田为界，四至分明，要钱出卖。"

（天柱 11/287）

（10）《民国元年（1912）刘东方卖地契》："立卖地契人刘东方，因事不便，今将自己坡地两<u>登</u>壹叚，座落梁屯小寨，其地南北畛，东至买主、西至田、南至沟、北至卖主，四分明。"（龙泉驿 277）

（11）《民国十二年（1923）杨昌锦立契卖田柴山墦地》："又并黄土园<u>墦地四撜</u>，上抵刘良汉田、下抵刘宜新田、左抵刘修煌墦断、右抵刘良德墦断田，四至分明。"（天柱 9/59）

（12）《民国二十六年（1937）蒋泰田卖墦土契》："……自己将到土名<u>屋膓（场）平墦式隥</u>，至开四至，上抵□瑞墦、下抵景辉墦、左抵仲地、右抵景辉墦，四至明，要行出卖。"（天柱 6/92）

以上用例中"橙""邓""燈""撜"等词均未见量词用法，既然"瞪"字量词意义与例句不符，而"橙"等字又无量词用法，那以上例句中的本字究竟为何字？翻检方言材料后发现，西南官话中"登"可称量房屋或方形物等，犹"栋"或"块"。根据"瞪""登"音近，"瞪"等契约材料所出现的四川龙泉驿和贵州天柱等地正好属西南官话区，由此可以断定，例句中"瞪"等的确字应例（10）的"登"。"瞪""磴""隥""橙""邓""燈""撜"均为"登"的替代字。

【代】契约中用于称量田地。用例如下：

（1）《清嘉庆二十五年（1820）仁孝卖田契》："立用卖契仁孝，今因钱粮无办，情愿奇堪太祖<u>田壹代</u>，其四址散阔，知明不具。又庆礼太祖<u>壹代</u>，其四址散阔，知明不具。"（宁波 184）

（2）《清道光十二年（1832）位全永卖祀田契》："立永卖契位全，今因乏用，情愿将茅山头太祖<u>祀田壹代</u>，土坐溪中秋，田计贰坵，量（粮）计贰亩。"（宁波 6）

（3）《清道光二十五年（1845）位英卖田契》："又有祀田壹处，土名老瓦厂前，田贰坵，量（粮）计叁亩，<u>共两代祀田</u>，四址知明不具，情愿将自己名下一并出卖与坤山为业。"（宁波 48）

（4）《清同治八年（1869）有水同侄永卖更田契》："立永卖契有水，同侄仁高，今因粮祀无办，情愿将寿堪太祖<u>更田壹代</u>；又有谅太祖更田壹代；又克隆太祖更田壹代，共太祖田叁带，其土名叚四址散阔，知明不具，情愿将三代更田一并出卖与芝兰两房为业。"（宁波 193）

（5）《民国六年（1917）陈玉贞卖沟地契》："立卖契人陈玉贞，因乏手不便，今将自己村东井儿沟地一代，约有五亩，东西均至分水岭，南至李姓、北至齐忠信、四至分明。"（历代契证 110）

以上称量田地的"代"，其量词意义为可更替的世系辈分或朝代，与例句中田地等称量对象风马牛不相及。根据契约文书多使用谐音字或形近字的原则，可推知例句中"代"的本字当为读音相同的"埭"。吴方言中，"埭"作量词，用于成排、成行的东西，如一埭田、一埭房子、一埭楼等，而上例"代"所出现的宁波正好属于吴语区，故"代"应为"埭"的音近替代字无疑。

【从、枞、虫】契约中用于计量房屋。用例如下：

（1）《清道光三十年（1850）姜凤仪等分仓地契》："立分仓地基，先年祖有仓三从，大爷姜凤仪、叔爷凤无、侄宗保，凤仪占门坎对面乙间，扵存皆从鸟三间……"（清水江 1/3/363）

（2）《民国二年（1913）蒋邦兴卖房屋契》："立契賣房屋字人蒋邦兴，今因家下要錢使用，無從得處，夫妻謪議自願將到彩内房屋一枞，上抵盖各，下抵地脚板被乙連，屋乙並在内要行出賣。"（天柱 1/4）

（3）《民国乙丑年（1925）龙景武断卖屋地基契》："立断卖坐屋地基字人龙景武，为因家下缺少用费无出，自己先年父亲刘（留）下之业，坐洛（落）土名高仙坐屋壹虫病（并）地 基在内，共合三间……"（九南 416）

例子中的"从""枞""虫"，无论在传世文献材料，还是方言材料中均不见量词用法。西南地区方言中有个称量房屋的"重"字，与引例中的"从""枞"读音相同，都读为[tsʻoŋ]，由此可推知"从""枞"应为"重"的音近替代字，例（3）的"虫"为"重"的同音替代字。张明（2017：25）认为"枞：当地语言，意为幢（房屋）"。根据"重"

与"幢"同属定纽、东部,读音相近,可判定"幢"应为"重"的通语写法。

## 二 比勘法

所谓"比勘法"就是将相同或不同地域、年代、类型的契约进行比较、对照,或将同一地域前后不同件次的契约作比较,从所呈现出来的文本,寻找突破口,确定某些量词正确的形和义。该方法其实就是郭在贻(2013:61)所倡导的利用版本异文考察词义演变的方法。

【造】契约中称量房屋、厕地等。用例如下:

(1)《清乾隆十四年(1749)雷君凤同侄承地批约》:"立承地批约雷君鳯,仝侄子達,今因无地架塔,就在县城山主郑圣擢众处承出厝地壹造起架居住,歷年理约地租钱陆百文,其租限至重阳之日,錢送县交收明白,不敢负欠。"(福建民间6/3)

(2)《清嘉庆九年(1804)郑启杨卖屋基契》:"立卖屋基契人郑启杨,父手有屋壹造,座址深洋大路后,其屋基兄弟四人公共。"(福建民间6/226)

(3)《清嘉庆二十年(1815)张仕长卖断粪寮契》:"立卖断契人张仕长,今因无银使用,自甘愿即将阄分己份粪壕壹造,坐址本处地方,土名俗呌楣模下粪壕壹造,前至路、后至水沟、左至路、右至张方瑚壕、上及椽瓦、下及地基,托中送卖断与张方瑚为业。"(福建民间6/233)

例子中的"造"作量词,在粤方言中,指稻谷等农作物从播种到收获,一轮称为一造;在吴语中,作房屋的长度单位,指房屋前檐到后檐的总长。而上述例句既不涉及农作物的收成,又不属于吴方言,所以可以将"造"的上述两项量词意义予以排除。那么"造"应为何意?同卷册契约文书中还有一个例证,如下:

(4)《清嘉庆十五年(1810)张鹤龄承租批》:"立承租批人张鹤龄,今因无壕收拾,托中向在张久恒承出壕一坐,座址下漈头后

村,柽木楔粪寮一坐,前来承去收拾。"(福建民间 6/229)

例句中同样是称量粪寮,即厕所,例(3)用了"造",例(4)用了"坐",对比例(3)(4)的行文,可推知"造"应为"座"的方言俗字,作量词,"坐"与"座"同。契约中用"座"称量厕所较常见,闽南语中"造"与"座"的读音也正相同,都读为[zou⁴],由此可推知"造"应是"座"的音近替代字。

【去】契约中称量范围广泛,包括田地、山园等。用例如下:

(1)《清乾隆十七年(1752)邱阿汪等卖山地契》:"立卖契母邱阿汪,仝男永远等,今因出少米粿无物交众察坟,自情愿托中将承祖父买受山地壹去,坐落八都三保土名下场山地乙号,系新丈寒字三百号。"(徽州 1/6/37)

(2)《清道光四年(1824)蒋先明卖田契》:"立卖田契人蒋先明,今因要银度,自愿将到土名天华山老虎冲水乙去,大小六坵,计谷二十罗。"(天柱 5/220)

(3)《清光绪三十三年(1907)杨昌银卖油树墦场契》:"又并蜡桃圳路坎上园壹团,并右边山场在内,上抵荣众墦、下抵大路、右抵蒋姓、右抵众园二去,四至分明,要行出卖。"(天柱 7/13)

(4)《民国二十四年(1935)万唐氏卖荒田地契》:"……自己情愿将到土名灶锅濠水田壹去,大小拾柒坵,今开四抵,上抵荒山养木、下抵罗姓水田、左抵罗姓水田、右抵荒山大磴。"(天柱 5/142)

(5)《民国三十一年(1942)刘期凉卖水田地契》:"立卖水田地契人刘期凉,今因家下要钱使用,无从出,自己母子谪议,情愿分上祖业知(自)愿将到土名翁松冲水田去,水田四坵、芳(荒)田三坵,内开四抵……"(天柱 4/252)

"去"本无量词用法,以上例句中作田地的称量单位,其本字为何?在《天柱文书》里与例(5)几乎相同的另一份契约文书,为寻找答案提供了有价值的线索。其例如下:

(6)《民国三十一年(1942)刘期凉卖水田地契》:"立卖水田

地契人刘期凉，今因家下要钱使用，无从出，自己母子謪议，情愿分上祖业知（自）愿将到土名翁松冲<u>水田壹契</u>，水田四坵，芳（荒）田三坵，内开四抵……"（天柱 4/253）

例（5）和（6）的契约内容和措辞几乎一致，且代书人也为同一人，由此可判定它们应该是同一份契约的正本和底本。例（5）写作"水田去"，似乎漏写了数词"壹"，例（6）写作"水田壹契"，将"去"字换为了"契"字。运用对比的方法，可以判断"去"即"契"，除《天柱文书》外，很多契约文书中多用"契"作称量单位，故以上例句"去"应为"契"的替代字。西南官话中"去"和"契"读音相同，所以混写为一字是有可能的。

【垦】契约中用于称量山园。用例如下：

（1）《清光绪三十三年（1907）龙兴让与兴顺屋基拨换契》："立拨换字人龙兴让。为因不成方圆。自己亲与族兄兴顺商议。先年得买龙兴怀坐屋壹间，与兴顺得岑以坎<u>园基三垦</u>，二比自愿拨换龙兴顺名下管业。拨主不得异言。"（九南 403）

（2）《民国十四年（1925）龙兴桃立拨换字》："立拨换字人龙兴桃，今将祖父遗下之业，地名洞头虾蟆形顶头<u>一垦</u>，深贰丈，宽肆丈整，其有以外之业地坪、荒坡、杉木、果木，一概俱系兴桃之业，道开并无寸土。二比商妥，心平意愿换与侄道开起造住坐管业，日后不得异言。"（九南 415）

例句中"垦"义的复合词"开垦"在《九南》中多被写作"开坎"，用例如下：

（1）《清嘉庆十八年（1813）陆可照卖荒冲草坡契》："其坡自断之后，任凭买主开坎畜（蓄）禁管业。"（九南 9）

（2）《清道光十二年（1832）陆昌连断卖杉木契》："其田恁凭银主开坎修理管业，其有业不清，在与（于）卖主理落，不关买主之事。"（九南 25）

（3）《清同治一年（1862）杨再熙卖荒坡契》："自卖之后，恁

凭【买】主开坎管业，卖主不得异言。"（九南 57）

（4）《民国三十年（1941）龙运湘断卖核桃山契》："其山自卖之后，恁凭买主开坎管业，卖主不得异言。"（九南 95）

通过以上"垦"被写为"坎"的用例，以及"垦""坎"读音相近，都是溪母字，可以推知上述例句（1）（2）中的"垦"应为"坎"的方言用字或音近替代字。"坎"在闽语中，可作店铺的计量单位，通常一个铺面或店地为一坎，相当于"座"或"间"，故以上"垦"即"坎"，意义同"间"或"座"。

## 三　推断法

所谓"推断法"就是利用契约文书常识、语言文字常识、生活经验常识对涉及的量词进行推演分析，从而推断其字形字义之所在。

【分2/份】在字典里，"分"有众多义项，其中一个是作亩积单位，相当于十分之一亩；另一个相当于量词"份"，指整体分出的一部分或组成整体的部分，该用法出现较晚。"分"在契约中多计量田地，用例如下：

（1）《高昌延寿十五年（638）周隆海买田券》："……周隆海从周〔栢石〕边，买东渠常田壹分，承壹亩半陆拾步役。"（会编98）

（2）《元至元五年（1339）徽州王进孙等标分地山文书》："……其地山十二分中王进孙同安孙共合得七分。"（会编672）

（3）《清乾隆二十一年（1756）新平李显名弟兄杜卖村田契》："立永远杜卖村田文约人李显名、李显智、李显祖、李显荣，今将祖遗扎拦成熟田大小田贰拾贰分，坐落戛赛坝，东至小冲止……"（云南4/17）

（4）《清嘉庆十二年（1807）谢大鹏同子杜卖水田文契》："……父子商议，愿将分受新三甲枧槽堰水田伍分，载粮壹分，其田因在先年所卖贰拾捌亩之内截丈余留之田，今仍自请中证说合，出卖与刘、张、陈等名下承买为业。"（清地史4）

（5）《清道光五年（1825）甘兴梓典田产契》："其田三分派分，

内抽一分是梓阁分己业,是寮门嘴一分,上至山,下至大路,左至当墘梓父祭田为界,四至俱载明白。"(福建畲族/上 336)

上例中"分"的意义究竟是"一分田"还是"一份田",似乎并不好判定,但如果依据契约常识,问题就变得简单许多。因为任何一份契约,至少都有一项关于田地地积或四至的描述,在无四至或地积的契约中,"分"极有可能是个地积单位。反之在有四至或地积的契约中,"分"极有可能是个普通称量单位,相当于"份"。上例中的(1)(3)有四至,(2)(4)有亩积,所以它们都是称量单位。该结论还可以通过"份"的用例得以验证。

(6)《清道光二年(1822)钟氏出当园字》:"立俺出当菌价银字汉妇古门锺氏,今来向得麻里兰社番阿四老阿敦承祖父遗有本社门首菜菌一份,东至六下后那兰为界,西至亦系六下菌为界,南至小路为界,北至墙围为界,四至界址分明。"(苗栗汇编 205)

(7)《清宣统三年(1911)雷光焕卖断竹林契》:"立卖断竹林契本房光焕,父手阁份下竹林一份,坐属地方仓边垅祖厝后门头。竹林一份,上至光兴、下至自己林、左至岗、右至惟佃竹林为界。四至明白。"(福建畲族/下 301)

(8)《民国十四年(1925)郭可凤同侄邀同息讼会》:"伊二人念伯父可凤仁慈,敢恩与大人穿衣钱若干,小轩种油坪地二亩半,内有余地一份,认衣钱十八千。"(故纸 1/345)

(9)《民国十八年(1929)霍丘县赵连城揽约》:"立揽约人赵连城,今揽到汪雅林下龙池保南湖地一份,计种二百亩。"(粹编 1914)

(10)《民国三十一年(1942)新平白世昌弟兄同侄中华等杜卖田产契》:"立出永远杜卖田产文契人白世昌、白兆昌、白富昌、贵昌,同侄中华等,为因银元急用,情愿将父手遗获田壹份,坐落起租新寨,名田那黑荒,共计一百二十五垱。"(云南 4/40)

例(6)(7)有四至,例(8)—(10)有亩积表达,故以上例句用"份"无误。云南契约文书中"分"与"份"混用的用例尤其多,几乎都是将"份"写作"分",据此,可以很快地判断"分"究竟是表亩积的"分",还是表一般量的"份"。

有时讹误量词的判断需要凭借基本的语言常识,如"截"和"节"。

【截】作量词,用于截断之物,如树干、粉笔、电线等。契约中称量田地、山园。用例如下:

(1)《元至正十年(1350年)徽州胡鼎卿、郑贵夫换地文书》:"今来结砌未便,凭亲眷郑贵夫言议,愿将赖字九百四十四号内取与郑世京抵界夏地上<u>截一段</u>,对换郑世京黄荆坞口新结石垞外<u>小丘田一截</u>,其田价地对面结石垞为界。"(粹编632)

(2)《明正统四年(1439)休宁县汪思和卖地田白契》:"除先同兄思济、侄存义,将北头<u>地一截</u>,量该地叁分四厘伍毫,出卖与同里汪希美名下管业外,所有南头地壹片,三分中思和合得一分,该田式厘伍毫,地式分柒毫。"(粹编685)

(3)《清乾隆五十一年(1786)杨起凤杜卖荒地契》:"立杜卖永远文契人杨起凤,系本族住人,为因乏用,情愿凭中说合将祖遗<u>荒地壹截</u>,坐落秦家坟觉下⋯⋯"(云南1/14)

(4)《清嘉庆六年(1801)邱建贵杜卖坦赤契》:"立杜卖契人邱建贵,今因无钱支用,自情愿托中将承父(阄)分山坦乙号,坐落本都三保土名茶塝计<u>坦大小三截</u>,系寒字△号,计丈则△步,计税△。"(徽州1/6/79)

(5)《清道光十五年(1835)梅县朋官等退秋园地契》:"立退字侄朋官、清、欢官同母罗氏,承父遗下接受有<u>秋地壹截</u>,坐落土名系柯树坑,又搭田心塘头<u>园地壹节截</u>。"(清广东137)

以上例句中所用"截",含有截断义,作量词表整体中的一部分,在现代汉语中,意义相当于"段",如一截粉笔,一截木头,但在很多方言,如吴语中,意义相当于"块"或"片",如一截田,一截山。例(5)"园地壹节截"中"节"确字应为"截",用"截"的重叠形式,表示较短的一段。中原官话和兰银官话中"截"的重叠形式之后还可以加"儿""子",如半截截儿绳子。

【节】作量词,用于分段的事物,如竹子、藕、鱼竿、电池等。契约中亦见用于称量田地、山园。用例如下：

(1)《清乾隆二十八年（1763）姜保该等断卖田约》："外批：此田共一块，分为两节，保该的一节，二十四年得买，用价八两，启才的一节，二十八年得买，用价十七两。"（姜元泽8）

(2)《清乾隆三十七年（1772）姜老通断田约》："立断田约人本房姜老通，为因缺少银用，无役得出，自愿将遗祖水田乙节，坐落地名报受，请中问到姜国章名下为业。"（清水江3/10/184）

(3)《清同治元年（1862）李清水等分家合约》："一批明长房，侄根旺分得左畔厝一屏，间数不计，外带苧园一节，内至公廳前后透直为界，又分得中节苧园连竹立趾为界，又拈得天字王爷宫口北势屏田半垙……"（台湾民间349）

(4)《清同治十二年（1873）龙起谟拨换潘姓田字》："立博焕（拨换）字人龙起谟，德（得）买潘姓之业田物合田一节；又有湾田叁丘、竹山壹块，上凭路、下凭田、左凭田各、右凭凤树为界，四至分名（明）。"（九南153）

(5)《清光绪二十九年（1903）东莞叶明常断卖埔地松山契》："立断卖埔地松山数人叶明常，先年自己承有埔地松山一节，坐落土名水阳堂落坑，右边横尾坑口，与家□相兼为界，坑尾与正心见标岗为界。"（清广东46）

刘子平（2013：109）认为"'截'与'节'同为物量词，皆可用于条形物，但前者指被截断之物，后者指独立成段之物，故'半截粉笔'的'截'不能写成'节'；'一节藕'的'节'，不能写成'截'。"以上解释中，"截"和"节"语义指称的重点不同，"截"的重点在于被截断，而"节"的重点在于天然的节状物。契约中称量田地、山园等的"节"应为"截"的同音替代字，因为田地、园地等皆非独立成段之物，其界址都是人所为修筑的，所以应用"截"，而非"节"。

常识推断法有时也可为辨别似量非量的词提供重要线索，如下"向"字即是一例。

【向】契约中多称量房屋等。用例如下：

(1)《清嘉庆十二年（1807）张宗仁杜卖田地契》："……父子商议愿将先年所置田地一处、堰塘三口灌溉，草房壹座肆向，左右厢房，外左边草房壹向，又并草碾房壹向，干碾壹座……"（龙泉驿21）

(2)《清道光二十六年（1846）徐金森卖绝截山契》："……情愿将父手遗下自己分内民山壹处，坐落廿一都夫人庙庄，土名社处后苦麦岗，安着田面山壹向。"（石仓2/5/29）

(3)《清咸丰三年（1853）刘绍甫同侄借空地文约》："立借空地安葬父亲文约人刘绍甫，仝侄宗明，情因无地安葬，凭证哀求，借得苏邦森名下所买阮姓业内林园外空地安葬父亲，坟地一包，辛山乙向。自葬之后，不得借坟添葬，培补侵占。"（龙泉驿236）

(4)《民国二十一年（1932）龙启元等取阴地合同》："令蒙吴用行先生取得阁夏老下边阴地一穴，立辛山乙向，自愿谢师壹排，立元亨利贞四排，先生拈阁得亨字第二排。"（天柱22/330）

契约文书中常常将"一"大写为"壹"或"乙"，如果缺乏古代风水文化常识，很容易将以上例（3）（4）的"辛山乙向"认定为同例（2）一样的"名+数+量"结构，将"向"认为是对"辛山"的称量，并释"向"为"面"。但如果具备古代风水常识，很容易判定"辛山乙向"指阴宅的方位走向，是古人埋葬死人时的风水之说。"辛山乙向"也可简称"辛山"，具体指阴宅坐西北向东南。其用法与例（5）的"申山寅向"相同，都是对阴宅坐向的说明，其中"向"为名词，表方位，方向之义。

(5)《清道光十八年（1838）曾文中等借阴地文约》："今来凭证哀求主家苏邦贤名下契买李姓业内踩得阴地一棺，并无余地，当将母亲安葬于申山寅向。"（龙泉驿222）

契约文书自被发掘以来，即成为历史学、经济学、法学、社会学、文献学、语言文字学、民俗学、人类学等众多学科重要的研究对象和弥足珍贵的第一手资料，其文献学价值日渐凸显，所以疏解、校订契约文书显得尤为重要。本文于校订方法方面略述一二，抛砖引玉，以期得到更多研究者对契约文书的关注。

## 参考文献

曹树基：《石仓契约》（第2辑），浙江大学出版社2012年版。

陈金全、杜万华：《贵州文斗寨苗族契约法律文书汇编——姜元泽家藏契约文书》，人民出版社2008年版。

陈支平：《台湾文献汇刊·台湾民间契约文书》，九洲出版社、厦门大学出版社2004年版。

陈支平：《福建民间文书》（6册），广西师范大学出版社2007年版。

福建少数民族古籍丛书编委会：《福建少数民族古籍丛书·福建畲族·文书契约》（2册），海风出版社2012年版。

高聪、谭洪沛：《贵州清水江流域明清土司契约文书·九南篇》，民族出版社2013年版。

郭在贻：《训诂学》，中华书局2013年版。

胡开全：《成都龙泉驿百年契约文书》，巴蜀书社2012年版。

刘伯山：《徽州文书》（第1辑），广西师范大学出版社2005年版。

刘子平：《汉语量词大词典》，上海辞书出版社2013年版。

罗志欢：《清代广东土地契约文书汇编》，齐鲁书社2014年版。

王万盈：《清代宁波契约文书辑校》，天津古籍出版社2008年版。

王支援、尚幼荣：《故纸拾遗》（1卷），三秦出版社2006年版。

吴晓亮、徐政芸：《云南省博物馆馆藏契约文书整理与汇编》（8册），人民出版社2013年版。

熊敬笃：《清代地契档案史料》，四川省新都县档案局、档案馆1986年版。

张传玺：《中国历代契约会编考释》，北京大学出版社1995年版。

张传玺：《中国历代契约粹编》，北京大学出版社2014年版。

张德义：《中国历代土地契证》，河北大学出版社2008年版。

张明：《论清水江流域土地地契文书中的特殊字词》，《贵州大学学报》2017年第1期。

张素玢：《苗栗鲤鱼潭巴宰族史暨古文书汇编》，台北苗栗县文化局2007年。

张新民：《天柱文书》，江苏人民出版社2014年版。

张应强、王宗勋：《清水江文书》（第1辑），广西师范大学出版社2007年版。

张应强、王宗勋：《清水江文书》（第3辑），广西师范大学出版社2011年版。

（黑学静　银川　北方民族大学文学与新闻传播学院　xuejing486@163.com）

# 民俗文化语言研究

# 《茶经》煎煮类动词与陆羽的"工匠精神"研究*

梁浩 唐琛

**提 要**：煎煮类动词属常用词中的核心词。唐代陆羽的《茶经》不乏煎煮类动词，可以从中窥得唐代煎煮类动词面貌一斑。《茶经》原创部分只用"煮"茶。这一用词特点反映陆羽对煮茶用水量及制作茶饮工艺的要求极高，体现了陆羽《茶经》写作时的专业化、标准化的语言特点。《茶经》为我国传统茶文化提供大量术语，为我国传统茶文化升级为茶文化理论提供了语言工具。

**关键词**：《茶经》；煎煮类动词；工匠精神

唐代陆羽的《茶经》是世界公认的第一部茶学专著，在世界茶文化史上占有至关重要的地位，历来被奉为茶学经典。该书不仅在国内影响巨大，在海外作为著名的汉文化典籍，也备受关注。据沈冬梅（2010）研究，陆羽的《茶经》初稿成于上元二年（761）之前，约正式刊行于780年。该书时代、版本均较为确定，目前有日、韩、德、意、英等文字版本刊行。前辈学者已从文学、美学、文化学乃至经济学等领域对该书进行过研究，并取得了丰厚的成果，但将其作为汉语史乃至语言学语料研究的则较少。笔者认为，《茶经》作为第一部茶学专著，虽以古文缀篇，但大量记载唐代茶文化内容，并搜集、总结了唐代制作茶饮的技术，其中与茶有关的专门词汇可以作为较好的唐代同时语料。这些语料不乏煎煮类动词，可以让我们从中窥得唐代煎煮类动词面貌之一斑。同时，可以让我们从语言学角度来探究陆羽写作茶经专业化、标准化的用词特点，也能探究到陆羽在研制茶道时的"工匠精神"。

---

\* 基金课题：中国博士后科学基金第61批面上资助项目"唐代动量词发展及其修辞动因研究"（编号：2017M613042）。

本文以中华书局 2010 年沈冬梅编著的《茶经》版本为基础语料，对其中的煎煮类常用动词"煮""煎""烹"等进行全面梳理。另选取时代确定、封闭性强的典型语料作为参考语料，并按语料语言与口语的关系将相关文献分为以下几个类别：（1）书面语料：包括应用于正式场合的文学作品及史书公文（部分史料性强的笔记也归于此类）等。（2）综合性语料：包括诗歌及部分韵文、散文。包括《全唐诗》《全唐文》等。（3）口语语料：包括笔记传奇、敦煌变文、禅宗语录、道教书籍及《王梵志诗》等口语性较强的语料。

# 一 《茶经》煎煮类动词使用情况

## （一）"煮"

"煮"的意义是"把食物或其他东西放在有水的锅里烧。"《周礼·天官·亨人》："职外内之爨亨煮，辨膳羞之物。"《汉书·吴王刘濞传》："东煮海水为盐。"（见《汉语大词典》）

从传世文献看，"煮"作为"煎煮"类动词语义场中的核心动词，其词义始终十分稳定，且"煮"可与大量语词搭配，使用范围广，使用频率高。可见，"煮"既是常用词，又是传承词、核心词。

一般认为，中国人饮茶是从鲜叶生吃、咀嚼开始，后变为生叶煮饮，形成比较原始的"煮茶法"。较早将"煮"与"茶""茗"相联系的文章为西晋郭义恭的《广志》，其中有"茶丛生，真煮饮为真茗茶"的句子。这种煮茶的习俗形成后就一直经久不衰，历经从粗放到精细的发展过程，直至陆羽的时代。

陆羽《茶经》中"煮"共出现 17 次。其原创文字中出现 11 次，如：

（1）凡煮水一升，用末方寸匕。若好薄者，减之，嗜浓者，增之，故云则也。——《茶经·四之器》

（2）五之煮——《茶经·五之煮》

（3）第一煮水沸，而弃其沫，之上有水膜，如黑云母，饮之则其味不正。……凡煮水一升，酌分五碗。——《茶经·五之煮》

（4）或用葱、姜、枣、橘皮、茱萸、薄荷之等，煮之百沸，或

扬令滑，或煮去沫。斯沟渠间弃水耳，而习俗不已。——《茶经·六之饮》

（5）茶有九难：一曰造，二曰别，三曰器，四曰火，五曰水，六曰炙，七曰末，八曰煮，九曰饮。……碧粉缥尘，非末也；操艰搅遽，非煮也；夏兴冬废，非饮也。——《茶经·六之饮》

（6）其煮器，若松间石上可坐，则具列废。——《茶经·九之略》

（7）以绢素或四幅或六幅，分布写之，陈诸座隅，则茶之源、之具、之造、之器、之煮、之饮、之事、之出、之略目击而存，于是《茶经》之始终备焉。——《茶经·十之图》

在引用他人著作部分中，"煮"出现6次。

（8）《广雅》云："荆、巴间采叶作饼，叶老者，饼成，以米膏出之，欲煮茗饮，先炙令赤色，捣末置瓷器中，以汤浇覆之，用葱、姜、橘子芼之，其饮醒酒，令人不眠。"——《茶经·七之事》

（9）郭璞《尔雅注》云："树小似栀子，冬生叶可煮羹饮，今呼早取为茶，晚取为茗，或一曰荈，蜀人名之苦荼。"——《茶经·七之事》

（10）《桐君录》："……俗中多煮檀叶并大皂李作茶，并冷。又南方有瓜芦木，亦似茗，至苦涩，取为屑茶饮，亦可通夜不眠。煮盐人但资此饮，而交、广最重，客来先设，乃加以香芼辈。——《茶经·七之事》

（11）《枕中方》："疗积年瘘，苦茶、蜈蚣并炙，令香熟，等分，捣筛，煮甘草汤洗，以末傅之。"——《茶经·七之事》

（12）《孺子方》："疗小儿无故惊蹶，以苦茶、葱须煮服之。"——《茶经·七之事》

"煮"本身是个活跃的常用动词，可搭配词语繁多。这一点在《茶经》引用他人著作部分可见一斑，陆羽引用他人材料的6个例句可谓"万事可煮"。其中，"煮羹"1次，"煮茗"1次，"煮檀叶"1次，"煮盐"1次，"煮甘草汤"1次，作为动词单用1次。

形成鲜明对比的是，陆羽原创的部分里，"煮"的情况单纯得多。其中，作为动词单用的有7次，"煮水"3次，"煮器"1次。陆羽是在有意识的将"煮"可搭配的事物范围缩小，将该词特殊化、标准化，尝试把它打造成制茶工艺中重要的专业词汇。这种有意为之的对于词语的特殊化、标准化应用，正是《茶经》茶道仪式化、标准化、流程化的语言基础，也是《茶经》成为经典的重要原因之一。

对比其他唐代语料，《全唐诗》中"煮"作为制作茶饮动词共29例。"煮"单独使用有2例：

（13）煮雪问茶味，当风看雁行。——喻凫《送潘咸》
（14）水煮石发气，薪然杉脂香。——皮日休《茶中杂咏·茶灶》

"煮茗"一词1例：

（15）然灯松林静，煮茗柴门香。——岑参《闻崔十二侍御灌口夜宿报恩寺》

"煮"与"茶"松散搭配11例：

（16）留饧和冷粥，出火煮新茶。——白居易《清明日送韦侍御贬虔州》
（17）叶书传野意，檐溜煮胡茶。——贾岛《郊居即事》
（18）道人邀我煮新茶，汤涤胸中潇沥。——吕岩《西江月》
（19）灯明宫树色，茶煮禁泉香。——子兰《夜直》
（20）青云名士时相访，茶煮西峰瀑布冰。——贯休《题兰江言上人院二首》
（21）罢定磬敲松罅月，解眠茶煮石根泉。——杜荀鹤《题德玄上人院》
（22）香分宿火薰，茶汲清泉煮。——唐彦谦《游南明山》
（23）茶煮朝宗水，船停调角州。——薛能《送人自苏州之长沙县官》
（24）树谷期招隐，吟诗煮柏茶。——李洞《和知己赴任华州》
（25）野石静排为坐榻，溪茶深煮当飞觥。——伍乔《林居喜崔

三博远至》

(26) 茶香解睡磨铛煮，山色牵怀著屐登。——无名氏《即事》

"煮""茶"连用作为词语出现共15次，且均出现在中晚唐及五代诗人作品中：

(27) 教洗煮茶铛，雪团打邻壁。——贯休《冬末病中作二首》
(28) 铁盂汤雪早，石炭煮茶迟。——贯休《寄怀楚和尚二首》
(29) 煮茶融破练，磨墨染成鹥。——可止《雪十二韵》
(30) 种竹岸香连菡萏，煮茶泉影落蟾蜍。——齐己《过陆鸿渐旧居》
(31) 煮茶尝摘兴何极，直至残阳未欲回。——齐己《与节供奉大德游京口寺留题》
(32) 远访山中客，分泉谩煮茶。——戴叔伦《春日访山人》
(33) 将火寻远泉，煮茶傍寒松。——王建《七泉寺上方》
(34) 煮茶——陆龟蒙《奉和袭美茶具十咏·煮茶》
(35) 煮茶童子闲胜我，犹得依时把磬敲——杜荀鹤《赠元上人》
(36) 檐底水涵抄律烛，窗间风引煮茶烟。——杜荀鹤《宿东林寺题愿公院》
(37) 煮茶窗底水，采药屋头山。——杜荀鹤《怀庐岳书斋》
(38) 煮茶——皮日休《茶中杂咏·煮茶》
(39) 静虑同搜句，清神旋煮茶。——李中《宿青溪米处士幽居》
(40) 煮茶烧栗兴，早晚复围炉。——李中《冬日书怀寄惟真大师》
(41) 征西府里日西斜，独试新炉自煮茶。——徐铉《和萧郎中小雪日作》

这些诗作与佛道文化有关的共19首。这19首诗中，僧人道士诗有9首，与僧人、佛寺等佛教文化符号有关的有10首。

与佛教无关的10首中，有3首是咏物诗。另7首，1首为中唐白居易的作品，其他 6 首均为五代诗人作品。唐代诗人将"煮"作为制作茶饮动词与佛道（主要是佛教）有巨大关系。直到五代，"煮"才慢慢地脱离了宗教色彩。

"煮"作为制作茶饮动词在唐诗以外的作品中极少使用。《旧唐书》一类唐代史料语料中并没有出现"煮"作为制作茶饮动词的用例。众多笔记小说仅有 3 例"煮"与"茗"或"茶"的松散搭配，其中 2 例与佛教有关：

（42）命仆夫具果煮茗，弹琴以怡之。——牛僧孺《玄怪录·尹纵之》

（43）院僧顾弟子煮新茗，巡将匝而不及李秀才，陆不平曰："茶初未及李秀才，何也?"——段成式《酉阳杂俎》

（44）元和九年春，……会适有楚僧至，置囊有数编书。余偶抽一通览焉。文细密，皆难记。卷末又一题云《煮茶记》。——张又新《煎茶水记》

"煮"作为唐代制作茶饮的动词，其使用特征十分鲜明。从语料分布上看，"煮"主要出现在《全唐诗》这类韵文类综合语料中，笔记小说等散文类口语语料出现较少。从用词的文化特点上看，"煮"主要出现在与佛教等宗教有关的语境中，至中晚唐时期，饮茶这一行为还是带有较为浓厚的佛教等宗教文化特色的。陆羽《茶经》全文用"煮"一词作为制作茶饮的动词，说明陆羽在写作时是经过精心辨别的。

## （二）"煎"

"煎"作为常用动词，其词义情况要比"煮"复杂得多。

历史上，"煎"共有 8 个义项：（1）熬煮。（2）借以指汤药。（3）一种烹饪方法。锅里放油，加热后，把食物放进去，使表面变成焦黄。（4）熔炼。（5）消熔。（6）比喻折磨，焦虑。（7）比喻吵闹。（8）量词。其中一、二、三、五、六 5 个义项在唐代已经出现，而四、七 2 个义项则出现在唐以后。（见《汉语大词典》）

但"煎"在《茶经》中只出现过一次，而且并非出现在陆羽原创内容部分，而是出现在引用他人文献部分。

《桐君录》："……又巴东别有真茗茶，煎饮令人不眠。"——《茶经·七之事》

通过《茶经》中"煮"与"煎"的这一使用数量和分布情况的对比，可以得出结论，陆羽只用"煮茶"，不用"煎茶"。

而在唐代其他语料中，"煎"作为制作茶饮的动词则比"煮"出现更早，使用频率更高，且分布更广。其中，《全唐诗》共45例，最早的用例出现在杜甫诗中。

其中，"煎"作为制作茶饮的动词单独使用的3例：

（1）粉细越笋芽，野煎寒溪滨。——刘言史《与孟郊洛北野泉上煎茶》
（2）汤添勺水煎鱼眼，末下刀圭搅麹尘。——白居易《谢李六郎中寄新蜀茶》
（3）初看怕出欺玉英，更取煎来胜金液。——皎然《顾渚行寄裴方舟》

"煎"与"茗"松散搭配1例：

（4）强饭莼添滑，端居茗续煎。——杜甫《回棹》

"煎"与"茶"松散搭配17例：

（5）药看辰日合，茶过卯时煎。——张籍《夏日闲居》
（6）炎帝虽尝未解煎，桐君有箓那知味。新芽连拳半未舒，自摘至煎俄顷馀。——刘禹锡《西山兰若试茶歌》
（7）铫煎黄蕊色，碗转麹尘花。——元稹《一字至七字诗·茶》
（8）蜀茶寄到但惊新，渭水煎来始觉珍。——白居易《萧员外寄新蜀茶》
（9）蛮榼来方泻，蒙茶到始煎。——白居易《新昌新居书事四十韵，因寄元郎中、张博士》
（10）棹遣秃头奴子拨，茶教纤手侍儿煎。——白居易《池上逐

凉二首》

　　(11) 酒用林花酿，茶将野水煎。——姚合《和元八郎中秋居》
　　(12) 饼忆莼羹美，茶思岳瀑煎。——贯休《和韦相公见示闲卧》
　　(13) 要果逡巡种，思茶逐旋煎。——吕岩《通道》
　　(14) 松醪腊酝安神酒，布水宵煎觅句茶。——杜荀鹤《题衡阳隐士山居》
　　(15) 柴门反关无俗客，纱帽笼头自煎吃。——卢仝《走笔谢孟谏议寄新茶》
　　(16) 新试茶经煎有兴，旧婴诗病舍终难。——李中《赠谦明上人》
　　(17) 时沽村酒临轩酌，拟摘新茶靠石煎。——梁藻《南山池》
　　(18) 桃易炎凉熟，茶推醉醒煎。——黄滔《壶公山》（840）
　　(19) 酒㸒丹砂暖，茶催小玉煎。——路德延《小儿诗》
　　(20) 呼童远取溪心水，待客来煎柳眼茶。——路半千《赏春》

《全唐诗》中"煎茶"作为一个词语出现24次。该词从中唐人诗，与"煮茶"几乎同时，且使用此词的不乏著名诗人，如张籍、白居易等。

　　(21) 与孟郊洛北野泉上煎茶——刘言史《与孟郊洛北野泉上煎茶》
　　(22) 九星台下煎茶别，五老峰头觅寺居。——张籍《送旺师》
　　(23) 徐倾下药酒，稍爇煎茶火。——白居易《郡斋暇日，辱常州陈郎中使君早春晚坐水西馆书事诗十六韵见寄，亦以十六韵酬之》
　　(24) 山泉煎茶有怀——白居易《山泉煎茶有怀》
　　(25) 花落煎茶水，松生醒酒风。——姚合《寻僧不遇》
　　(26) 摘花浸酒春愁尽，烧竹煎茶夜卧迟。——姚合《送别友人》
　　(27) 煎茶水里花千片，候客亭中酒一樽。——施肩吾《春霁》
　　(28) 君若随我行，必有煎茶厄。——卢仝《萧宅二三子赠答诗二十首·客谢竹》
　　(29) 小鼎煎茶面曲池，白须道士竹间棋。——李商隐《即目》

（30）扫叶煎茶摘叶书，心闲无梦夜窗虚。——曹邺《题山居》

（31）闲吟只爱煎茶澹，斡破平光向近轩。——薛能《新雪》

（32）还当扫楼影，天晚自煎茶。——薛能《寄题巨源禅师》

（33）读易分高烛，煎茶取折冰。——曹松《山中寒夜呈进士许棠》

（34）云湿煎茶火，冰封汲井绳。——曹松《山中言事》

（35）煎茶留静者，靠月坐苍山。——曹松《宿溪僧院》

（36）压酒移黢石，煎茶拾野巢。——皮日休《临顿为吴中偏胜之地陆鲁望居之不出郛郭旷若…奉题屋壁》

（37）井放辘轳闲浸酒，笼开鹦鹉报煎茶。——张蠙《夏日题老将林亭》

（38）他日愿师容一榻，煎茶扫地学忘机。——李洞《寄淮海惠泽上人》

（39）井锁煎茶水，厅关捣药尘。——李洞《宿长安苏雍主簿厅》

（40）暖炉留煮药，邻院为煎茶。——鱼玄机《访赵炼师不遇》

（41）近被宫中知了事，每来随驾使煎茶。——花蕊夫人《宫词》

（42）石泉春酿酒，松火夜煎茶。——孟贯《赠栖隐洞谭先生》

（43）煎茶——成彦雄《煎茶》

（44）何日煎茶酝香酒，沙边同听暝猿吟。——徐铉《和陈洗马山庄新泉》

"煎"作为制作茶饮动词在盛唐就已入诗，比"煮"更早，且使用频率也高于"煮"。其中僧人道士诗有3首，与僧人、佛寺等佛教文化有关的有17首。与佛教无关的25首情况则较为复杂，从中唐到五代诗人作品均有，中唐诗歌较多。另外，值得注意的是这45例中有两例为女性诗人作品用例，而女性诗作则更多地表现世俗生活。因此，相对"煮"，唐代诗人更普遍用"煎"作为制作茶饮动词，且"煎"更不具备宗教色彩。

其他语料中，"煎茶"一词的使用频率也高于"煮茶"。其中，《河东记》1例，《妙女传》1例，《南岳小录》1例，《唐摭言》1例，《桂苑丛谈》1例，《宣室志》1例，《玄怪录》2例，《封氏闻见记》3例，《因话录》2例,《祖堂集》9例。笔记小说及禅宗语录中"煎"的使用频率是远高于"煮"的。

有趣的是,部分笔记中记载陆羽及《茶经》的内容也不用"煮茶"而用"煎茶"。如:

(45)开元中,……人自怀挟,到处煮饮。从此转相仿效,逐成风俗。起自邹、齐、沧、棣,渐至京邑。城市多开店铺,煎茶卖之,不问道俗,投钱取饮。……楚人陆鸿渐为《茶论》,说茶之功效并煎茶炙茶之法,造茶具二十四事,以都统笼贮之。茶熟,李公为歠两杯而止。……李公心鄙之,茶毕,命奴子取钱三十文酬煎茶博士。——封演《封氏闻见记》卷六

(46)竟陵僧有于水滨得婴儿者。育为弟子。稍长,自筮得蹇之渐繇曰:"鸿渐于陆,其羽可用为仪。"乃姓陆氏,字鸿渐,名羽。及冠,有文章,多意思耻一物,不尽其妙,得煎茶之法。著于世。——冯翊子《桂苑丛谈·史遗》

(47)太子陆文学鸿渐名羽,其先不知何许人。……性嗜茶,始创煎茶法,至今鬻茶之家,陶为其像,置于炀器之间,云宜茶足利。——赵璘《因话录》卷三

比陆羽《茶经》稍晚的另一部茶学论著——张又新《煎茶水记》,以陆羽《茶经·五之煮》为基础,略加发挥,但题目中也称"煎茶"。

可见,当时之人虽推崇陆羽及其《茶经》,却不悟其用词的专业性,未得其将制作茶饮工艺用语标准化之精髓。

## (三)"烹"

"烹"在唐代意义也非常丰富,有"煮""古代用鼎镬煮人的酷刑""制作(食品、饮品)"等意义。

同时,"烹茶"一词既是当时常用词语,也是目前发现最早的制作茶饮的词语。神爵三年(公元前59),王褒《僮约》有"脍鱼炮鳖,烹茶尽具""牵犬贩鹅,武阳买茶"等内容。这是我国乃至世界最早的关于制茶、饮茶、买茶和种茶的记载。之后"烹茶"一词在笔记语料中偶有出现。如:

（1）常鲁公使西蕃，烹茶帐中，赞普问曰："此为何物？"鲁公曰："涤烦疗渴，所谓茶也。"——李肇《唐国史补·卷下》

《全唐诗》中"烹"作为制作茶饮的动词共11次。
其中作为制作茶饮动词单独使用2例：

（2）烹尝方带酒，滋味更无茶。——薛能《蜀州郑史君寄乌觜茶，因以赠答八韵》
（3）境陟名山烹锦水，睡忘东白洞平茶。——贯休《酬周相公见赠》

"烹"与"茶"松散搭配4例：

（4）茶烹绿乳花映帘，撑沙苦笋银纤纤。——贯休《书倪氏屋壁三首》
（5）薪拾纷纷叶，茶烹滴滴泉。——贯休《赠灵鹫山道润禅师院》
（6）茶烹松火红，酒吸荷杯绿。——戴叔伦《南野》
（7）不为双井水，满瓯泛泛烹春茶。——刘叉《冰柱》

"烹茶"作为词语出现5次：

（8）种杏当暑热，烹茶含露新。——权德舆《伏蒙十七叔寄示喜庆感怀三十韵因献之》
（9）晚鼎烹茶绿，晨厨爨粟红。——齐己《寄旧居邻友》
（10）烹茶留野客，展画看沧洲。——李中《献中书韩舍人》
（11）岸帻栖禽下，烹茶玉漏中。——刘得仁《夏夜会同人》
（12）烹茶童子休相问，报道门前是衲僧。——乾康《投谒齐己》

可见，"烹"虽没有"煮""煎"使用频率高，但分布范围尚广，也是唐代常见的作为制作茶饮的动词。而《茶经》中"烹"一次也未出现，陆羽完全将"烹"一词弃用,这是值得我们思考的现象。

## 二 《茶经》用词的专业性与标准性特点

通过对已有的唐代语料进行调查,我们发现,唐代制作茶饮的动词有"煮""烹""煎"等。其中"煎"作为制作茶饮动词使用频率最高、应用范围最广,"煮"次之,"烹"再次之。但从使用具体情况来看,三词均可独立使用,没有出现词语构成新词的能力下降,单独使用频率降低,并仅作为语素保留在成语或固定词语中的"词语语素化现象",因此均可视为制作茶饮的常用动词。具体情况详见下表:

|   | 综合语料<br>(《全唐诗》等) | 口语语料<br>(笔记语录等) | 书面语料<br>(唐代各类史料) | 共计 |
| --- | --- | --- | --- | --- |
| 煮 | 29 | 3 | 0 | 32 |
| 煎 | 45 | 22 | 0 | 67 |
| 烹 | 11 | 1 | 0 | 12 |

对于普通饮茶者来说,制茶并不需要像陆羽这般高要求,那么关于制茶用语,用"煎茶"还是"煮茶""烹茶"更是没有本质区别。因此,各类文章,尤其是韵文中,为了诗文对仗、语言丰富等要求,"煎""煮""烹"均可使用。

而陆羽则完全不同,他对"煮茶"情有独钟,对"煎""烹"皆弃之不用。陆羽之所谓挑选"煮"而非"煎""烹"作为《茶经》唯一的制作茶饮的动词,原因应当如下:

### (一)从义素分析角度看,"煮茶"比"煎茶""烹茶"表意更精确

从"熬煮"这个义项上看,"煮""煎""烹"三词还是有细微区别的。三词义素分析如下:

煮:将食物或其他东西放在锅里+烧+锅里有水+水较多

煎:将食物或其他东西放在锅里+烧+锅里有水+水较少

烹:将食物或其他东西放在锅里+烹饪+锅里有水或油+水或油量无明

确规定

陆羽很明显已经注意到了三词在义项上的细微差别。

首先,"烹"的语义包含了"烹饪""油"这些义素,且对"水"或"油"的用量均没有明确要求,相对"煎""煮"表意更模糊,"烹茶"这类大而化之的词语,已经不能满足专业化术语要求,只适合对制作茶饮并不讲究的饮茶者。因此"烹茶"一词虽为目前文献中最早的制作茶饮的词语,陆羽仍弃之不用。

其次,"煎"的语义中包含"水少"这个义素,而"煮"则包含"水多"这一义素。《茶经》中多次就煮茶之水进行说明,可见陆羽煮茶,对水量要求极严格。《茶经·四之器》有明确记载:"凡煮水一升,用末方寸匕。若好薄者,减之,嗜浓者,增之,故云则也。"可见陆羽制作茶饮时,水为一升,不多也不少。显然在用词上,选"煮"要比选"煎"更为准确。

可见陆羽在进行专业术语挑选时是十分精心的。这与陆羽倡导制茶饮茶规范化、程序化是十分吻合的。

### (二) 从语义稳定性看,"煮"稳定单一,适合作术语

首先,"煮"的语义稳定性极佳。据《汉语大词典》,从先秦至今,"煮"始终为"把食物或其他东西放在有水的锅里烧"一义,没有其他容易混淆的引申义或假借义。这种稳定单一的语义,不易让人误解,十分适合用作术语。

其次,"煎"有8个义项,且词性繁多。尤其是医学上,术语"煎药"魏晋时期就已经是常用词。"煎"在唐代作为制作茶饮的动词使用频率虽然高于"煮",但已经在医药领域用作术语,容易让人产生混淆,所以不适合作为制作茶饮的术语。另外,"煎"在唐代作为一种烹饪方法有"油煎"义,这也让陆羽抛弃选语义复杂的"煎",而选择语义单一稳定的"煮"。

同理,"烹"在唐代语义也较多,其应用情况十分复杂,其中最常用义项为"烹饪",也不如语义稳定单一的"煮"更适合作为制作茶饮的术语。

### (三) 从用词心理看,"煎茶"为通语,"煮茶"更具专业性

首先,"煎茶"一词在唐代诗歌、散文、小说、笔记中均有出现,已

经是当时通语，僧俗、官民、男女皆有用例。这类使用频率极高，应用范围极广的词语不仅是常用词，而且可以归为核心词。核心词因为使用频率极高，应用范围极广，不能凸显词语的专业性，不适合作为专业术语。

其次，"煮茶"一词在唐代诗歌，尤其是僧人的诗歌中较常见，在散文、笔记、小说、史传中却不常见。饮茶习惯与饮茶文化源于僧人，僧人们就制作茶饮更精到，对茶文化了解更深入。据《陆文学自传》《新唐书》和《唐才子传》等记载，陆羽为弃儿，不知其父母是何许人，后被竟陵龙盖寺住持僧智积拾得并收养，其茶艺亦是在佛寺内研制而成。因此，《茶经》中用僧人常用词，而不用普通文人的常用词则更显专业。

## 三　小结：陆羽在《茶经》中体现的"工匠精神"

通过对陆羽《茶经》煎煮类动词"煮""煎""烹"的考察，我们可以得出以下结论：

首先，陆羽《茶经》的原创文字中使用"煮"作为制作茶饮的唯一动词，而绝不用"煎""烹"等其他唐代常用制作茶饮词语。因为，从义素分析角度看，"煮茶"比"煎茶""烹茶"表意更精确；从语义稳定性看，"煮"稳定单一，适合作术语；从用词心理看，"煎茶"为通语，"煮茶"为僧人常用词，更显专业。

其次，陆羽对煮茶要求十分严格，精心挑选"煮"这一动词，反映了他对煮茶时用水量的极高要求。"煎"的语义中包含"水少"这个义项，"烹"的语义中对"水"或"油"的用量均没有明确要求。而"煮"则包含"水多"这一义项。陆羽制作茶饮时，水为一升，只有"煮"符合这一用水量要求。

再次，陆羽通过术语"煮茶"将煮茶手段程序化，通过煮茶手段程序化将"煮茶"一词术语化。陆羽认为煮茶手段，须得"一曰造，二曰别，三曰器，四曰火，五曰水，六曰炙，七曰末，八曰煮，九曰饮"，这些程序不能省略。而指代制作茶饮的词语只有"煮"才是标准术语，其他词语不能代替。我们可以从这种用词专业化、标准化的写作手法看出，陆羽正是通过这些专业词语来实现将制茶饮茶活动仪式化、标准化和流程化，可以看出陆羽在有意识地构建自己的茶道标准。

最后，陆羽撰写《茶经》不因文章修辞等原因而滥用其他词语，反映了陆羽《茶经》专业化、标准化的语言特点。这种有意识地挑选专业词汇的写作技巧，不仅为我国传统茶文化贡献了大量术语，而且为我国传统茶文化升级为茶文化理论体系提供了语言工具，值得今人借鉴。

以上这些努力，体现出陆羽在茶道中的"工匠精神"，也是陆羽对中国茶文化的又一巨大贡献。

## 参考文献

方一新：《20世纪的唐代词汇研究》，《浙江教育学院学报》2003年第6期。

（唐）陆羽著、沈冬梅编著：《茶经》，中华书局2010年版。

韩世华：《论茶诗的渊源与发展》，《中山大学学报》2000年第5期。

（梁浩　西安　西安建筑科技大学文学院/陕西师范大学文学院　lianghao00000@163.com；

唐琛　西安　西安建筑科技大学文学院　1074203858@qq.com）

# 西和乞巧歌中浓厚的方言特色

赵淑莲

**提 要**：在"中国乞巧文化之乡"——陇南西和"乞巧歌"中，大量方言俗语的运用，给人以鲜活的生命感、浓郁的生活气息和陇南山乡的泥土味儿，换成其他语言形式就会显得干瘪、失真。同时，陇南西和"乞巧歌"传承了上古民歌常用的"重章叠句、一唱三叹"的表现形式和美感价值，以声调和旋律来感染人的情感。

**关键词**：西和；乞巧歌；语言；泥土味儿；重章叠句

方言方音记录着一方人氏在特定的水土条件下，生活、生产、思想的印记与精神风貌，维系与滋生着后来者对先民追思敬仰的乡愁忧思。"它是人类文明的真实写照，记录着人类进入文明社会的起点。"（孙继涛，2013：263）在社会生活迅速转型的当下，许多标志性的方言词语、句式、语音语调会随着人口的新老更迭永远的销声匿迹。但甘肃陇南西和"乞巧歌"却保持着民间文学的原创。正如13世纪意大利诗人但丁说的，表达思想"最好的语言"是那种经过筛滤的"光辉的俗语"。

## 一 陇南"乞巧歌"形成的背景

"中国乞巧文化之乡"——陇南市西和县位于甘肃省东南部，属长江流域西汉水上游，地域比较偏僻，交通不太便利，自然条件艰苦，地理环境比较复杂，气候阴湿，与外界形成"隔离"，但民风淳厚，朴实的人民一直坚守自己的生活方式、语言状态等，使"乞巧歌"颇具地方文化特色的语言魅力。20世纪90年代秦公墓考古发现，证实这一带正是秦襄公建国之地，这里汇集了伏羲文化、秦早期文化、氐羌文化、农耕文化等始祖文化。这一带也正是"秦风"产生之地，古代那种"歌咏之不足"便"手之舞之足之蹈之"的原生态乞巧风俗，至今相对完整地流传了下来。

赵子贤先生20世纪30年代采集的《西和乞巧歌》，是这一带现今仍流传着的民间乞巧歌诗，这部《西和乞巧歌》记录了农村姑娘们所唱的歌诗，也弥补了自《诗经》《乐府诗集》以来陇南一带的民间风诗在诗歌史和民间文学史上的缺位。

## 二　方言俗语"唱巧"的特征

赵子贤《西和乞巧歌》坚持了民间文学忠实于作品原貌的采录整理原则，保持了作品的原汁原味，"这部民歌既是一种土生土长的女儿歌，又是一种原汁原味的节令风俗歌，还是一种由方言俗语歌唱而出的仪式歌"（李雄飞，2012：208）。陇南西和"乞巧歌"中，大量的方言俗语的运用，给人以鲜活的生命感、浓郁的生活气息和陇南山乡的泥土味儿。如：取水时唱的《凉水泉·庙山边》中"解（解，西和方言读 gai）渴能喝两三碗""罐罐（盛水的容器）""凉铮铮（形容水清凉）"等，都是当地方言，不用书面语，而用口语，充满浓郁的地方风情。读起来通俗易懂，听起来亲切上口，清新自然，别有一番韵味。类似的还有《巧娘娘》：

巧娘娘（娘娘，方音读 niania，西和乞巧民俗把善织的先祖"女修"称为"巧娘娘"）穿的高跟鞋（鞋，西和方言读 hai，音同"孩"），天桥那边走着来。

巧娘娘请上莲花台，天天教我绣花鞋。

泼又泼呀（卖力），泼又泼呀，姊妹乞巧乐又乐呀。

青天云里的咕噜雁（大雁），巧娘娘给我教针线。

立秋一过是处暑，嫩蕃麦（玉米）儿锅里煮。

小寒一过是大寒，家家准备过老年（春节）。

盘古开天朝代多，留下的古今（故事）没法说，乞巧唱个古今歌。

白手巾，画莲花，巧娘娘走家我咋家（"咋家"义为没有办法）。

野鹊（鹊，西和方言读 qiao）哥，野鹊哥，你把巧娘娘送过河。

太阳没落一身汗，赶着回去做黑饭（晚饭）。

伺候阿家（婆婆）把花扎，挨打受骂养娃娃。

春风昼夜一样长，脱下滚身子（冬天穿的棉衣）换春装。

袖子一搧（搧，西和方言读 bian，音同"扁"，挽起的意思）能盘炕

（砌炕），炕面抹得平又光。

再如：

黄莺架上蹴（蹴，西和方言读 jiu，"蹲"义）下了，天下雨把郎留下了。

热头（太阳）晒得草不生，没吃没喝要老命。

巧了赐个扎花线，不巧了给个背筐鞢（背篓的系子）。

巧了赐个铰花剪，不巧了给个挑（挖）草铲。

十月立冬河冻了，懒干（懒汉）的日子难混了。

大雪小雪连上落，羊毛帽子加窝窝（一种前有中缝夹梁的棉鞋）。

但愿寻个成行（精明能干）的，金钱谁能守到老。

牡丹埋在地底下，想要折（摘）它没发芽。

石榴子开花叶叶青，女子娃长大成（嫁）给人。

大量方言俗语的运用，使"乞巧歌"具有鲜明的地方特色，较好地保持了民间生活的原貌，使读者很容易走近彼情彼景，回归历史现场，画面生动，话语传神。人物形象刻画得入木三分，个性鲜明，换成其他语言形式就会显得干瘪、失真。

## 三 重章叠字、叠词、叠句"唱巧"的特征

西和"乞巧歌"传承了上古民歌"重章叠句、一唱三叹"的民歌常用的表现形式，口头传唱更能以声调和旋律来感染人的情感。例如在"跳麻姐姐"这一独特的乞巧仪式中，当地方言俗语把听众领回"跳神"活动的现场，装扮麻姐姐的姑娘与外面的乞巧姑娘相互问答，不断蹦跳的形象活灵活现，一问一答，显得语言节奏一张一弛，疏密结合，反映了西和劳动人民的日常生活以及地方特色。

### （一）句末语气词带来音乐上的美感

麻姐姐（麻姑），做（做，当地方言读 zū）啥着哩，簸粮食着哩！

簸东了，簸西了，簸（收拾）下的粮食鸡簕（簕，方言读 diao，音同"叼"）了。

麻姐姐，做啥着哩，磨面着哩！

东磨面，西磨面，渠里无水磨不转。

麻姐姐，做啥着哩，

擀饭着哩！多么（还是）少？两盆哩！

薄么厚？照人（按人数）哩！长么（还是）短？噎人（形容面条长，咬不断）哩！

麻姐姐，虚空（天空）来，脚上穿的登云鞋。

麻姐姐，隔河（过河）来，手里打着响锣来。

麻姐姐，翻山来，脚踏铺下的红毡来。

这首"乞巧歌"唱词里，句末多用语气词"哩"字，加强了肯定的语气，再与当地方言结合起来，有一种音乐上的美感，读起来很上口，也易于传唱。如果将这首唱词里的方言转换成普通话，再将"哩"字加入句末，如把"麻姐姐，做啥着哩，簸粮食着哩"和"薄么厚？照人哩"换成普通话"麻姐姐，干什么哩，簸粮食哩"或"麻姐姐，干什么呢，簸粮食呢"与"薄还是厚？按人做呢"，就会感觉少了一种感情，一种浓郁的生活气息，给人感觉有点累赘。正如路边的聊天人说的话，乞巧期间，不管姑娘们在心里怎么"熬糟"（惴惴不安），只要一唱巧，心上就"亮清"（开心明朗）起来。"熬糟"和"亮清"如果换成今天的普通话，就会感到别扭，任何词语都无法体现这两个词所表现出来的姑娘们在唱巧时心情豁然开朗的状态。

## （二）方言叠字、词带来的韵律感、节奏美

巧娘娘的脸脑（脸颊）粉谭谭（形容女子面容姣好，肤色特别好看，白里透粉），两股子头发整酸酸（特别整齐），尺子按（量），剪子绞（剪），巧娘娘的头发实在好。

一顶眉，两顶眉，我给巧娘娘画眼眉，巧娘娘的眉毛弯又弯，线杆鼻子端又端，窝窝嘴儿（特别好看的嘴型）一点点。

白啦啦（特别白）手儿红指甲，头上的簪子擦拉拉（明亮）。巧娘娘，香叶的（想你），我把巧娘娘请下凡。

这首"乞巧歌"用词准确，再没有更好的语言来表达姑娘们对自己心目中最尊敬、最美丽、最聪慧的"巧娘娘"的赞美、爱恋。女儿们心目中的"巧娘娘"心灵手巧、聪慧美丽。巧娘娘虽然是用麻纸一层一层糊成的一种神像，大概只有1米高。但她"脸脑粉谭谭，头发整酸酸，白啦啦手儿红指甲，簪子擦拉拉……"这些当地农民口头语，多为方言

里的叠字、词,"粉谭谭""整酸酸""白啦啦""擦拉拉"这些词语增强了语言的韵律感、节奏美。这类方言叠字、词用在句中使句子更有表现力,使语言充满音乐的和谐美,更便于歌唱。假如将"巧娘娘的脸脑粉谭谭,两股子头发整酸酸"转换为普通话词语"巧娘娘的脸颊白里透红,两股子头发很整齐",读起来便索然无味,既不押韵,也不上口,失去了音乐的和谐美。"粉谭谭""整酸酸""白啦啦""擦拉拉"从形式上看都是"ABB式",从韵脚上看押的是"an"和"a"韵。看似简单的方言唱词却是如此细致,这是普通话所不能代替的,否则会破坏其形式美和韵律美。另外,这首乞巧唱词采用了形象的比喻,如"线杆鼻子""窝窝嘴儿",用"线杆"的笔直来比喻鼻子的挺直,"窝"现代汉语有凹陷的地方义,搭配词有"酒窝儿""胳肢窝","酒窝儿"本身很小,以"窝窝嘴儿"比喻巧娘娘嘴巴之小,可谓形象至极,使我们可以想象到好看的嘴型。以现代汉语中的形容词来替换"线杆""窝窝"则会失去形象性和鲜明性,更不会读来有押韵的感觉,"线杆鼻子端又端,窝窝嘴儿一点点",韵脚为"an"。总之,虽然短短的几句唱词,但形式工整,韵律和谐,比喻鲜明,不但便于歌唱,更便于记忆,也加深了听众的印象。这些方言俗语如果换成普通话,就会显得太过苍白、生分,并且辞藻堆砌,生搬硬套,根本不会自由贴切地表达出乞巧姑娘们对于"巧娘娘"特别的感情,体现"巧娘娘"那种柔美端庄的高贵气质。在当地人们心中,巧娘娘是位美丽善良,聪明能干,心灵手巧的女神,只有通过当地方言才能够更生动、更确切地传承和保护本土乞巧文化,也不受文化水平的限制,才能给人一种归属感和亲切感。

### (三)重章叠句的美感价值

重章叠句、一唱三叹,是上古民歌,也是"乞巧歌"中常用的表现形式。如:

拜巧歌《绣花》之一
七月初一天门开,我请巧娘娘下凡来。
巧娘娘,下凡来,给我教针教线来。

巧娘娘教我绣一针,一绣桃花满树红。

巧娘娘，祥云端，我把巧娘娘请下凡。

巧娘娘教我绣二针，二绣麦子黄成金。
巧娘娘，祥云端，我把巧娘娘请下凡。

巧娘娘教我绣三针，三绣中秋月亮明。
巧娘娘，祥云端，我把巧娘娘请下凡。

巧娘娘教我绣四针，四绣过年挂红灯。
巧娘娘，祥云端，我把巧娘娘请下凡。

  拜巧歌《绣花》之二
七月初一天门开，我请巧娘娘下凡来。
巧娘娘，下凡来，给我教针教线来。

巧娘娘教我绣一针，一绣兰花幽香深。
巧娘娘，祥云端，我把巧娘娘请下凡。

巧娘娘教我绣二针，二绣劲竹志凌云。
巧娘娘，祥云端，我把巧娘娘请下凡。

巧娘娘教我绣三针，三绣菊花满院香。
巧娘娘，祥云端，我把巧娘娘请下凡。

巧娘娘教我绣四针，四绣古树腊梅红。
巧娘娘，祥云端，我把巧娘娘请下凡。

  这两首"乞巧歌"唱词，一唱三叹，层层推进。不仅不同的两首唱词之间有重章叠句、反复吟唱"七月初一天门开，我请巧娘娘下凡来。巧娘娘，下凡来，给我教针教线来"，而且同一首唱词的不同章节中只换几个字。这不仅发挥了重章叠句、一唱三叹、反复吟唱的艺术效果，而且产生出将诗意、情感层层推进的作用。第一首"乞巧歌"唱词中，数量地不断增加：从"一"到"二"，到"三"再到"四"。时间、地点地转换：从"桃花满树红"到"麦子黄成金"，到"中秋月亮明"再到"过年挂红灯"。

第二首"乞巧歌"也一样，每章只换几个字，就发挥了民歌的美感价值，使整首歌诗在回环往复之中有了一种固定的旋律，为整首歌诗定下了一个稳定的、层递性的情感基调。从情感方面看，乞巧歌诗重在以情动人，在当地人们心中，"巧娘娘"不仅是位美丽善良，聪明能干，心灵手巧的女神，而且还能赐予乞巧者相应的品性和能力。从音韵呈现来说，有一种回环往复之美，"七月初一天门开，我请巧娘娘下凡来。巧娘娘，下凡来，给我教针教线来"和每章末句"巧娘娘，祥云端，我把巧娘娘请下凡"反复吟唱、感染方能起到动人心弦的效果。才能表现乞巧姑娘们对"巧娘娘"的虔诚、崇拜、依恋的心理情结和姑娘们美好的期盼。从音乐方面看，唱者需反复吟唱才能尽情，听者需反复感染方能动情。因此，一唱三叹、回环往复是以声调和旋律来感染人的情感，是在层层推进情感的浓度，是在不断强化荡气回肠的美感效应。歌声中更加流露出姑娘们要向自己心目中最伟大巧娘娘神灵讨要智慧，乞求自己心灵手巧、姿容美好并有巧思妙想。女儿们在乞巧时的殷殷之情，不同的心理愿望，都在一唱三叹的乞巧歌曲中得到了淋漓尽致的表现。同时，这些富于艺术性的"乞巧歌"也凝结了我国古代劳动妇女的智慧和心声。

### （四）乞巧歌中的方言俗语尽显质朴本真的民歌特色

平时挂在村姑农夫嘴边的地地道道的民间话语，在"乞巧歌"里，也显得格外有味儿。如：

年年有个七月七，你把盘盘快腾（收拾出来）起。盘盘腾哈我走家，害怕屋里来人家。巧娘娘，祥云端，我把巧娘娘请下凡。洋芋（马铃薯）花儿五角星，乞巧的人儿要和心（和睦、团结）。今年过去，明年过来，福星（好运气）带到全庄来，巧娘娘，想你着，我把巧娘娘请下凡。

北山里下雨南山里晴，势成（生成）女子不如人。巧娘娘文章教会了，我把巧娘娘得罪（麻烦）了。

这些常见的当地农民口头语，显示了"乞巧歌"质朴本真的民歌特色。这些百姓之间的家常话，承载着勤劳而伟大的中国农民朴实的情感。类似的还有：

白手帕绣的牡丹花，巧娘娘走家我咋家（怎么办）？
巧娘娘影子没得（无影无踪）了，由不得人着哭开了。
白手帕绣的芍药花，巧娘娘一走想死家（特别想念）。
白手帕绣的葡萄蔓，巧娘娘一走心想烂，巧娘娘走家我没治（毫无办法）……

## 四 结语

总之，陇南西和"乞巧歌"坚守方言俗语，具有浓厚的地方特色及泥土性。"乞巧歌"传承了上古民歌"重章叠句、一唱三叹"的表现形式和美感价值，口头传唱过程中更能以声调和旋律来感染人的情感。"乞巧歌"中大量常见的当地农民口头语，显示了质朴本真的民歌特色。"语言多样性是人类最重要的遗产，每一种语言都蕴藏着一个民族独特的文化智慧。"（联合国教科文组织濒危语言问题特别专家组，2006）"乞巧歌"语言的魅力是无穷的，在今天"西和乞巧，对话世界"的时刻，西和独特的乞巧民间口头歌谣，与现实生活密切结合，在人民群众中发挥着积极作用。通过"乞巧歌"，我们可以了解西和当地浓厚的历史文化背景和民众生活的真实面貌。"现存的文化遗产是千百年来我国传统文明的结晶，反映了当时的文学、艺术、建筑、伦理和风尚，显示了我们的历史脉络和传承关系。这些文化遗产都应该妥善保护、竭力抢救。"（何琰，2010：47）我们必须尊重文化自身的空间秩序，切勿人为打乱或破坏，以较高的文化自觉性更好地传承、保护、发展"我口唱我心"的陇南西和乞巧歌。

## 参考文献

何琰：《非物质文化遗产的传承与保护》，《科学咨询（决策管理）》2010年第5期。

李雄飞：《〈西和乞巧歌〉的价值研究》，《青海社会科学》2012年第1期。

联合国教科文组织濒危语言问题特别专家组：《语言活力与语言濒危》，《民族语文》2006年第3期。

孙继涛:《方言的艺术魅力》,《中外企业家》2013年第13期。
赵子贤搜集整理:《西和乞巧歌》,上海远东出版社2014年版。

(赵淑莲　陇南　陇南师范高等专科学校文学与传媒学院　2429750366@qq.com)

# 一个保存了一百六十多年的民俗飞地
## ——鲁苏交界地带的菏泽移民民俗[*]

亓文婧  姜岚

**提  要**：受清代咸丰五年黄河铜瓦厢改道影响，菏泽水患灾民逃荒至微山湖西岸屯垦，形成一个北至山东鱼台、南达江苏铜山的跨省移民点状带，这些移民村至今仍保留着菏泽民俗。被调查的13个移民村落，依据演变方向分为3个类型：稳定型、消融型和消亡型，稳定型内部民俗结构单一，保留了迁出地的特征；消融型兼有移民迁入地和迁出地的特点，但仍以迁出地特征为主；消亡型也有民俗兼容的特点，但民俗特征已转而以迁入地为主。本文考察了民俗飞地的生存环境，发现地方秩序构建中的冲突事件、迁徙距离的远近和人数、婚姻状况、地缘优势都是导致移民民俗分化的因素。

**关键词**：民俗飞地；菏泽民俗；民俗类型；演变因素

山东和江苏交界地带的微山湖[①]是中国北方最大的淡水湖，微山湖西岸诸多乡镇是清咸丰五年（1855）铜瓦厢改道时菏泽灾民迁徙的目的地，他们所使用的民俗和方言不同于周边地区，当地人很容易识别其菏泽移民后裔的身份。土民给移民及其后代一个略带轻蔑性的称呼"侉子"，更有甚者以"畲匪"来侮辱菏泽移民。

中外各种民俗学、文化学著作中常常论及各种民俗飞地，但是对其含义往往语焉不详，本文在下述意义上使用"民俗飞地"的概念，被另一种民俗包围的民俗叫民俗飞地或民俗岛。大部分民俗飞地因移民关系而形成，且飞地外缘明确。这些飞地不仅是一个实际的物理空间，有限定的土

---

[*] 本文系教育部专项基金项目"山东汉语方言调查"（YB1520A002）和山东大学人文社会科学青年团队项目（IFYT17006）的阶段性成果。

① 此处以微山湖代指南四湖，包括微山湖、昭阳湖、独山湖、南阳湖四个湖。

地空间、活动空间,也是一个抽象的心理空间、意识空间,是一个悬浮于当地文化中的异质文化岛。

据我们所知,民俗飞地现象在南方比较多见,这与历史上的汉族移民密不可分。北方也有移民现象,多出现于西北和东北地区。短距离移民且民俗能保留一个半世纪以上的情况在北方却是罕见的。因此报道微山湖西岸的菏泽移民民俗,对民俗史的研究具有重要意义。

## 一 微山湖西岸民俗飞地的形成

微山湖西岸乡镇的部分先民,是清咸丰五年(1855)黄河铜瓦厢决口时自菏泽迁入的。经笔者统计,鲁苏交界地带的微山湖西岸共有152个菏泽移民村庄(见表1),其中鱼台县17个、微山县19个、沛县104个、铜山区12个(具体地理位置见图1)。

表1　　　　　　　　　菏泽移民村庄的分布[①]

| 省份 | 区县 | 乡镇 | 移民村庄 | 原籍 |
| --- | --- | --- | --- | --- |
| 山东 | 鱼台 | 老砦镇 | 老砦 李集 魏家庄 晁庄 小寨 许楼 边庄 义和 仁和 闫集 双合 后姚楼 前陆屯 西城 东里 独山集 韩庄 | 巨野 郓城 嘉祥 |
| 山东 | 微山 | 张楼镇 | 张楼 东丁官屯 北丁官屯 陶官屯 | 巨野 嘉祥 |
| 山东 | 微山 | 西平镇 | 西平 杨堂 孙庄 庞庄 六营 东明 | 巨野 嘉祥 |
| 山东 | 微山 | 赵庙镇 | 赵庙 王庄 南挖工庄 中挖工庄 曹庄 赵楼 侣楼 张庄 | 巨野 郓城 嘉祥 |
| 山东 | 微山 | 高楼乡 | 刘楼 | 巨野 |
| 江苏 | 沛县 | 龙固镇 | 龙固 高庄 丁庄 前沙河 张庙 周庄 奚阁 朱庄 赵湾 独山集 三里河 前姚桥 北新庄 南新庄 姚家场 王庄 东谢庄 陆合村 小辛庄 前三里庙 中三里庙 后三里庙 邵马村 | 巨野 嘉祥 成武 梁山 |
| 江苏 | 沛县 | 杨屯镇 | 杨屯 刘官屯 北陶官屯 西陶官屯 大山湾 北丁官屯 后陈官屯 西仲山 南仲山 王庄 前场 欢口 蒋海张庄 张街 公庄 甘庄 张油坊 东丁官屯 后屯 西安庄 卞庄 东姚桥 孔庄 孟店 彭官屯 西姚桥 任官屯 旧姚桥 刘庄 | 巨野 嘉祥 |

---

① 统计的移民村庄为自然村,非行政村。

续表

| 省份 | 区县 | 乡镇 | 移民村庄 | 原籍 |
|---|---|---|---|---|
| 江苏 | 沛县 | 大屯镇 | 大屯 下官屯 三岔路 小营 杨堂 庞孟庄 东明 冯桥 徐庄 西明 西安庄 北挖工村 中挖工村 南挖工村 丰乐 张庄 六营 孙庄 小屯 马寺 王楼 | 巨野 |
| | | 沛城镇 | 李集纪庄、扈屯 陈楼 | 郓城 巨野 |
| | | 胡寨镇 | 西刘岭 鹿口 | 郓城 |
| | | 魏庙镇 | 房村 义和 双合 韩屯 张庄 季庄 孙庄 那楼 梅庄 周李庄 佟场 林场 历场 后场 权场 | 巨野 郓城 嘉祥 |
| | | 五段镇 | 高庄三段 后四段 四段 后五段 五段 后六段 六段 七段 | 郓城 定陶 成武 菏泽 嘉祥 |
| | 铜山 | 马坡镇 | 后八段 前八段 九段 十段 魏庄 河涯 张庄 新装 老圩子 绳庄 代海 赵段 | 巨野 郓城 定陶 成武 鄄城 |

一般民俗飞地的形成需要一个相对"真空"的环境,"真空"环境一旦被打破,民俗飞地也就不可避免地走向消亡。本区移民民俗之所以能跨越一百六十多年还得以保存,与其特殊的生活空间有关。

清咸丰元年(1851)黄河在丰县决堤,"其被淹灾黎,沛县最重,丰县次之,铜、砀又次之"(水利电力水管司、水利电力科学研究所编,1988:769),水灾危及百姓生命,所以铜沛民众纷纷外逃,在本地区出现了十室九空的场景。四年后黄河又决铜瓦厢,河水在山东鲁西南漫流,郓城、巨野等受灾严重,均成泽国。铜沛地区积水始消、涸地渐出,原居民却"以为故乡永成泽国,不复眷恋矣"(于书云修、赵锡藩纂,1920:230)。涸退的官荒湖滩无人耕种,因此铜沛官府出示榜文,广行招垦。巨野人唐守忠闻知此事,率家乡避水灾民数万人南下,应招垦种(图2)。"数年后沛、铜之民返乡,睹此一片淤地变为山东客民之产,固以心怀不平"。(于书云修、赵锡藩纂,1920:229)围绕土地问题,土客双方拉开了械斗的序幕。为解决矛盾,曾国藩以"沛团交错之地,通筑长堤,名曰大边,以清东民与土民之界限"(于书云修、赵锡藩纂,1920:229),客民为边里,沛民为边外,边里边外绝不往来。这一段历史被当地人称为"团沛之争"[①],至

---

[①] 为了自我保护,山东移民打造兵器,推选有名望、势力的人做首领成为团总,移民聚落称为团,比如说以唐守忠为首的团叫唐团。据统计前后共有十"团"迁入:沛县境内有唐团、北赵团、北王团三团,铜山县境内有南王团、南赵团、于、睢团、侯团(后称刁团)五团,鱼台有魏团、任团两团。铜沛地区的八个团,土民和客民来自不同的省份,客民人数多耕地也多,因此本区成为土客双方爆发冲突的核心地带。所以土客之争又称为"团沛之争",客民又称为团民。

1990年双方仍争斗不断①。利益的对立为菏泽移民提供了一个长期闭锁的环境，使民俗飞地的形成成为可能。

**图1 移民村镇分布**

民俗代表着一种生活实践与文化认同模式，它始终与社会发展状况及人的功利性诉求相联系。在武力争斗的背景下，菏泽移民的团体利益诉求左右着民俗的认同模式，对祖籍地民俗及语言的使用和认同，能够有效地提高团体忠诚度，增大团体的生存概率。换言之，民俗对于移民团体而言不仅是一种情感诉求，也是一种生存手段。新中国建立后，政府有效地使用行政手段进行调控，先后将原属江苏沛县的高楼、张楼、西平、赵庙4个移民乡镇划归山东微山管理，土客矛盾才渐趋平息。生存环境的改变，

---

① 据《沛县志》（江苏省沛县地方志编纂委员会编，1995：130—131）记录，1961年至1990年团沛双方发动近27场械斗，1990年6月的"丰乐事件"是有史料记录的最晚近的一场械斗事件，团沛居民因收割湖麦发生武力斗殴，造成3人死亡、6人重伤、5人轻伤。

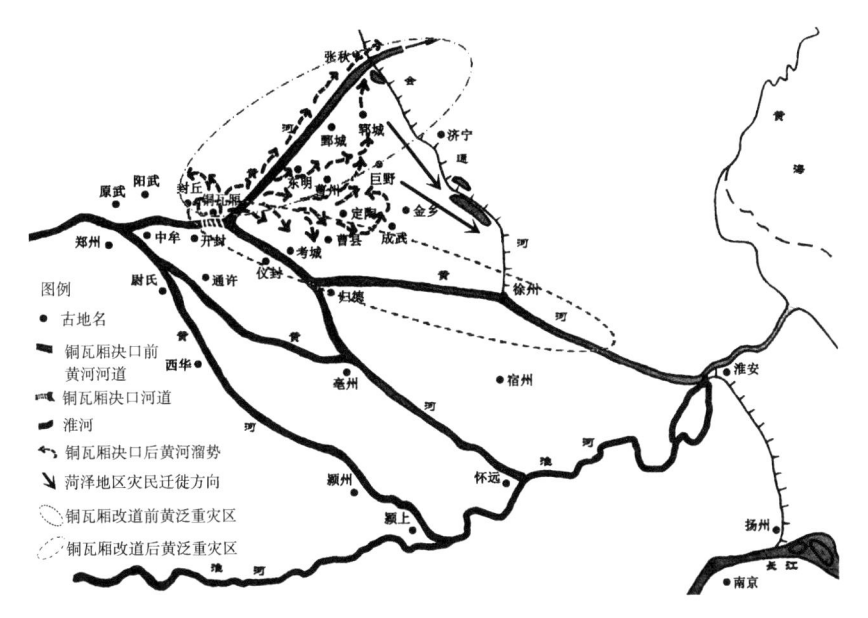

图2　铜瓦厢改道与菏泽灾民的迁徙

使移民民俗飞地逐渐打开，区域经济一体化的诉求让土客两个团体不得不往来互利。"群居相染谓之俗"，开放的环境中，双方民俗都会或多或少、或被迫或自愿地接受对方的影响。作为历史文化的积累和社会环境的产物，民俗自身必然会呈现鲜明的历时层次感与共时多样化。

## 二　移民迁出地与迁入地的春节仪式对比

在诸多民俗事项中，春节民俗最为人所熟知，也最具代表性。人们的年节意识往往从腊月的忙碌中被唤醒，再以种种的信仰崇拜和祭祀，将民众从常规的生活拉入神圣世界，直到正月十五或十六出年关之后，人们的生活才又逐渐步入正轨。

春节仪式和禁忌是人们为了顺利跨越年关、辞旧迎新的文化设定与规则，是现实世界与神圣世界转换的桥梁，在这些仪式和忌讳背后，体现了人民发自内心的需求和祈愿。不同的地区有不同的规则，它是千百年间凝聚的一种群体性情感意志和内部秩序。所以春节仪式具有一定的稳定性，但随着外部条件的变更或发展，信仰仪式也会随之增生新的特征。基于这个特点，我们通过对比手段，来分析移民的民俗现状[①]。首先来看移民迁出地和迁入地的民俗情况：

## （一）腊月二十三与祭灶神

祭灶，是民间一项影响很大、流传极广的习俗。灶神又称为"司命菩萨"或"灶君司命"，负责管理各家的灶火，被当作一家的保护神而顶礼膜拜。祭灶君的目的就是求灶神赐福来年全家平安、衣食无忧。

巨野地区在腊月二十三"祭灶君"。据被访者张秀兰（66岁）描述，接灶讲究甚多，妇女一般在这天早饭后会打扫厨房卫生，清理灶台；制作祭灶糖，祭灶糖一般用黍子糖加面粉制成，做成饼形；之后用秸秆扎一匹马，饲以草料，以备灶王爷骑马升天之用。到了晚上在灶台前贴新的灶王像正式接灶，再将祭灶糖贴在灶王爷嘴上，这一做法的目的是让灶王爷"上天言好事，下界保平安"。送灶时，将小马焚烧，以求来年家中衣食不愁，有一部分妇女还会在口中念叨"又有草又有料，一年比着一年好"。对于送灶时是否焚烧灶王像说法不一，绝大多数巨野讲述者表示，灶王像不能烧，需在灶台前贴一年以求平安，来年再换新像。

鱼台地区祭祀灶君的仪式则相对简单，早饭后清扫厨房，日落后供奉麻糖、焚烧金箔，便谓之"祭灶"。沛县祭灶的时间与前两地不同，腊月

---

[①] 笔者于2017年7—12月分别对移民村落、移民迁出地、移民迁入地进行田野调查。布点和调查原则如下：（1）一镇一点。由于移民乡村数量众多，笔者于每镇中各取一点进行调查。共16点，其中微山湖西岸移民村13个，参照点迁出地巨野、迁入地鱼台和沛县各1个。13个移民村调查点如下：老砦镇魏庄、张楼镇张楼、西平镇西平、赵庙镇赵庙、高楼乡刘楼、龙固镇龙固、杨屯镇杨屯、大屯镇大屯、沛城镇李集、胡寨镇鹿口、魏庙镇义和、五段镇五段、马坡镇九段。为表述方便，正文中以乡镇名称统称。（2）为确保调查内容的同质性（homogeneity）以进行移民民俗的共时横向对比，我们要求被调查者父母、妻子祖籍均为菏泽巨野人，年龄在60岁以上的老年女性，且无长期外出经历。移民迁出源虽属同一地区，但具体到区县，民俗仍有细微差异。以词汇"太阳"为例，巨野只有"天地儿"一种说法，而郓城有"天地儿"和"爷地儿"两种（资料来源于笔者2016年3月的郓城方言调查和同年8月的巨野方言调查）。为排除迁出地民俗文化差异带来的比对干扰，本文以迁出人数最多的巨野为例进行讨论。要求父母双方及妻子家庭祖籍均为巨野，亦是出于同一目的。此外，选取60岁以上的老年女性，是因为青年的文化经历较浅且易受外来因素影响，民俗特点不纯粹；女性对生活更为敏感，可以为调查提供更多的细节描述，故此处选女不选男。长期外出经验如打工、从军、读书等，容易使被调查者沾染生活地的习惯和风俗，故此类人不选。（3）现代社会因素对民俗文化的影响不在本文讨论范围之内。

二十三和二十四两天都能祭灶。沛县人接灶时，并无扎灶王坐骑的习惯，也会清扫厨房、制作祭灶糖。灶王糖又叫"糖瓜"，用黄米和麦芽熬制而成，中间空心成扁圆状，因形似北瓜而得名。祭灶后灶王像会立马烧掉以图吉利。

### （二）除夕与辞旧迎新

除夕这一天一般是规矩最多的，动辄犯忌、难卜吉凶。这在一定程度上反映了人们在新旧交替之际，对未来的某些担忧与期盼，这些仪式与禁忌正是人们保障人神交流顺利的手段。

巨野一般将腊月三十的下午至凌晨这一段时间称为"除夕"。当日上午家家户户贴神主、贴春联，神主要贴于堂屋正中，每一扇门都需要贴。除此之外，还要贴各种"福"字和"春"字，这其中有不少讲究：粮囤上要贴"五谷丰登"、牛圈贴"槽头兴旺"、羊圈和猪圈贴"六畜兴旺"、自行车贴"日行万里、夜行八千"、机动车贴"出入平安"，各种春联专司其职，不能混用，贴了春联后讨债的、追账的便不可以再登门。之后便会准备年菜、制作糕点，在当地最具特色的要属花糕了。花糕（见图3）是用面粉配大枣做成的，10斤到60斤不等，重量和体积越大意味着福气越大。傍晚时还要全家去祖林焚香祭祖，有的人还会请家堂。请家堂时需要在堂屋正中央摆放好供桌，供桌左右各放一把椅子，桌上摆满鸡鸭鱼肉，以示供养。巨野人会在家中撒上芝麻杆，称为"撒岁"。"撒岁"还有另外一个名称叫"踩岁"，芝麻杆踩上去会有噼里啪啦的声响，可以驱赶鬼怪。此外，门两侧还会插上松枝，门前挡一条棍子，以防"妖魔邪气"入侵。除夕当晚吃饺子，饺子有肉馅、糖馅、硬币馅三种，硬币馅饺子一般只有一个，吃到的人来年会诸事平顺。至午夜12点时，家里掌事的男丁为神主、家堂点香，求平安；孩子们会放鞭炮，意为辞旧迎新。

沛县与巨野在辞旧迎新的仪式上差别不大，除了贴春联和年画以外，还贴门吊子（见图4），门吊子贴于门框上方共8张，上刻图案和吉祥话。此外，在吃食上两地也有不同，巨野蒸花糕，沛县是炸油麻叶子，油麻叶子用半熟的烙馍切成菱形，晾干后再炸，其口味分为甜和咸两种。在供奉上沛县比巨野要烦琐，堂屋只能供奉神主，供栗子、白果、红枣、桂圆、核桃5种干果，称为"素供"；偏屋供奉祖宗神龛，供鸡、鱼、肉、丸子、海味5种，俗称"荤供"。晚8点左右，全家人更换新衣，准备敬神、供家堂。在敬神之前，在自家院内"煴岁"，即焚烧松柏籽壳，焚烧时不起火只冒烟，这种燃烧状态称为"煴"。鱼台仪式较为简洁，据李金萍（66岁）讲述，当地没有"撒岁"和"煴岁"的习俗，除夕这天家家户户扫庭院、贴春联，上坟烧香，门口悬灯、室内燃烛，设香案、摆供品，拜天地、祭祖先。

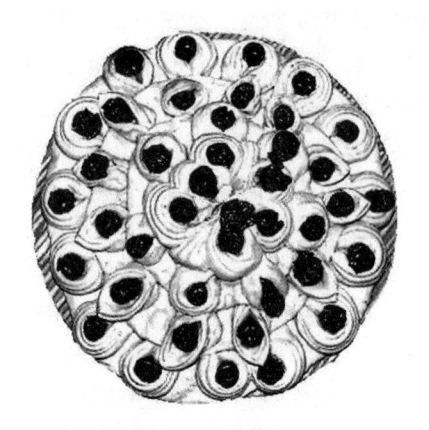

图3　巨野花糕

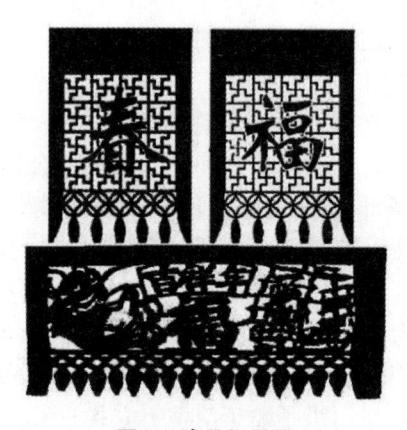

图4　沛县门吊子

## （三）初七与火神祭祀

火神祭祀的祭神是阏伯。阏伯，子姓，名契，商丘人。传说中阏伯是帝喾之子，生母简狄。尧称帝后，封阏伯为司徒火正，《左传·襄公九年》记曰"陶唐氏之火正阏伯居商丘，祀大火，而火纪时焉。相土因之，故商主大火"。阏伯负责观察火星的运行规律并为当地人保存火种，让人民随时取到火并能吃上熟食。正月初七是火神阏伯的生日，所以初七时商丘附近的豫、鲁、苏、皖各省人民都会朝拜、祭祀火神。巨野、沛县、鱼台三地都有这一习俗，在细节表现上略有差异。

沛县送火神会扎"火神把子"，火把用稻草和棒子秆扎成。张玉（67岁）指出，有的人会在火把中放入鞭炮，焚烧火把时伴随鞭炮声声，以求吉祥如意。送火神的方向一般为西南方，并有一句俗语流传于民众之中"火神把子上西南，专烧西南的秸秆船"。在这一天十分忌讳新媳妇看火，据说新妇看火妨①婆婆。鱼台习俗类似，但有2点不同：其一火把上需要插火神排位，沛县无；其二是结婚未满三年的媳妇都要回娘家"躲火"，而沛县这条忌讳仅仅约束刚进门的新妇。

巨野送火神之时，方向忌北、东北与西北，当地民众认为北方属水、南方属火、东方属木、西方属金、正中属土，因为送火神的意旨是把"火神爷"送出去，免生火灾，所以带有水属性的北、东北和西北3个方向成为禁忌。至于新妇回家"躲火"的规矩，巨野地区讲述者并未提及。

## （四）正月十五与春回大地

正月十五又称作元宵节、上元节，是春回大地的第一个月圆之夜。所以不同地区用不同的习俗去庆祝这一天，以祈求来年风调雨顺。除我们所知的赏花灯、猜灯谜、吃元宵外，巨野、沛县各有不同的习俗加以庆祝。

沛县有一个传统习俗称为蒸面灯，村民多于当日蒸成12个属相或代表12个月份的面灯，在入夜后点燃置于大门、畜房或灶台之上，将其对来年的丰收祈愿寄托于面灯之上。讲述者张玉描述了面灯制作具体的过程和民俗背后所含的寓意，面灯依据材料和颜色分为3种：用小麦粉做的叫银灯；玉米面和黄豆面做的叫金灯；红薯面和高粱面做的叫铁灯。灯的样式分为月份灯和属相灯两种，月份灯12个，做的时候捏一个花边代表一月，两个花边为二月，依次类推至十二月。蒸馏时有些面灯中会存有蒸馏

---

① 妨，《汉语大字典》（汉语大字典编辑委员会，2010：1106）中一条解释为"相克"。

水，有些则无，乡民便以此来预见来年收成，存有蒸馏水的面灯所在月份会雨水充沛、收成丰厚。蒸好的面灯内，置入植物油，点燃求福，等灯油燃尽之后，另一个预言又随即诞生：灯花的形状决定明年农作物的收成，如果灯花像棉花，那么乡民就会认为明年棉花肯定大丰收。在属相灯上，各家所做数量略存差异，有的家庭会蒸12个生肖面灯，有的家庭则按照家庭成员属相蒸面灯，点燃后用灯光照亮各个角落，并以相应的属相灯从头照至脚部，预示来年安康。并不是每一个家庭都可以蒸面灯，这其中有很多讲究，笔者总结出3点禁忌：（1）有白事的家庭，三年不能蒸。面灯靠附近友邻赠送，收到面灯后不能点燃。（2）出嫁的女儿不能在娘家看灯。（3）面灯点然后，要等其自然熄灭，切记用嘴吹灭。

巨野地区将这一天称作小年，在这一天姑娘用五色纸和秸秆、枣树枝扎"花树""花姑娘"，"花姑娘"手臂挎花篮，篮内装有棉花，再将"花姑娘"置于"花树"之上，最后将"花树"插置在粪堆上，意为来年棉花丰收。这一天出嫁第一年的妇女一定要回娘家过，有的也会请新女婿去，过完正月十六方可返回。

## 三 微山湖西岸民俗飞地的类型

民俗作为一种原生态的文化事象，具有一个很重要的特点就是它带有极大的包容性，这一点使民俗的类型、种类很难具有确定性。举个例子来说，正月十五赏花灯这一习俗在笔者调查的民俗点内都具有通用性，我们很难界定移民也具有的这一民俗特点究竟源出何处。

为解决上述问题，笔者在上文调查的基础上，从差异入手提取了迁出地和迁入地新春民俗的13组民俗对立项，与移民民俗的同类事项做对比。试图按照其性质和发展演变的规律，给微山湖西岸的移民民俗进行类型划分。

表2　　　　　　　移民迁出地与迁入地春节民俗对立项

| 序号 | 特点 | 迁出地巨野A① | 迁入地沛县B | 迁入地鱼台C |
|---|---|---|---|---|
| ① | 祭灶糖 | 特质的黍子面粉糖，成饼状 | 以糖瓜为主 | 以麻糖为主 |

① 为表述方便，巨野简称A、沛县为B、鱼台为C。下文亦同。

续表

| 序号 | 特点 | 迁出地巨野 A | 迁入地沛县 B | 迁入地鱼台 C |
|---|---|---|---|---|
| ② | 灶王坐骑 | 用秸秆扎制灶王坐骑 | 无 | 无 |
| ③ | 灶王像 | 灶王像帖一年 | 祭灶后焚烧 | 祭灶后焚烧 |
| ④ | 地域小吃 | 蒸花糕 | 油炸麻叶子 | 无 |
| ⑤ | 除夕水饺 | 吃糖馅水饺 | 不吃糖馅水饺 | 不吃糖馅水饺 |
| ⑥ | 门吊子 | 少数人家贴,无数量要求 | 贴门吊子,8张 | 贴门吊子,6张或8张 |
| ⑦ | 撒岁熰岁 | 撒岁 | 熰岁 | 无 |
| ⑧ | 除夕祭拜 | 神主、祖宗同供于堂屋 | 神主供于堂屋,祖宗供于偏屋 | 神主供于堂屋,祖宗供于偏屋 |
| ⑨ | 贡品 | 荤素皆有,以荤为主 | 神主素供,家堂荤供 | 神主素供,家堂荤供 |
| ⑩ | 送火神方向 | 非北、东北、西北方向 | 西南 | 西南 |
| ⑪ | 火神派位 | 火把上无火神排位,火把内不放鞭炮 | 火把上无火神排位,火把内放鞭炮 | 火把上插火神排位,火把内放鞭炮 |
| ⑫ | 新妇送火神 | 无禁忌 | 一年新妇禁送火神 | 三年新妇禁送火神 |
| ⑬ | 元宵祈福 | 扎花树 | 蒸面灯,月份灯12个,生肖灯12个 | 蒸面灯,对数量无限制 |

民俗事项在时间上不非是即刻出现、旋即消失的一种社会生活文化事象;在空间上也不非是带有地域不变性,而是可以传播和扩大的。民众是民俗的承载者与创造者,由自然灾害、战争等特殊因素引起的人口迁徙,必然也附带着民俗迁徙。移民后群体生存环境封闭,易产生民俗飞地;移民后群体生存环境开放,移民民俗就会或多或少地沾染迁入地特点。菏泽移民文化亦不外如是:

表3　　　　　　　菏泽移民乡镇民俗现状

| | ① | ② | ③ | ④ | ⑤ | ⑥ | ⑦ | ⑨ | ⑩ | ⑪ | ⑫ | ⑬ |
|---|---|---|---|---|---|---|---|---|---|---|---|---|
| 老砦 | C | A | C | C | A | C | A | A | C | C | C | C |
| 张楼 | A | A | A | A | A | A | A | A | A | A | A | A |
| 西平 | A | A | A | A | A | A | A | A | A | A | A | A |
| 赵庙 | A | A | A | A/B① | B | A | A | A | A | A | B | B/A |

---

① "A/B"表示以A地民俗特点为主,掺杂B地特点。

续表

|  | ① | ② | ③ | ④ | ⑤ | ⑥ | ⑦ | ⑧ | ⑨ | ⑩ | ⑪ | ⑫ | ⑬ |
|---|---|---|---|---|---|---|---|---|---|---|---|---|---|
| 高楼 | B | B | B/A | B/A | A | B | B | A | A | B | A | B | B/A |
| 龙固 | B/A | A | B/A | A/B | B | A | A | A | A | A | A | A/B | A/B |
| 杨屯 | B/A | A | A | A/B | B | A | A | A | A | A | A | A/B | A/B |
| 大屯 | B/A | A | A | A/B | B | A | A | A | A | A | A | B/A | A/B |
| 沛城 | B | A | A | A | B | A | A | A | A | B | B | B | B |
| 胡寨 | B | A | B | A | B | A | B | A | A | A | B | B | B |
| 魏庙 | B/A | A | A | A | B | A | A | A | A | A | A | A/B | A/B |
| 五段 | B/A | A | A | A/B | B | A | A | A | A | A | A | A/B | A/B |
| 马坡 | B | B | B/A | B | B | A | A | A | A | A | A | B | B/A |

微山湖西岸地区，移民与土著交叉居住，对具体民俗而言，表现各有不同。从表3的记录来看，移民飞地的民俗变化呈现出以下3个基本特点：

（1）单一性与融合性并存。比如特点4中，张楼、西平、老砦、马坡4点具有单一性，张楼、西平与迁出地相同，老砦、马坡与迁入地相同；赵庙、龙固等其他9点表现出融合特点，其中赵庙、龙固、大屯、杨屯、魏庙、五段6点以迁出地特点为主，掺杂了迁入地民俗特点，其余3点反之。

（2）民俗文化核心的观念与仪式更倾向于单一性，比如说特点7、特点10等神祇祭拜；而诸如饮食、美好祈愿等则呈现融合和多样化趋势，比如特点4。

（3）移民人数少的乡镇，民俗变化速度快于人数多的乡镇。高楼与赵庙相邻，高楼移民村庄1个、赵庙8个。高楼已有9项民俗产生变化，而赵庙仅3项，高楼民俗去菏泽化速度要明显快于赵庙。

依据表3，我们统计出移民村落的变化程度（图5），并按照民俗演变方向将其分为3种类型：类型一，稳定型，移民始终单一地使用迁出地民俗，代表点张楼、西平。这种情况通常出现在政治、经济、文化地位较高的民俗飞地，或"民俗忠诚度"特别强烈的飞地，又或者是以自然经济为主的封闭型飞地。张楼和西平属于后两种。

类型二，消融型，移民开始借用飞地外土著民俗，但仍以飞地内民俗

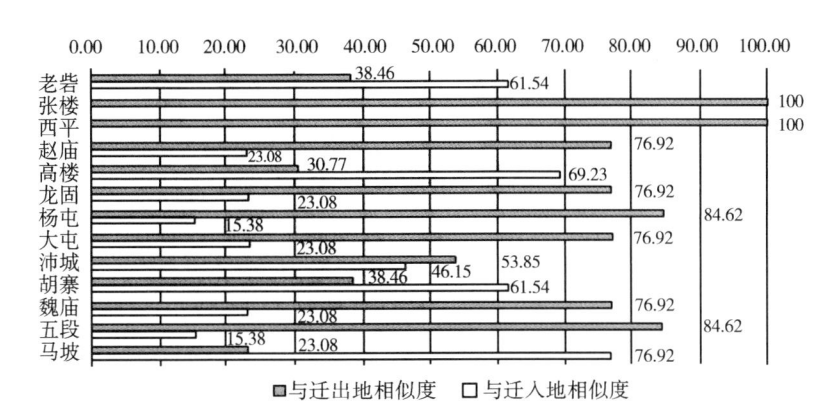

图 5　微山湖西岸移民村落民俗使用现状（%）

为主，代表点赵庙、龙固、杨屯、大屯、沛城、魏庙、五段。上述 7 点内部消融的程度略有差异，沛县处于消融的深层次阶段，其余 6 点交融情况较少。

类型三，消亡型①，移民大量借用飞地外土著民俗，以飞地外民俗为主，代表点老砦、高楼、胡寨、马坡。在民俗飞地彻底消亡前，一般会经过消融阶段，即兼用岛内外民俗，经过这个阶段后，飞地内原有民俗由边缘礼俗向核心民俗退缩，渐至湮灭。

## 四　影响微山湖西岸民俗飞地演变的社会因素

一个民俗飞地的消失或者保存，必然受诸多社会因素影响。这些影响民俗飞地变化的社会因素中，多数对于不同的民俗飞地来说是共通的，比如说开放程度、经济发展程度和婚姻状况等。限于篇幅，本文不拟对这些因素做全面描述，只讨论微山湖西岸移民民俗类型所反映的比较突出的 4 个因素。

---

① 完全消亡了的民俗飞地都已无法观察，能够观察到的民俗飞地也都还未完全消亡。因此，我们只能通过一些正在走向消亡或接近消亡的民俗飞地，来观察其民俗演变特征和趋势。所以本文将与迁出地民俗特征相似率低于 50% 的民俗点归于消亡型中。

### (一) 地方秩序构建中的冲突事件

湖团械斗是导致微山湖西岸移民环境闭锁的主要原因。曾国藩"跑马划界"以试图解决双方争斗,这一做法不但收效甚微,反而为土客划出一个明确且闭锁的团体界限,更有利于二者进行军备斗争。为了整个移民群体的生存,一系列关于群体内部的规则就会应运而生,群体成员之间开始形成共同的观念,个人的行为开始自觉地与群体利益接近,坚持使用迁出地的文化习俗便成了维系内部稳定的纽带。

一个相对"真空"的状态,是民俗飞地形成的前提。封闭的状态一旦被打破,飞地也就不可避免地走向消失。"真空"状态保持时间的久暂,影响着移民民俗演变的方向和速度。我们用消亡型民俗点老砦和稳定型民俗点张楼的对比进行说明。

迁徙至山东济宁鱼台老砦的菏泽人,与当地人系属同省同乡,在曾国藩"跑马划界"后,"东民居东境,人数寡而耕地少,一经官为处置,渐以相安无事"(于书云修、赵锡藩纂,1920:230),所以在鱼台当地人的感知中,菏泽移民与土著早已无异,民俗也相差无几。由于未形成大的利益冲突,"真空"的状态很快就被打破了,土客的交融也会带来民俗的交融,所以它以渐变的形式向消融的方向发展,并随时间的推移逐步走向消亡。相反,张楼、西平一直是冲突事件的核心地带,土客之间互不往来的敌视关系持续了一百三十多年,直到新中国成立后械斗事件还时有发生,比如1983年的倪楼事件,村民因查看芦苇发生争执,沛县倪楼村(今属微山县)死亡2人,受伤2人。张楼、西平这种封闭的状态在移民迁入的一百六十年间都未被打破,所以它才能一直保持迁出地的特色。

### (二) 迁徙距离的远近和人数的多少及分布

民俗飞地最根本的特性是与大本营相距较远,二者不得不分隔开来,所以随着后期迁入人数的减少,大多数飞地不得不走向消失。微山湖西岸的菏泽移民则属于近距离迁徙,近距离迁徙有助于移民和迁出地联系,本区体现最为明显的一点便是源源不断的菏泽迁入者。铜瓦厢决堤之后,菏泽各地居民年年迁往湖团地区,不但没地的居民乐意迁往,还有一些做生意失败的、甚至是躲避仇家的人,都乐意"下团"。移民性质由最初的自然灾害移民变为后期的商业移民、亲属移民或婚姻移民,新移民力量的注入，刺激了湖团地区菏泽民俗的使用和发展。

移民迁入新居地后的分布形态，影响着民俗变化的方向。移民村镇少的地区，民俗变化较快。高楼在1953年由江苏沛县划入山东微山县后，土客双方矛盾才逐渐消解。与老砦相比，高楼开放时间相对晚近，但民俗变化速度明显快于老砦，老砦与迁出地民俗相似度为38.46%，而高楼仅余30.77%。这与移民人数相关，高楼地区只有1个移民乡镇，当"真空"状态打破后，小规模的移民投入到迁入地后，很容易被侵蚀和吞噬。消亡型中的胡寨和马坡变化也受这一因素制约。

## （三）婚姻状况——人口构成中不同民俗使用者的变化

"血缘是稳定的力量。在稳定的社会中，地缘不过是血缘的投影……地域上的靠近可以说是血缘上亲疏的一种反映，区位是社会化的空间……血缘和地缘的合一是社区的原始状态。"（费孝通，1985：72）移民需要凝聚更多的血缘来扩大生活空间，这就出现了两种途径：一是通过回乡娶亲以壮大移民力量，二是与当地人通婚来稳定生存环境。稳定型移民民俗通过前者保障生存环境，消亡型和消融型则依靠后者。

家庭是民俗使用最为频繁的地方，也是子女最先习得礼节的地方。家庭人员的构成对于家庭内礼俗细节的选择、特别是对下一代人的习得有着重要的影响。稳定型至今仍通过回乡娶亲来扩大其血缘力量，所以子女习得的民俗仍与迁出地相近。而消亡型和消融型中的民俗点，现今更多地选择团沛通婚，这使徐沛地区民俗以家庭为单位逐渐渗透进移民村落中，并影响其子女的民俗模式。

这一解释可以从高楼和张楼、西平的对比中得到证实。据1973年的人口统计数据，微山县的平均婚育年龄是23.16岁。在团沛通婚的时间上，高楼比赵庙、西平约快1.34代，这为高楼民俗变化快于其他移民乡镇提供了可能，这点我们也可以从高楼讲述者的口述中得到证实。据周正文（70岁）讲述，整个微山湖西岸的婚姻都讲究"门当户对"，其主要表现为两个方面：一是湖民、陆民绝不通婚[①]，二是边里、边外绝不通婚。菏泽移民的婚姻问题只能通过边里通婚、回乡娶亲两种方式解决。在

---

[①] 湖民是指在微山湖上靠捕鱼为生的渔民，他们生活在鱼船连成串的船屋里，经济收入低且居无定所，所以不受陆民重视，不与其通婚。

1953年高楼区划变动之后，受自由恋爱观的影响和结婚成本[①]的限制，高楼地区回乡娶亲的现象逐年递减，更多的人倾向于同沛民通婚。民俗也是自此之后才开始发生变化，周正文指出本村90多岁的那代人仍忠于菏泽文化和风俗，到了自己这一代能发现诸多传统在改变，而年青一代却早已积极地学习和使用徐沛地区的民俗了。

### （四）地缘优势下的民俗变化

在漫长的年代里，民俗和民俗间总是并存共用的，随时代的演进，民俗之间的接触也是越来越频繁，在相互接触中会或多或少地产生影响。那么，保留谁的特色多一些，谁的特色少一些，就有一个竞争力的问题。竞争过程中，民俗演变一般会有两个宏观方向：要么受经济、文化影响，各地民俗表现出趋同、趋简的演变态势；要么弱势民俗向强势民俗靠拢，这种"弱势民俗"和"强势民俗"是相对的，强势民俗是指在区域内经济、政治、文化占优势地位的民俗，本区民俗变化则体现为后一方向的演变特点。

在之前的讨论中，我们得出一个基本结论，移民村庄少、人数少的乡镇，其民俗变化较快。但从图7的数据中不难发现，移民村镇数量较多的马坡（12个），民俗去菏泽化进程要快于数量较少的沛城（4个），地处移民最北端的老砦情况与马坡相同。就此可以看出移民村落在地理上的一个大致分布，地处南北两端的移民乡镇民俗变化较快，多为消亡型；而处于中间地带的移民乡镇则带有融合色彩。消亡型中的马坡、胡寨，它们和周边的沛城、五段、魏庙有着相同的社会历史背景，但变化速度却明显快于沛城等地。这与地缘因素有关，南端乡镇这一趋势较为明显，因为移民带南端与区域内文化、经济中心徐州相邻，尤其是马坡，它与迁出地民俗的相似度已不足30%。

这种地缘因素的优势还表现在经济上，以高楼乡为例。高楼有16个行政村，其中10个为渔业村，渔业是当地经济的支柱型产业。水产品的一大特点是鲜活易腐，为减少损失，村民一般会就近分销，这点加强了高楼与邻近区县的联系和依托。相反，张楼、西平则以种植业为主，比如说

---

[①] 菏泽地区结婚有男方给女方礼金的习俗，礼金数目由女方规定，一般几万到十几万不等，沛县地区无此习俗。因此在结婚的成本上，团沛通婚低于团民回乡娶亲。

张楼有10个行政村,仅有2个为渔业村,其余8个均以种植业为主。以种植业为主的农业结构与以渔业为主的农业结构相比,前者自给自足的程度更高,对周边区县的经济依赖更小,因此乡镇的内部独立性更强,移民民俗的特点也就更容易保留。

文化的内在凝聚力是很难在短期内改变的,山东菏泽移民与当地居民整合的过程中,坚持自身原有的风俗习惯,并且不断加进迁入地的文化因子,形成新的文化心理,但这是一个长期、复杂的过程,包含着众多的变数。移民的民俗类型不非是一成不变的,稳定型随着移民社团开放时间的加长、外部文化和经济的冲击,也可能进一步向消融型或消亡型推进,消融型在各方因素的推拉下,或将兼容形式发展为地区民俗的固定模式,或进一步丢弃迁出地色彩向迁入地靠拢。

## 参考文献

费孝通:《乡土中国·生育制度》,生活·读书·知新三联书店1985年版。

汉语大字典编辑委员会编:《汉语大字典》,四川长江出版集团2010年版。

侯仰军、张勃:《微山湖西岸移民述略》,《齐鲁学刊》1997年第2期。

江苏省铜山县县志编纂委员会编:《铜山县志》,中国社会科学出版社1993年版。

江苏省沛县地方志编纂委员会编:《沛县志》,中华书局1995年版。

李近人:《微山湖区史缀·增撰纪考》,济宁市新闻出版局2000年版。

(清)凌寿柏:《菏泽县志》,光绪十一年排印本1885年。

马国喜:《移民灾害与自然冲突》,硕士学位论文,山东大学,2006年。

山东师范大学历史系中国近代史研究室选编:《清实录山东史料选》,齐鲁书社1984年版。

水利电力水管司、水利电力科学研究所编:《清代淮河流域洪涝档案史料》,中华书局1988年版。

叶涛：《中国民俗》，中国社会出版社 2008 年版。

于书云修、赵锡藩纂：《沛县志》，商务印书馆 1920 年版。

张士闪、耿波：《中国艺术民俗学》，山东人民出版社 2008 年版。

（亓文婧　济南　山东师范大学文学院　qwjing6668@163.com；
　　　　姜　岚　烟台　鲁东大学文学院　jlinn10@163.com）

# 民俗"完灯"及其文化内涵探微

王晓音

**提　要：**"完灯"是陕西渭南地区的一个方言词，指春节期间、元宵节前后的一个民俗活动，主要内容是：舅家最后一次给年满十二周岁的孩子送灯笼，孩子的父母设宴答谢。另有"圆灯""满灯""全灯"等同义词。"完灯"多被描述为"童关礼"，是对孩子顺利度过儿童期的庆贺。"完灯"实与元宵节张灯以及娘家人在不同节令看望出嫁女儿等风俗有关，其文化内涵是对女儿的亲子之爱以及血亲相连的家族社会关系的发展。

**关键词：**完灯；文化内涵；亲子之爱；家族关系

## 〇　引言

"完灯"一词出现在陕西渭南一带部分地区（本文以临渭区、蒲城为例）的方言中，并有同义词"圆灯""满灯""全灯"等。所指内容为：孩子年满十二周岁、进入十三岁这一年元宵节，舅舅家最后一次给孩子送灯笼玩耍，即"完灯"，也是最隆重的一次送灯，此后就停止了年复一年的送灯和馍馍，送灯、玩灯到此终止。元宵节前后，为答谢舅舅家十二年来每年送灯笼给孩子，以及对孩子成长的关心，孩子的父母宴请舅家人以及亲朋好友。至于"圆灯""满灯""全灯"等同义词的出现，很可能是以"圆""满""全"等的"圆满""完整"取代"完"所具有的"结束""完结"之意，反映了中国文化在语言表达上喜欢讨口彩、追求美好的价值取向。

## 一　研究现状

对于"完灯"这一方言词及其所指的民俗现象，能够搜集到研究资料主要是对于这一民俗现象的描述性介绍。沈宇（2002）、秦渭平（2010）、卿荣波（2010）等在所撰写的新闻稿中，对"完灯"大体活动过程做了简单的介绍；张潇娟（2008）在专著《渭南面花》中则将"完灯"作为当地重要的传统民俗活动进行了详细介绍。李彤（2018）将"完灯"界定为一种传播民俗。

对于"完灯"所包含的文化意蕴，以上研究者共同采用了"童关礼""过童关"（钟敬文、萧放，2008）的提法。然而，如果从这一民俗现象的具体活动环节细加探查，则不难发现，"完灯"并不仅仅是"童关礼"，且具有值得深思的文化内涵。

## 二 "完灯"民俗现象描述

### （一）"完灯"的前奏——送灯

"送灯"是元宵节习俗，陕西各地都有类似活动。"韩城、合阳县……'送灯'从正月初五开始，初九进入高潮。舅家给外甥们送、亲朋好友（陕西称'干亲'）给干儿干女们送，你来我往，情真意切。"（沈宇，2002）

从孩子出生这一年开始，一直到十二岁，每年元宵节之前，舅家都要给外甥送灯，让孩子玩耍，正如歇后语所说："外甥打灯笼——照旧（舅）"。所说的"舅舅"，不仅指孩子母亲的亲兄弟，还包括表舅、堂舅等。小孩出生后的前三个元宵节，收到的灯笼是一对小的火炭灯笼，还有两包蜡烛、一对坠灯的小面鱼儿、一把提灯笼的红柄木质刀。坠灯用的小面鱼儿取"鱼"的形状，一是表达美好的愿望，因为鱼"多籽（子）"，象征生殖繁盛，以期婴孩茁壮成长；二来，坠灯鱼儿挂在灯笼下面，可以保持灯笼的平衡。从四岁起，舅家就改送花灯了。每年只送一个，但是仍然要配蜡烛、坠灯面鱼儿等。（张潇娟，2008）

送灯礼仪非常讲究，各地略有不同。在渭河南北，第一年送灯，要带面塑的以蛤蟆（蟾蜍）为首的一组动物：鸡、鱼、小龙（蛇）、团儿（獾）或锥巴儿（蝌蚪）。第二年以后，渭河北一带变成十二个团儿，渭河南一带则是十个锥巴儿，统名为"茧儿"。韩城、合阳一带送"老虎馍""鱼儿馍"，华县、澄城县送灯还配有双鱼、双鸡的"坠灯馍"，铜川地区叫"伴灯馍"。《史记·周本纪》说"周有鸟、鱼之瑞",因此送灯时伴随的各种面塑,即有祝愿繁衍生育的含义。

## (二)"完灯"仪式

"完灯"的说法在陕西许多地方都有,如华县、澄城、陇县、铜川等。"坠灯馍要从孩子出生一直送到十二周岁,叫'完灯'或'全灯'"。(沈宇,2002)"舅舅要给外甥送花灯,而且这一送要送到孩子长到十二岁,最后这一年送灯叫'完灯'。"(马宏杰,2004)但是临渭区、蒲城等地的"完灯"格外隆重,有一整套规矩和仪式。

"完灯"仪式多选在正月里,初二之后、十五之前,三、六、九的吉日举行。当天,亲娘舅家要送给孩子一对大红宫灯,与往年的普通灯笼不同;给孩子蒸一对花馍,有"老虎花馍",也有"百花馍",以示祝贺;还要给孩子买一套从里到外的新衣服鞋帽等。其他表亲等的舅家则送手电筒、台灯等,祝福孩子前途光明。也有孩子的外婆、姑姑、姨妈等,蒸虎头龙身鱼尾的大谷卷,或者插花的老虎、狮子花馍,邻里、远房亲戚也会送道喜花馍、给孩子红包等。如果往年送灯时,只是舅舅在正月十五之前某一天随意前来,并不需通知外甥家,但是,"完灯"这一年,必须提前打招呼,说定送灯的日子,而且舅舅夫妇必须一同前来,以示郑重。

渭北一带农村正月十五晚上,这一年给孩子"完灯"的人家会在自家院子里展示亲友们送给孩子的花馍、衣物、灯具、文具等物品。村中的大人孩子都会前来观赏,评论比较,看谁家亲戚送的花馍精致、送的礼物高级。这时还有一个有趣的小插曲:一些关系亲近的邻里会趁看守礼物的孩子不注意,悄悄拿走一件礼物,再告诉主人家,然后主人家会用糖果糕点之类的东西去换回被拿走的礼物。这个玩笑会给"完灯"仪式带来更多欢笑。

在比较富足的乡村或城市里,"完灯"仪式的重头戏在于宴请。孩子的父母会在家中或饭店里摆设酒席,请孩子的舅家以及亲朋好友参加。孩子的父亲对孩子舅家十二年来的关照表示感谢,对孩子的成长做一个标志性的纪念。席间,孩子在父母的带领下,向各位长辈敬酒答谢,孩子的舅舅也会给出席宾客敬酒道谢。凡是参加仪式的客人都会送上红包、文具、书籍等作为贺礼。

## 三 "完灯"来历探索

### (一)"燈"与"花灯":元宵节张灯的来历

《正字通·火部》:"灯,俗燈字。"《康熙字典》:"燈,《集韻》本作鐙。"《说文解字·卷十四》:"鐙,金部。都滕切。鐙,錠也。从金登声。臣鉉等曰:錠中置燭,故謂之鐙。今俗別作燈,非是。"《汉语大字典》对"燈"有这样的解释:"特指元宵节张挂的灯彩,《玉篇·火部》:'燈,燈火也。'《旧唐书·中宗纪》:'丙寅上元夜,帝与皇后微行观燈。'清孔尚任《桃花扇·选优》:'万一误了燈节,岂不可恼?'"一般研究认为,元宵节看花灯大约起源于东汉佛教传入中国后,《汉语大字典》:"燈能照明,佛教因以燈比喻佛法。"唐玄宗复兴灯节,将佛道两家的节日融为一体,促成元宵节向民俗节日的转化,逐渐形成民间元宵节张灯的风俗:"十五日元宵及前后二夕,村城街衢则缘门张灯,相尚以工巧……谓之灯节。"[①] "元宵前后三夕缘门张灯,室之内外,布散灯盏……"[②] 花灯的民间意蕴逐渐产生。

### (二)花灯与子嗣:元宵节送灯的缘由

1. "灯"与"丁"

与元宵节的"花灯"关系最紧密的民间意蕴是"送子""求子"。因为"灯"的发音与"丁"相近。"丁"有"壮、强壮"之意。《说文解字》:"丁,夏时万物皆丁实。"段玉裁注:"丁实,小徐本作'丁壮成实'。"由此意引申出"壮丁",指能承担赋役的成年人。再引申到"人口"之意。《南史·何承天传》:"计丁课仗,勿使有阙。"韩愈《赠卢仝》:"去岁生儿名添丁。"以"燈"喻"丁",以"送花灯"喻"送丁、送子"慢慢成为了花灯的主要民间意蕴。灯会求子的习俗,明清时期已有。明代福建人极其重视灯会,谢肇淛《五杂俎·上元》中说:"闽方言

---

[①] (明)南大吉:《嘉靖渭南县志·渭南志九·风土考三》,《中国地方志集成 13 陕西府县志辑》,凤凰出版社 2007 年版。

[②] (清)严书麟、焦联甲:《光绪新续渭南县志·卷二 风俗》,《中国地方志集成 13 陕西府县志辑》,凤凰出版社 2007 年版。

以灯为丁，每添设一灯，则俗谓之'添丁'。"四川东部有正月十六"送龙灯"之俗，孩子们将元宵节张挂的龙灯摘下，送往结婚久而无子女的人家。北方地区以元宵节"摸城门钉"作为"祈子"活动。明朝蒋一葵《长安客话》卷二、沈榜《宛署杂记》卷十七以及刘侗、于奕正《帝京景物略》等书记载，明代北方地区流行正月十五之夜妇女到城门摸门钉，一举摸中者，即可如愿受孕生子。"钉"，"丁"也，即子嗣。"陕西西安一带，元宵节的前几天有'送花灯'的习俗。一般是新娘子的娘家人把花灯送给新出嫁的女儿家，希望女儿婚后吉星高照，早生贵子，因为'灯'与'丁'谐音之故。"（邢莉，2016）

2. 花馍与"丁"

既然以"灯"喻"丁"，"送灯"显然意味着对生育、后嗣的祝福。渭南地区的"送灯"，其实最初是送给已出嫁的女儿的。从女儿出嫁后的第一个春节起，娘家人（女子的父母或已婚的哥哥、弟弟）要选择在正月初二到初八（初三到初六的居多）中一天，给已出嫁女儿"送灯"。"送灯"主要就是送两个大灯笼，还有十支蜡烛。正月十一开始到正月十五，女子便把灯笼挂在自家大门上。等到女儿有了孩子以后，娘家便把这样的礼物转送给女儿的孩子了，给每个孩子送一个灯笼和十支小蜡烛，孩子们在正月十一到十五的晚上挑着灯笼玩耍。送给孩子的灯笼要比原来送给女儿的灯笼小一点，以便于孩子提携。一般还要送花馍，表示对孩子的祝愿和保佑之意。

前文所述，花馍实际上是一组面塑动物。其中的蝌蚪（锥巴儿），就是"丁"的一个意思。《康熙字典》："丁，又丁子，科斗也。初生如丁有尾。"《莊子·天下篇》"丁子有尾。"将蝌蚪花馍送给女儿的孩子，正是祝福女儿多子多福。蝌蚪的生育象征义，来源之一应当是蝌蚪本身的自然属性，繁殖能力强、数量大；另一个来源很可能是女娲崇拜，以及对"蛙图腾"的崇拜①。花馍上还有"獾"的形象，獾的寓意何在？从语音的角度分析，取谐音的可能性很大，獾即"欢"，取义"欢欢喜喜"；从神秘文化的角度看，獾毛常被放入护身符内，认为具有驱邪、避秽的作用。

---

① 中国民俗网，《骊山女娲风俗 女娲蛙图腾重见天日》，http://www.chinesefolklore.com 民间叙事，2008年11月22日。

## 四 "童关礼"与"十二岁"

### (一) 人生礼仪之"童关礼"

婴儿出生后,随着他(她)的成长,就会有一系列的成长礼仪。明清时期,就有顺利产子后的"报喜""送喜蛋"的风俗,流传至今,中国北方大部分地区都有此习俗。唐宋、明清到民国时期,婴儿出生第三天,都要举行"三朝洗三"的仪式。婴儿出生一个月,要办"满月酒",此时有隆重的"剃满月头"的仪式。小儿满一百天,庆"百日"。宋代以后就有了"百晬""过百岁"的习俗。孩子长到一周岁,要举行"周晬礼",也叫"抓周""拿周"。孩子长到十二岁时,要"过童关"、举办仪式,庆祝度过了危险的童年期。(钟敬文、萧放,2008)

"童关礼"的形式多样,在不同的地域有不同的形式,但是都有共同的特点:形式上,在孩子出生时,开始用某种特定方式为他祈福、避祸,满十二岁的时候以隆重的仪式宣布停止或解除这一方式;意图上,利用这一特定方式保护孩子健康成长、不致夭亡。较常见的"童关礼"有"圆锁""寄名还俗"等。

1. 圆锁

过百岁时,孩子会带上一个百家锁,也叫"长命锁""百家常""百家练"等。多以金银打制成锁形,上面有"长命百岁""长命富贵"等文字,百家锁一般由外婆家赠送或自家打制,民国期间全国流行"化百家锁",即家长沿街到各家乞讨一文钱,直到百文,或找乞丐用大钱换小钱,打制百家锁给孩子佩戴。家长希望借了百家的福寿,孩子好养活,能够健康成长。这个百家锁相当于护身符,孩子要戴到十二岁。到了十二周岁生日时,举行"圆锁礼",把锁摘下来,也叫"开锁"。这天,孩子父母要大宴宾客。在黄河流域,客人多赠送面花。其中有面盔、曲连(大项圈式的面饼),孩子要象征性地戴一下。

2. 寄名还俗

民国时期,有"寄名神佛"的习俗。即父母将婴儿或幼儿送到寺庙,请僧人起一个名字,意为暂时出家,借助神佛的力量,保佑孩子平安成长,待躲过一定时期内可能发生的灾难后,再"还俗",这一时期就是十二年。孩子十二岁的时候,由父母带领,到庙中烧香、上供,按照一定的礼仪程序,多为"跳板凳",孩子跑回家后开始留发,意为"还俗"。有的地方也叫作"赎身",将寄名于神佛的孩子"赎回来"。"旧时因医疗条件很差,小孩长大成人很不容易,常常中途夭折。大人为了孩子健康成长,只好依求神灵保佑,有的还把自己的孩子出生,说成是哪个送子娘娘赐下的。到完灯开锁时,还要到娘娘庙里跪拜还愿。因之,有的亦将'完灯'称为'赎身'等。"(秦渭平,2010)

另外有些地方,如山东解县等地,还有在孩子十二岁时"还愿"的风俗。父母从求子时期开始,为了这个孩子向神佛许过的愿都被神佛应允,此时就要"还愿",仪式隆重而热闹,算是对神佛的酬谢。

## (二)"十二"的含义

以上所述,童关礼的形式虽各有不同,但有一点是共同的:都是十二岁。那么,为什么是十二岁,而不是其他的年龄呢?

"十二"在中国传统文化中的确是一个引人注意的序数,它是一个"成数""天之大数",代表着一种完整的序数结构。在西方文化经典《圣经》中,"十二"同样是一个表示"完全"的数字。比如旧约中,以色列人有十二个支派,新约中耶稣有十二个门徒,启示录中生命树有十二样果子,每月结果实。

《左传·哀公七年》记载:"周之王也,制礼,上物不过十二,以为天之大数也。"《周礼·春官·冯相氏》记载:"掌十有二岁,十有二月,十有二辰,十日,二十八星之位,辨其叙事,以会天位。"时间的分割以十二累进,空间的划界,也有"舜分十二州"之说。《国语·晋语四》记载:"黄帝之子二十五宗,得其姓者十四人,为十二姓。"《后汉书·荀爽传》"故天子娶十二女,天之数也;诸侯以下各有等差,事之降也。"古代文化生活中,到处都有"十二"的踪迹:古乐十二律、元杂剧十二科,中医十二经脉、十二藏(器官)、十二属(身体部位)等。与"十二"有整倍数关系的"三十六""七十二""一百零八",也都被视为"圆满之数""成数"。因此可以说,年满十二岁的孩子,完成了生命中第一个完整的循环,可喜可贺。

我国古代以生肖纪年,生肖对应于年,每十二年轮一次。十二生肖逐渐与阴阳五行观念结合在一起,并随着算命术盛行民间,形成了"生肖信仰"。迷信认为，五行中的每一种要素都是相互制约的，由于出生的农历年份、时辰不同，每个人命中所缺的、所惧的都不一样，所以要靠"取名""婚配"等方式弥补，使生活顺意。生肖信仰中最重要的是"本命年"，本命年是按照十二生肖的循环推出来的，如果一个人出生于农历鼠年，那么有生之年的每一个鼠年都是本命年。民间认为本命年是生命中会发生重大事件的年份，而且常常是倒霉的事情，甚至会威胁到生命安全，所以就用"系红腰带""穿红色内衣"等方式，避邪免灾，以期盼平安顺利地度过本命年。人的一生中，十二岁是第一个本命年，也是孩子出生以来经历了疾病等各种危险、灾难后，从不谙世事的儿童成长为一个基本具有独立思想和行为能力的少年，的确是值得庆贺的。

### （三）"完灯"与"童关礼"

"完灯"仪式是在十二周岁时举行，"完灯"所包含的意思正是"结束提着灯笼玩耍的童年时期"。"直到小孩12周岁时，外婆家最后一次给孩子'送灯'，即'完灯'，也是最隆重的一次送灯，此后就停止了年复一年的送灯和馍馍，同时也标志着孩子从童年进入少年，送灯、玩灯到此终止，故称为'完灯'。"（秦渭平，2010）"'完灯'又称'全灯'，意指孩子从出生起的每年正月十五之前，舅家都要给孩子送灯笼，希望孩子在这一年健康成长，孩子满12岁的那年正月，家长要给孩子举行一个'完灯'的仪式，标志着从童年进入少年，舅舅要最后一次给外甥送灯笼，对孩子以后的成长表示祝福，送灯、玩灯到此终止，故称为'完灯'。"（卿荣波，2010）

可见，"完灯"具有"童关礼"的一部分特点，但是，"送灯""完灯"没有迷信色彩，而是通过舅舅，这个与孩子母亲有着最亲密血缘关系的男性长辈，每个元宵节给外甥"送灯"，将祝福送给孩子，护佑孩子健康成长、前途光明。

## 五 对"完灯"文化内涵的思考

### （一）亲子之爱

"完灯"的前奏是新出嫁的女子在元宵节前收到娘家送来的灯笼，并悬挂门口。有了孩子以后，娘家就给她的孩子送灯笼。"完灯"庆祝孩子长成少年，答谢孩子舅舅家对孩子多年来的关照。灯笼几乎是被作为一种媒介，始终联结着女子与娘家。"完灯"实则为高调展示女子娘家对她的爱与关怀的一个机会、一种方式。礼节表面上是多种的规矩、仪式，但实际上就是情感的表达。通过规范化的礼仪定式，个体的、私人的情感被掩藏，表现为广泛的、大众化的、特定时间与形式的人际或家族间的交往。

传统社会中，嫁女儿，对娘家人来说并不完全是喜事，"尤其在出嫁意味着严格考验的传统社会，结婚意味着人生从此开始了可怕的冒险。"女孩出嫁后，将生活在一个完全陌生的环境中，成为妇人，并要承担繁重的家务与生育负担。"多年的媳妇熬成婆"，在这个漫长的熬炼过程中，娘家父母兄弟的支持，是她能够在婆家拥有话语权的资本。为了自家的女孩在婆家能够活得有尊严，娘家人会借着不同的节令，送某种特定食品或物品给女孩，向所有人展现对她的爱、支持与重视。明代南大吉纂修的《嘉靖渭南县志》"志九·风土考·三"中就有如下描述："九月九日则馈枣糕于诸出嫁女，谓之迎九月九。""冬至日……，人家则馈蒸饼于新嫁女，谓之迎冬。"对女儿的疼爱，在这些节俗的礼仪中充分体现了出来。

### （二）血亲相连

农业文明的特质，决定了"以血缘关系为纽带的家族"成为中国社会构成的基础层面。婚姻，是家族扩大以及与其他家族建立社会关系的重要途径。《礼记·昏义》说："昏礼者，将合二姓之好，上以事宗庙而下以继后世也，故君子重之。"男女结婚，女方加入男方家族，就将自己娘家的家庭关系带入了夫家的家庭关系，双方家族的社会关系都得到了扩充，并且二者之间建立起了一种全新的社会关系。男女双方的家庭通过联姻结为"儿女亲家"，从此就要恭敬谦让、礼数周到，悉心维护并发展这一"由姻缘到血缘"的社会关系。而在家族的延续和发展中，习俗起着非常重要的作用。

从这一角度来看，"送灯"到"完灯"这样一系列民俗活动，所起到的作用正是对家族之间社会关系的维护与发展。从女子出嫁的第一个元宵节开始，娘家就开始送灯。此时女子刚刚进入夫家不久，开始了逐步适应新角色、新环境的新生活，心理上会有一个适应期，"娘家送灯"这一节日礼仪不仅是对两个家族新建立起来的社会关系的稳固与融洽做贡献，同时也是对新嫁女的心理安慰与支持。女子有了孩子以后，娘家人就开始给孩子们送灯，前面已经谈到，这是对女儿及其子嗣的祝福。可做进一步推想，这一活动也是对家族关系的肯定与发展。自家的女儿已经通过生育完全融入夫家并逐步确立了在夫家的地位，由联姻形成的家族间的社会关系已经非常稳固与牢靠，继续"送灯"直至"完灯"，都是两个家族间社会交往活动日趋紧密与和谐的表现，"完灯"像是一个高潮，集中展示着"亲热""亲密""亲爱"的血亲关系。

## 六　"完灯"民俗形态的变化

随着社会生活的变化，特别是经济的发展、城市的扩大，传统民俗受到了一定的冲击，但是在适应了新形势之后，自身做了相应的改变，又重新活跃在人们的生活当中了。"完灯"就是这样。

首先是礼物的更新。老辈人逝去，会扎灯笼、蒸花馍的人越来越少，于是，更多的人家送的灯就变成了买的成品灯笼，送的花馍变成了馒头或其他买来的面点。"完灯"时送的礼物就更是五花八门，多半是时下最流行的、孩子们最喜爱的电子产品等。

其次是礼仪的简化。城市里的人家多半没有宽敞的院子，不可能在家里摆宴席，所以都是在饭店、酒店请客。前来道贺的宾客，会手工制作礼物的人也极少，所以只是奉上红包，即可表达心意。整个活动的仪式也很简单，开席之前孩子的父亲讲明宴客缘由、感谢在座各位亲朋；开席后，孩子的父母、孩子自己、孩子的舅舅等，轮番给客人们敬酒。宴席结束，整个活动随之结束。可以说，整个活动几乎就是一顿酒席。

最后是活动范围的扩大。由于父辈城市生活的经历，建立起了超出家族关系的人际关系网络，所以"完灯"时，前来祝贺的客人除了少部分是亲戚之外，大部分则是父母的同学、同事、朋友，甚至客户等。"完灯"由家族间的交往活动，变成了社会化的交际活动。

上述"完灯"的新民俗特质，也被一些文化研究者批评为"民俗的变味"。礼物的更新、礼仪的简化，被认为是"遗失传统"；活动范围的扩大化更是被斥为"赶场子""撑面子"，甚至是"敛财"。对此，本文认为，社会发展是必然的，社会活动的形态变化也是无法阻挡的。民俗随着时代的变迁，从古到今一直是动态的，并受到当时社会状况的影响。能够在变化中保存民俗的本质，就是保存了民俗的文化价值。

## 参考文献

[韩]崔吉城：《哭泣的文化人类学：韩、日、中的比较民俗研究》，《民俗学的历史、理论与方法》（下册），商务印书馆2006年版。

胡朴安：《中华风俗志》（影印本），上海文艺出版社1988年版。

李彤：《基于群体传播视角探析"完灯"民俗——对陕西省P县的田野调查》，《新闻研究导刊》2018年第2期。

马宏杰：《正月十五卖花灯》，《中国民族报》2004年2月6日。

马之骕：《中国的婚俗》，岳麓书社1988年版。

潘贵玉：《中华生育文化导论》，中国人口出版社2001年版。

秦渭平：《地方特色春节民俗：完灯》，《渭南日报》2010年2月24日。

卿荣波：《渭南"完灯"风俗变味》，《华商报》2010年2月24日。

沈宇：《蒸花馍 送花灯 迎新春》，《中国食品报》2002年2月10日。

宋兆麟、李露露：《中国古代节日文化》，文物出版社1991年版。

王献忠：《中国民俗文化与现代文明》，中国书店1991年版。

吴裕成：《中国生肖文化》，天津人民出版社2004年版。

吴裕成：《十二生肖》，中国社会出版社2008年版。

邢莉：《图说中国诞生礼仪》，世界图书出版公司2016年版。

张潇娟：《渭南面花》，陕西人民美术出版社2008年版。

赵伯陶：《十二生肖面面观》，齐鲁书社2000年版。

赵东玉：《中华传统节庆文化研究》，人民出版社2002年版。

[日]中川中英：《清俗纪闻》，方克、孙玄龄译，中华书局2006年版。

中国基督教三自爱国运动委员会、中国基督教协会发行：《圣经》（和合本）2012年。

钟敬文：《民俗学概论》，人民出版社1998年版。

钟敬文、萧放：《中国民俗史·民国卷》，人民出版社2008年版。

（王晓音　西安　陕西师范大学国际汉学院　wangxiaoyin@snnu.edu.cn）

# 方言文化调查实录

# 独龙出山
## ——独龙语调查手记

王莉宁

独龙族聚居在云南省怒江傈僳族自治州贡山独龙族怒族自治县的独龙江两岸，约7000人。在我国56个民族里，像独龙族这样少于一万人的只有7个民族，是名副其实的"少数民族"。独龙族通行独龙语，属汉藏语系藏缅语族语言，有独龙江方言和怒江方言两种方言，内部差异不大。由于使用人口基数少，独龙语是我国的濒危语言之一。独龙族属于跨境民族，在缅甸北部克钦邦也有居住，在当地被称为日旺人。

**图1 美丽的独龙江**

使用人口少、语言濒危、跨境分布、研究成果稀缺，这让独龙语蒙上了神秘的色彩。2009年10月，我们一行八人奔赴独龙江乡对独龙语进行田野调查。从北京出发，经过昆明、大理、六库、福贡、贡山，第三天好不容易才在贡山县城乘上一辆开往独龙江的吉普车。从贡山通往独龙江只有一条盘山公路，因其险峻无比而有"魔鬼公路"之称。行驶在途中，感觉车厢就像一个滚筒洗衣机，上下左右颠簸翻滚，在陡壁千仞的高黎贡山间挣扎盘行，十多个小时后，我们终于走完了 95 公里，到达独龙江乡政府所在地孔当。彼时的独龙江乡在雪山和峡谷的阻隔之下显得遗世独立，江水碧绿如洗，沿江山间散落分布着茅草顶的木房，原始的溜索、摇摇晃晃的吊桥在奔腾的江水之上坚强地履行它们的职责。由于交通不便，当地几乎没有游客，只有一家丽江人经营的小旅馆和两三间小卖部。全乡只有 30% 的地方通电，电视不普及，手机信号很不稳定，无法上网。独龙人的居处一年之间有将近半年大雪封山，闭塞的自然环境让独龙语保有较好的语言活力。大部分独龙族成年人没有离开过当地，也基本不会说汉语。从北京到孔当，就像穿越到了一个与现代文明基本绝缘的世界。

初识独龙族，我没有感受到特别鲜明的文化特征。独龙族善织独龙毯，但平时并不穿戴独龙毯，穿衣打扮跟汉族差不多；独龙牛在当地颇有名气，但它主要是食用畜种，没有附会宗教礼俗等的抽象内涵；独龙族过去信奉山神，但近年来不少人转而信仰外来的基督教，不少人还起了类似"大卫""安娜"这样洋气的名字。外界对独龙族最感兴趣当属文面女，这是过去独龙族女子为了防止被外族掠走，用竹签、花椒刺等尖锐物品沾上草木灰后文面自保的习俗。从 20 世纪 70 年代开始，文面的风俗已被逐渐废止，现在仅剩下 30 多个文面女。有些超前的独龙族人已意识到文面女是他们独有的文化资源，在我们寻访文面女时，她的儿子以 50 元促成了我们对文面女老人的合影。类似这样的商业行为在其他旅游区已是屡见不鲜，但在当时的独龙江却是孤例，给我留下了深刻的印象。

直到开始调查时，我们才发现原来独龙语才是独龙族最显著的"身份证"。对于没有文字的独龙族来说，独龙语是最为重要的交流工具，对内一致性强，对外可懂度低，她通过口耳相传的方式记录独龙族的沧桑变迁，传承这个民族的历史文化，是独龙族的智慧结晶。对于一个汉语方言研究者来说，独龙语的音系结构让我有大开眼界之感：独龙语有 48 个声母，有着 [pl][kl][mḻ][xḻ] 这样与汉语差异极大的复辅音声母；声母仍保持清浊对立，送气声母很不稳定，与不送气声母尚未形成对立；韵母有 108 个之多，除了元音韵尾、鼻音韵尾、塞音韵尾以外，还有与北京话儿化音听感相似的近音韵尾，如 [ɑɻ][iɤɻ][uɻ] 等；独龙语声调的特点突出表现在语法构形方面，比如动词"听"，跟不同的人称、时态搭配时，说法各不相同：

他在~　　　我在~　　　我~了　　　　　　　他~了
tɑ⁵³听　　　tɑŋ⁵⁵　　　tɑːŋ³³⁵ ə⁰ ~ tɑ̃⁵³ŋ⁵⁵ŋə⁰　　　tɔː³³⁵ ə⁰ ~ tɔː³³⁵ di⁰

在惊叹独龙语形态变化精细奇妙的同时，我也不由地想，如果没有经过历史比较语言学的系统训练，当听到 nɐm⁵³"太阳"、blɑp⁵"冰"、bɹɤm²¹"刺"、mɹɐŋ⁵³"远"、kɑŋ⁵³"老虎"、nɤi²¹"嘴巴"、ʔuɹ⁵⁵"手"这样的音节时，怎么会想到它和汉语是亲属语言呢？尽管环境闭塞，但仍有大量新事物、新概念直接通过汉借词进入了独龙语，独龙语音系中 f、tʰ、ts、z、ʐ、ɿ、y、yn、iɛn、yɤ 以及 24 调等音位只出现在汉语借词中。独龙语与汉语差异如此之大，在独龙族生产生活方式发生改变的同时，他们是否还能一直保持使用自己的语言？这样的念想，构成了我的独龙江情结，总是想着能再回到独龙江看看她的变化和发展。

2015 年 1 月 21 和 22 日，新闻联播和焦点访谈连续播出习近平总书记会见独龙族代表的专题报道，再次燃起了我们对独龙江的向往。我当即决定在正月初八启程重返独龙江。贡山街道上停着各类挂着去独龙江牌子的车，独龙族的司机用汉语热情地招呼我们搭车同行。高黎贡山上的积雪还没有融化，在阳光的照耀下熠熠发光，神圣高洁；沿山盘行的公路上新建了多处观景台；溜索被开发成了旅途之中的娱乐项目；刚通车的独龙江隧道宽敞平坦，仅用了 3 个半小时就到达孔当。此时的独龙江乡已不再是记忆中的模样：独龙牛俨然成了独龙族的代言，村口处赫然立着一座黑色的独龙牛雕塑，路灯杆子上也有独龙牛头像；公路两旁是新修的安居房，它的外墙以黄色为主，在屋顶、窗户边框画出传统茅草顶的样式，伴之以独龙牛头和独龙毯彩虹般的纹路作为装饰；沿街有不少饭店，招牌菜也是独龙牛肉。村里有了好几家新开的旅馆，有电视和免费 wifi，宾馆前台是年轻的独龙族小伙子，能流利地使用汉语交流。独龙江水碧白相间，轰隆隆地在耳边奔鸣着，我迫不及待沿着江边新筑的河堤往下走，却看到一块碑上写着"情侣桥"三个字。再次从北京到孔当，我感觉既熟悉又陌生。熟悉在于她的新妆与其他旅游区能见到的风貌并无不同，陌生在于她已不是印象中那遗世独立的世外桃源，我也再无穿越之感。是啊，独龙江已做好准备迎接即将蜂拥而至的山外来客。

二进独龙江的主要目的是完成中国语言资源保护工程的试点调查。发

**图 2　独龙江隧道入口**

音人还是上次配合调查的马建新老师,他在独龙江九年一贯制学校工作,会说独龙语、傈僳语、当地的西南官话和普通话。根据调查流程,在完成纸笔记录之后,要用音像技术记录保存独龙语的现状。发音摄像要求记录发音人说话时的面部动作、发音状态。为确保发音视频的科学性和观赏性,发音人要直视镜头发音。在调查汉语方言时,常用方法是多条连续摄录,即在摄像头旁边支个提词板,让发音人看着上面依次出现的方言词来连续发音,发音人照着汉字说方言词,几乎没有困难,一口气录百来个词也不稀奇。但民族语言的情况大有不同。独龙族没有文字,如按照上述模式让发音人根据汉语词目连续说出独龙语词,这与同声传译无异;加上对发音人的音量、坐姿、面部表情也有要求,各种因素综合起来难度很大,连经验丰富的马老师也急得常挠头。我们立即调整战术,采用先核对、再摄录的方式进行逐条摄录工作,即先由调查人根据国际音标记录与发音人核对该调查条目的发音,确认无误后再开始摄像工作,效率大为提高。

每天完成摄录工作后,我们直接到村子里入户采风,搜集口头文化素材。尽管语言不通,但朴实的独龙族老乡对我们这群突如其来的陌生人毫无戒备之心,热情相邀我们围坐在火塘旁,扒出刚烤好的土豆和花生招待我们。有一位叫孔勇生的老人唱起了一首独龙族的小调,徐徐缓缓,婉转

**图 3 独龙语音像摄录现场**

悠扬。如果用汉字音转写这段歌词的发音，大概是：

英尔独龙莫丽，
政策个哦哦热啊，
摩多摩窿通热啊，
顿背哦僧皆哪嘎，
呃西哦，呃西。

次日请马老师翻译歌词，才知道这曲调是传统的，词儿唱的却是新事，大意是：

我们独龙江哪，
政策越来越好了，
公路通了以后哇，
人们生活多幸福啊，
谢谢了，谢谢。

一个不会说汉语，也不识字的独龙族老人，竟能利用旧曲哼唱出如此有时代风貌的新词，让我们非常佩服。

随着独龙江隧道通车,独龙族打开了入世之门,大雪封山、马帮、溜索、吊桥都已成了历史。如今一天之间他们就能往返于山内山外,曾经安静寂寞的独龙江必将发生翻天覆地的变化。独龙族不再是太古之民,他们住进了精心修饰的安居房,用上了自来水、电,享受着通信和互联网技术带来的便利;他们接受了退耕还林和禁猎的规定,开始学习种植草果、花椒等经济作物,并日渐善用得天独厚的自然资源发展旅游业。与峡谷、雪山、森林、独龙江相同,独龙牛、独龙毯、文面女正在逐渐地被赋予能吸引游人的新鲜样式和内涵。他们结束了结绳刻木传递信息的历史,现在全乡推行九年义务教育,学龄儿童进入学校学习,通过汉语、独龙语双语教学接受现代文明的教育……从改善物质生活的角度来说,独龙江乡会越来越好。然而,对于这个仅有数千人的族群来说,在随着游人蜂拥而至的滚滚浪潮中,如何保有这片净土延续千年的乡土气韵,如何保护传承独龙语呢?我发表的独龙语论文,我做的语言资源保护工作,是否真能让独龙族受益?在离开独龙江前夕,我们围坐在火炉边讨论着这些问题,怅然若失。

**图 4　与独龙族合影(左一为马建新老师)**

时至今日,每每在屏幕上看到独龙江的画面,就想一步跨过数千公里,去看看独龙江水是否碧白相间依旧,去听听汉语的远方亲属语言——独龙语,它是否仍抑扬顿挫,响彻江边山间。也许独龙江,以及我们经过的每一处田野，都已经做好了改头换面的准备。心存执念而无法安然面对未知的，是我们这些曾走过田野的人吧！

（王莉宁　北京　北京语言大学中国语言资源保护研究中心　wangln@blcu.edu.cn）

# 湖南泸溪乡话田野调查实录[*]

邓 婕

## 0 引言

泸溪县在湖南省西部、湘西自治州的东南方，位于沅江中游，在东经109°40′—110°14′，北纬27°54′—28°29′之间。东邻沅陵、辰溪两县，西连吉首市，北接古丈县，南接麻阳县，西南与凤凰毗连，是湘西州的"南大门"。泸溪县说湘语、乡话、西南官话三种汉语方言。湘语属于湘语辰溆片，西南官话属于永吉片，乡话在先后两版《中国语言地图集》里都列为未分区的非官话汉语方言。泸溪县讲乡话的人居住在沅江两岸以及沅江支流的山坡溪谷。我的家乡是沅江支流边的泸溪县李家田乡朱食洞村条家坪小组，现属于泸溪县武溪镇朱食洞二组。条家坪地处偏僻的山区，交通不便，至今仍需步行前往，全村共有22户，182人，20世纪80年代以前男女老少都讲乡话。随着改革开放的深入，越来越多的村民走出村寨，远赴广东、浙江打工谋生，娶了外地媳妇，儿女在外地上学，讲乡话的人越来越少了，乡话处于濒危状态。当我了解到这一情况后，心情十分沉重，心中暗暗下定决心，我要做一个乡话研究的新生力量，研究好我的母语文化。

2014年10月受领"中国语言资源保护工程语言文化调查·湖南泸溪"调查任务后，我们全家思想高度统一，认为这是一件传承乡话文化、保留乡话习俗的大好事。家庭成员都很兴奋，迅速成立了调查组，我担任组长，父亲邓光周、母亲唐小慧、丈夫田涛、堂弟邓云刚担任组员。调查以《中国方言文化典藏调查手册》为统一大纲，共涉及九个大类，依次

---

[*] 本研究获中国博士后科学基金第63批面上资助（2018M630251）、中国博士后科学基金第11批特别资助（2018T110180）。

是房屋建筑、日常用具、服饰、饮食、农工百艺、日常活动、婚育丧葬、说唱表演。同时，我的博士论文也是有关乡话的选题，随着典藏工作的推进，许多平时难以调查到的乡话词汇、语料也会随之浮出水面，如果能将这些珍贵的材料都记录、保存下来，这对于母语者来说无疑是一件大喜事。上大学时，我曾写过《生活在湘西》《二姨的芝麻叶酸菜》等文章，记录的是老家生活的片段、泸溪的美食，亲人看到后，都引起了共鸣。父亲总是教育我："这些东西，你都应该记录，以后没得了，你上哪去找。"这些年，我把自己的兴趣爱好融入学术、生活，用田野调查笔记的形式记录了我和亲人调查方言的过程。

## 一 建房习俗调查

原生态文化是根植于某个地域的独特文化。讲乡话的人的建房习俗具有浓郁的湘西地域文化特色，现存于交通不便、古老的讲乡话的村落。建房习俗中的"粗木匠"建房子整体框架的木匠拥有丰富的"地方性知识"，是乡话文化的内涵，它不仅涉及地域意义，也涉及知识生成和发展中形成的特定情境。

2014年12月13日我与父亲、母亲、姑姑前往湖南省泸溪县白沙镇红岩村（原李家田乡辛女溪村山脚底小组）调查建房习俗。条家坪人称这里为"山脚底"[sɑi⁵⁵kɷ⁴²tɑ²¹]，山脚底小组自称为"溪里*①"[kʰɑ⁵⁵liɔŋ²¹]。整个小组只有10个70岁以上的老人在家中，杨景文是长期居住在村里的老人，也是我的"老姑丈"[lɑu⁵³ku⁵⁵tʰiɔŋ²¹]父亲的姑父，他年轻时是泸溪有名的"粗木匠"[tsʰei⁵⁵kɷ⁴²dʑiɔŋ²¹]，他会讲乡话、湘语，是非常理想的发音人。老姑丈的家是木房，堂屋内的灯泡瓦数大概只有三十几瓦，白天一般不开灯，于是我们坐在堂屋外面问建房习俗。木房的建筑结构对我来说非常陌生，但是一想到有父母全程坐镇，我心中也就不慌了。

老姑丈的话不多，总是用一双慈祥的眼睛看着我笑，父亲说，小时候几弟兄来"老头ᵉ"[lɑu⁵³tɑ²¹³]父亲的姑姑家走亲戚，早上起来都是老姑丈让几弟兄排队，然后给他们洗脸，想到那个场景，我突然觉得面前这位老人太有耐心了。调查开始，我要他说说木房的结构，老姑丈一边指着自己的

---

① 加*者为训读字，本字待考，下同。

房子，一边告诉我农村常见的民居为泥墙、砖墙、木架、黑瓦、三间、二层。"正室"［tsẽ²⁴tɕi⁴²］一般分为三间，中间是"厅座"［tʰaŋ⁵⁵tsɛi²¹³］堂屋，两边是"正房"［tsẽ²⁴voŋ²¹³］卧室，"正室"的两边还可以建厢房、灶房厨房。二层叫天楼，盛放粮食、家具、杂物。在他的指引下，我一边记录词汇，一边抬头看看实物，让我想起刚学英语时，总爱好奇地问："What's this in English?"这个用英语怎么说这也和我们学过的看图说话作文课一样。面对一座木房，我突然觉得兴奋不已，马上起身，指着我所能见到的外部事物问，一会儿指着屋檐问："这个用乡话怎么说？"父亲抢答："室檐［tɕi⁴²ʑiɛ²¹³］。"老姑丈抿着嘴笑了笑，回答："是的。"一会儿指着柱下石问："这个用乡话怎么说？"老姑丈脱口而出："磉头岩［saŋ⁵³ta²¹ŋa⁵⁵］。"关于房子外部的词汇，在一问一答中结束了，调查的气氛也越来越好，我开始问"房屋内部结构"。这个是老姑丈最擅长的环节，父母只见过村里建木房，对于具体名称，却拿不准，大家都像学生一样开始听老姑丈说农村木房的内部结构。老姑丈告诉我们木房的顶梁柱叫"柱"［tʰia⁵³］，进深浅的木房子叫"三柱室"［so⁵⁵tʰia⁵³tɕi⁴²］，进深深的木房子"五柱室"［oŋ⁵³tʰia⁵³tɕi⁴²］。他开始给我们解说五柱室的结构，修木房子需要一根一丈八的"中柱"［tiɛi⁵⁵tʰia⁵³］，两根一丈五的"二柱"［oŋ²⁴tʰia⁵³］，两根一丈三的"檐柱"［ʑiɛ²¹³tʰia⁵³］边柱，一排三个"瓜子"［kua⁵⁵tsa²¹］，他还提到了"排扇"［po²¹³ɕiɛ²⁴］，把一根柱子、一块硬扇、四块疲扇、八个瓜子、两块挑头、一块开弓拖脚接拢就是一块排扇。我在本子上"奋笔疾书"，说到"排扇"的时候我已经有点力不从心了，国际音标记录的词汇在我的笔记上像雨后春笋涌现了出来，可是我没有见过实物，根本不知道是什么东西，有点垂头丧气。这时候，父亲突然站起来，告诉我前面有一个破旧的房子，他顺手拿着一根长长的竹竿，就让我们跟着他走，我就像一个小兵一样，被点燃了胜利的信心。来到一座年久失修的木房前，房顶只有几片零星的瓦片，屋内的墙壁也坏了，刚好能清楚见到内部结构。父亲拿着竹竿指着房子的各个部位，用乡话耐心地讲解老姑丈所说的内部结构。在父亲的讲解下，我明白了传统房屋建筑的结构，记录了房屋结构的乡话读音。在阳光下，破旧不堪的老房子，也算是为方言文化典藏做出了一点儿贡献。

老姑丈还说建传统木制结构的房共五个步骤，分别是"选室村""盘室村""砍树""架马""竖排扇"，翻译成普通话的意思就是"看风水选地盘""砌石堆围地盘""砍树取材""起工架马""竖排扇"。由于现在都建砖木结构的房子，有的村还盖起了楼房，传统建房习俗已经远离我们。

2015年12月16日，在婶婶的介绍下，我和母亲来到泸溪县白沙镇红土溪社区参加新居落成仪式。红土溪社区是乡话习俗保留较好的社区，村里有不少年轻人，大家也都愿意主动讲乡话。在几番打听之后，我们才发现，宝贵的"上梁"习俗已经远离了沅江两岸，他们能够展演的仅仅是"扔抛梁粑"的习俗。我们说明来意之后，红土溪讲乡话的这户人答应了我们调查拍摄"扔抛梁粑"的仪式。新居是现代两层半洋楼，外观大气，上面挂着亲戚送的写有祝福语的红布，内部结构也非常好看，矗立在沅江边，让人感到一年前山区木房的调查似乎是20世纪80年代的事情。

## 二　丧葬习俗调查

2015年7月3日，突然接到亲戚打来电话，告知我们姨婆病逝了，母亲、二姨还有其他亲戚一起商量送姨婆一程，刚好我也有调查丧葬习俗的任务，我们一大家子包了个中巴车就出发了。汽车在山路中颠簸，来到"当大事"<sub>办丧事</sub>的地方，让人头晕目眩，天气还有点冷，我的心里既难受又害怕，一个女孩子要去录逝者出殡、下葬的视频，也招来了常人的不理解和反对。母亲在家排行老三，胆子最小，碰到丧葬的事一般都不敢去，还别说要去拍摄，可是调查必须两人才能完成，我就安慰母亲："科学研究，百无禁忌，我们有外婆保佑，不会有事的，我都不怕，你们还怕什么。"调整了心态之后，我、母亲、二姨三人开始和孝子们进行沟通，在我们的请求下，因是亲属关系，才准予了我们拍摄部分内容。

走进灵堂，看见摆在大厅里的棺材，我开始头皮发麻，泪水一下子就涌了出来。大家将带来的香、蜡烛、花圈放在姨婆的棺材旁，耳边突然传来二姨非常大的哭声，二姨哭诉起自己和姨婆的各种经历。这是我第一次看到哭丧，毫无心理准备，我默默的将摄像机对准了二姨，心中五味杂陈。当我们泪眼婆婆的时候，孝子拿来了白色头帕，我、母亲、二姨都戴上了白色头帕，跪着给姨婆烧纸钱。礼节结束后，就需要按照大小轮流守夜，灵堂一刻都不能离开人，我就是其中的一个守夜人。

凌晨三点了，乡村的夜晚格外安静，一点点动静，就让胆小的我感到后背发凉。一起守灵的亲戚，与我谈天说地，我也告诉他们我最近在做的方言文化调查，他们都佩服我的勇气，敢于拍摄他们认为心中有禁忌的习俗，在大家的鼓励下，我心中的胆怯仿佛消失了。天蒙蒙亮时，我们听到了敲锣声，这是要出殡的意思，小时候听到这样的声音，总是赶快躲进大人的怀中，这回我得像一个战士，站在高处拍摄，我想为了方言文化保护，这应该没什么吧。不一会儿，棺材就从灵堂中抬了出来，大家的表情都变得严肃起来，我一个人在高处拍摄，拍摄完出殡，一路上跟着出殡队伍，来到了下葬的地方。

天已经很亮了，到了下葬的吉时，所有人又开始哭了，我忍住了泪水，因为我还有拍摄的任务，要保持头脑的清醒。母亲、二姨一路跟着我，给我当助手，母亲的脚已经被蚊子咬起了很多个包，二姨用风油精给她擦拭止痒，我心里非常不好意思。棺材缓缓放入"井"（墓穴）中，所有人都开始回避，墓穴旁放起了鞭炮、礼炮，我站在墓穴旁，在鞭炮、香纸的烟火中完成了下葬习俗的拍摄。

这是一次难忘的调查经历，如果按工作时效来算的话，我们连续工作了30多个小时。姨婆永远地离开了我们，她带走了我们对她的思念，却留下了许许多多无形的财富。回到家中后，心中久久不能平静，老人的离逝，是濒危方言保护者最痛心的经历，我们仿佛是在和时间赛跑，然而并没有任何一次抵得过时间的流逝。

## 三　婚嫁习俗调查

泸溪讲乡话的人在婚嫁习俗方面仪式复杂，礼节繁多。在农村生活的老人，一般都知道婚嫁的习俗，但是问了好多人，都不会"哭嫁"了。冬花伯娘是村里出了名的媒人，她从小说乡话，听说她从娘家出嫁的时候，用乡话哭嫁哭了一个多月，虽然快60岁了，但还没有忘记怎么哭嫁。她在娘家做姑娘的时候，也见过自己的姑姑出嫁。了解到这些情况之后，我决定找冬花伯娘调查婚嫁习俗。

2014年12月28日一大早，我和田涛驾车来到伯娘家，她见到我们带着礼品来看她，非常高兴。我说："我是来调查红喜事的，伯娘你多给我说说。"伯娘放下手中的活儿，坐在客厅，马上和我进入工作状态，并一本正经地说："你跟田涛马上要结婚了。晓得这些老习惯好啊。"田涛听不懂乡话，但是听得懂泸溪湘语，我和伯娘在一旁叽里呱啦地说着，田涛捂着嘴笑，我猜想他估计能听懂自己的名字和结婚两个词。

　　伯娘的话比较多，脑子清楚，她很快就进入滔滔不绝的诉说状态，我有几次提醒她慢一点，我记不下来。伯娘告诉我，泸溪讲乡话的人在婚嫁方面仪式复杂，礼节繁多。泸溪乡话把娶亲叫"讨*亲"［$la^{24}tɕ^hiɛ^{55}$］，女方讲究"一方养女百家求"，初次女方不会同意，男方请媒人多次央求女方，求的次数越多越好。女方同意后，男方准备酒、肉、糖、新衣服等礼物请媒人送至女方家，叫"取口八字"。媒人回至男方家，男方将退回的礼物等谢媒人，再行"合八字"。"八字"合好后，告知亲家喜讯。再选择当年或第二年的吉月吉日，男方送衣服、首饰、肉、酒等至女方家，叫"取大八字"，又称"提篮"。女方家以送来的肉、酒设宴邀请家族中的长者共饮，示意姑娘已许配人家。同时要留出三斤六两刀头肉给外婆，叫"送家婆肉"。示意让外婆家知道这个孙女已许配人家。伯娘一边说得津津有味，一边看着田涛，我用乡话提示伯娘，不要给他说，他听不懂乡话，执着的伯娘又用"蹩脚"<sub>不标准</sub>的西南官话告诉了田涛，田涛全程笑眯眯，非常认真地听伯娘讲解泸溪婚嫁习俗，时不时地还点点头，我从他的眼神中已经看出了一丝丝"畏惧"。调查结束时，我请求伯娘按照传统婚俗来操持我和田涛的婚礼，她满口就答应了，非常期待婚礼的到来。

　　2015年1月26日，是我出嫁的前一天，我请了专业的摄影团队进行拍摄。伯娘早早地就来到我家，她带着五彩丝线、食品红，她说这是出嫁前要用的东西。放下东西之后，她拿着八个鸡蛋放进锅里煮，最后快熟的时候，将食品红洒在锅中，不一会儿鸡蛋壳就变红了。伯娘将红鸡蛋端上来的时候，着实让我感动。出嫁前的仪式是"开荒""滚鸡蛋""梳头发"。我穿着父母给我准备的红色嫁衣坐在镜子前，伯娘开始了她的工作，只见她用一根五彩丝线在我的脸颊、额头上来回地弹，一边弹一边用乡话说"开荒毛"［$k^hua^{55}xoŋ^{55}mau^{55}$］，过了几分钟，又用一个红鸡蛋从我的额头滚向我的嘴巴，又从头顶滚向发尾，这是"滚鸡蛋"。后来又请我的姐姐，给我梳头，一把木梳从头顶梳到发尾，一共梳了三下，这是"梳头发"。我们每人拿了一块红帕子，周围全是红色的嫁妆，映照着每个人的脸都红彤彤的。我还来不及沉醉在浓浓的亲情中，突然听到了一阵哭声，哭声中还夹带着唱词："妹啊，你要出去了，去远远地方去了，要跟伯娘分开了……"我听到了伯娘的哭声，马上捂住自己的脸嗷嗷地哭起来，二姨也开始哭起来："妹啊，你是在行啊，讲话通是想一口讲一口……"后来想想，这就是哭嫁，每个人哭的内容不一样，有固定的曲调，主要诉说与家人的不舍，交代去婆家要听话等等。不知不觉，哭嫁的人越来越多，二姨、姑姑、伯娘、姐姐都加了进来。当我拿开红手帕时，时间大致过了半个小时了。我主动叫停了哭声，看着每个人脸上真诚的泪水，每个人的脸都红扑扑的，我心中真是感动不已。过去交通不便，女子出嫁很难再回一趟娘家，伯娘出嫁前就在闺房哭了一个多月，会有"陪女"陪着哭嫁，大家互相哭诉，那种场面该是何等的壮观啊。

2015年1月27日早上六点，我就出嫁了，表哥告诉我母亲在我出门后哭了很久很久。在我的印象中，母亲不会哭嫁，那她一定是流着眼泪没有唱词，想着想着，我的眼泪又在眼眶打转了，母亲陪伴我成长，突然离开她，她肯定会不习惯。晚上我主动给母亲打电话："三天后我就可以回门了。"电话那头，我听见母亲又笑了。

## 四　山歌调查

泸溪县将"瓦乡山歌"列为非物质文化遗产，"瓦乡山歌"就是用乡话唱的山歌。2015年6月17日，我和母亲驾车来到泸溪县非物质文化中心，通过毛遂自荐找到了"瓦乡山歌"的申遗资料，光盘里面有几首山歌，都是以泸溪湘语为主，乡话的成分很少，但是乡话山歌的曲调还是很正宗的。为了找到用乡话唱的山歌，我想到了神通广大的姑姑，姑姑有一个锣鼓队，她是锣鼓队的队长，常年为泸溪各地的红白喜事"敲锣打鼓"，总能知道这种会唱山歌的能人。找到姑姑，她正好没有出去做业务，姑姑高兴地说："我就会唱山歌，可惜哭嫁时候把嗓子哭哑了，唱不出来了。"说着说着，姑姑就哼起了山歌的曲调，和我在光盘里听到的曲调一样，我兴奋不已，求着她帮我找找。姑姑二话不说，就开始打电话，叫来了她的锣鼓队队员，我们约在了涉江楼楼下的一块空地见面。大概半个小时过去了，队员们都来了，有人带了二胡，有人拿了小板凳，有人背着鼓鼓的包。不用我介绍，他们就自然和我熟络起来，有的人还穿上了"掩胸衣"，头上围起了"狗头帕"<sub>传统头饰</sub>，开始展示自己的才艺。心想他们穿上传统服饰，还真的挺像唱山歌的人，但是他们真的很了解我需要什么吗？一共来了十个人，有九个是会唱歌的，一个会拉二胡。我拿着摄像机，给他们录像。有三个阿姨脱颖而出，自告奋勇说她们会唱"山歌"，我仔细听了听，他们的嗓音很好，唱的是当地流行的"阳戏"，而且不会说乡话，我特别说明了一下，我需要听乡话山歌。有一位阿姨小心翼翼地站出来，姑姑让我叫她水英姑姑，她说她以前会唱很多乡话山歌，但是很久没唱了，恐怕不会了。我把她拉到一旁，鼓励她开口唱，并让她对着沅江，看着对面的山唱一唱试一试。她想了想，果真唱了起来，是乡话山歌的调调，"日头出来嘛是点点红啊"，字字都是乡话，她的声音非常洪亮，直穿云霄，让人拍案叫绝。一曲还未唱完，水英姑姑的丈夫就来找她拿房门钥匙，正好听见她对着沅江"乱吼"，便是一顿数落。我解释了一下，还用乡话问："姑丈，你会用乡话唱山歌不？"他得意地说："我会啊，会用乡话唱。"我鼓励他俩来一段，他却不好意思地说："这是以前在农村做工才唱的，现在好久没唱了。"我把这个好消息告诉了姑姑，让姑姑替我去游说，不一会儿，两口子便开口唱起了一首情歌：

（男唱：）

朝头调起嘛是雾沉沉啊 ［tiau⁵⁵ ta²¹ tau²¹³ kʰei²¹ mẽ²¹ tɕʰi⁵³ u⁵³ dzẽ²⁴ dzẽ²⁴ a⁵⁵］朝头：早晨。调起：起床。

三脚□脚在对门啊 ［so⁵⁵ kɯ⁴² tso⁵³ kɯ⁴² tsʰei⁵³ tua²⁴ mɛi⁵⁵ a⁵⁵］□[tso⁵³]：两。

我三脚□脚是□上了啊 ［ŋo⁵³ so⁵⁵ kɯ⁴² tso⁵³ kɯ⁴² dzɛi²¹³ tsʰoŋ⁵³ liau²¹ a⁵⁵］□dzɛi²¹³：赶。

我双手吊起你妹抹裙高啊 ［ŋo⁵³ soŋ⁵⁵ ɕiɯ⁵⁵ tiau²⁴ tɕʰi²¹ ɲi⁵³ mẽ⁵³ mo⁴² tɕyɛ²¹³ kau⁵⁵ a²¹］抹裙：围裙。

（女唱：）

十八哥来，你不是人啊 ［tʂʅ²¹ po⁴² ko⁵⁵ lɛi⁵⁵ ɲi⁵³ pa⁴² tɕʰi⁵³ oŋ⁵⁵ a⁵⁵］，

你米＝解＝吊我妹抹裙啊 ［ɲi⁵³ mi⁵³ tɕiɛi²¹ tiau²⁴ ŋo⁵³ mẽ⁵³ mo⁴² dʑyɛ²¹³ a⁵⁵］米＝解＝：怎么。

一来嘛 □头不好望啊 ［i²⁴ lɛi²¹ ma²¹ zaŋ⁵³ ta²¹ pa⁴² xau⁵³ moŋ²⁴ a⁵⁵］□头[zaŋ⁵³ta²¹]：人家。望：看。

二来嘛丑我娘头人啊 ［oŋ²⁴ lɛi²¹ ma²¹ dʑiɯ²⁴ ŋo⁵³ ɲioŋ²¹³ ta²¹ oŋ⁵⁵ a⁵⁵］娘头：娘家。

（男女合唱：）

哦嗬哦［o⁵³xo⁵⁵o⁵³］。

　　能够从姑姑的锣鼓队中找到会唱乡话山歌的水英姑姑，真是一种缘分，我请她回去多想几首山歌，还告诉她我们在顺江田建了一个录音棚，下次请她去录音棚录音，她很高兴就答应了。后来，姑姑的锣鼓队在二胡的伴奏中集体表演了一场"出礼"，从一月唱到十月，这是泸溪流行的戏曲，是用泸溪湘语唱的，不过我还是用摄像机给他们录了下来。调查结束的时候，沅江起风了，夕阳西下，看着他们拥有幸福、健康的晚年，感觉岁月真美好。又突然失落起来，不禁感慨我的母语——乡话真的濒危了，老百姓喜闻乐见的戏剧、山歌、儿歌等等鲜活的方言表达形式都已经远离我们了，调查时总希望记录的速度快一点再快一点，总想和时间赛跑……

## 参考文献

曹志耘：《走过田野——一位方言学者的田野调查笔记》，商务印书馆 2010 年版。

邓婕：《中国语言文化典藏·泸溪》，商务印书馆 2017 年版。

（邓　婕　北京　中国社会科学院语言研究所　125177708@qq.com）

# Abstracts of Major Papers in This Issue

**QIAN Zengyi, Methodological issues in the study of Chinese dialects**

The thesis is divided into two parts. The first part briefly discusses the main points of the Chinese dialectology methodology, including seeking truth from facts, systemic view, regional view, development concept and comprehensive view. The second part discusses several dialectical relations in the study of Chinese dialects, including dialect and common language, regional dialect and social dialect, description and comparison, general and individual, appearance and essence, innovation and inheritance.

**Key words**: Chinese dialects, methodology, dialectical relations

**XING Xiangdong, A further discussion on lexical tone——issues related to tone sandhi of Chinese dialtecs from the perspective of vocabulary and grammar**

This paper first explains the concepts of "ciation tone", "tone sandhi" and "lexical tone", then gives examples to demonstrate the role of lexical tone in word-formation and grammatical construction, so as to probe into some key issues related to tone sandhi of Chinese dialects. In *Jin dialects* and western mandarins, nouns of AA-type, AAB-type and ABB-type, and adjectives of AA 儿-type and ABB-type all have formed specific tone patterns, usually the lexical tone pattern of ABB-type none is different from that of ABB-type adjective. In some dialects, the lexical tone pattern of ABB-type none is closely related to that of AA-type none, and ABB-type adjective to AA-type adjective. As an important part of word formation, lexical tone plays an important role in identifying the structure and function of lexical items.

**Key words**: dialects, lexical tone, vocabulary, grammar, function

### Bamujian'er, Conditions of tone sandhi and the tone merging: studies on Shanxi dialects

In some of the south-eastern dialects of Shanxi province, some different tones can cause the same kinds of tone sandhi. By surveying *Qīng-Píng* 清平 and *Qīng-Shǎng* 清上 tone, the author finds the two have same performance in tone sandhi, reflecting the truth that they are merging. The article shows the result of tone sandhi in Gunan village dialect of Changzhi city at first, then shows the similarity of pitch contour of *Qīng Píng* 清平 and *Qīng Shǎng* 清上, finally put the area where the phenomenon occurs onto the map.

**Key words**: tone sandhi, conditions of tone sandhi, *Jin* 晋 dialects, tone merging

### ZHANG Weijia, LI Xianglin, The simplification and complication in phonology of Lintan and Zhuoni

Lintan and Zhuoni of Gannan Prefecture are located in the junction of agricultural areas and pastoral areas, Tibetan areas and Han regions on the edge of the Qinghai-Tibet Plateau. Chinese dialects there are widely influenced by surrounding dialects, showing a tendency of simplification and complication in phonology, and display a typical case of the phonological evolution in northwest Chinese. This paper intends to analyze the evolution types of the dialect phonology and its phonetic mechanism in these two places.

**Key words**: phonology, simplification, complication, evolution mechanism

### ZHANG Chengcai, A comparison between the tone of Shangzhou dialect and the tone of *Guǎngyùn* 广韵

This article firstly introduces the evolutional relationship between the tone of modern Shangzhou dialect and that of middle Chinese, then focuses on the evolution of *the rù* 入声 (*entering*) *tone of middle Chinese* in modern shangzhou dialect.

**Key words**: Shangzhou dialect, ancient and modern tone, phonological status, tone class variation

**ZHANG Yongsheng, ZHU Lanfang, The phonological system and phonetic features of Taihe dialect in E'zhou**

Based on language survey, this paper describes the phonological system of Taihe dialect of E'zhou city, and concludes its main phonetic features.

**Key words**: Taihe dialect, Gan dialects, phonological system, phonetic features

**SHI Xiuju, The pattern of associative markers of complex sentences in Linyi dialect of Shanxi Province**

Although the pattern of associative markers of complex sentences in Linyi dialect is complicated, it mainly concentrated in the middle bond B type ($S_1$, $g+S_2$), the front-back matching C type ($g_1+S_1$, $g_2+S_2$), and A type which is the common choice of hypothetical complex sentence. The priority sequence is: the middle bond type > the front-back matching type > the end-dependent type. Such distribution not only conforms to the principle of "correlate items are centered", but also is in harmony with the SVO sentence.

**Key words**: Shanxi dialect, Linyi dialect, complex sentence, the pattern of associative markers

**LIU Feng, ZHANG Jingyu, An interactional linguistic study on utterance-final-particle "*wo* 哦" in Jishou dialect, Hunan Province**

Using a certain size corpus, the researchdiscusses the highly-used utterance-final-particle *wo* 哦 of Jishou dialect in Hunan province within an interactional linguistics framework. The quantitative part firstly shows the distribution of *wo* 哦 and its meanings in naturally occurring conversation. Furthermore, the qualitative analysis points out that *wo* 哦 is a marker of turn organization for speaker to realize various conversational functions such as topic-initiation, extension, challenge, confirmation seeking and inquiry. Finally, the paper concludes that there is an interactional relationship among conversational functions, speakers' subjectivity, and intonation selection of *wo* 哦, which are closely linked in achieving the overall constitution instead of separating completely.

**Key words**: Jishou dialect, utterance-final-particle *wo* 哦, marker of turn organization, interactional linguistics

### SUN Yanbo, Topic marker *jie* 价 in Mizhi dialect

The topic marker *jie* 价 of Mizhi dialect is widely used. It occurs in declarative sentences, exclamatory sentences, interrogative sentences and imperative sentences as argument coreference topic, register topic, copy topic and clause topic. Just like other topic markers *jiu* 就 and *dong'er* 动儿 in Mizhi dialect, *jie* 价 achieves functions of forwarding, emphasis, contrast and hypothesis. *Jie* 价 has a unique performance in introducing topic, interpersonal function, interactive function, linking function and causal function.

**Key words**: Mizhi dialect; topic marker; *jie* 价

### ZHAO Xueling, The synchronic and diachronic analysis of lexical forms expressing quick look in Chinese dialects

From the perspective of quick-look concept domain, this paper analyzes the meanings and usages of words *pie* 瞥, *liu* 溜, *sao* 扫, *suo* 睃, *miao* 瞄, *liao* 瞭 which are the main lexical forms expressing *quick look* meaning in modern Chinese dialects, and investigates their development and changes diachronically according to *zishu* 字书 and *yunshu* 韵书 in order to reveal their growth and decline in historical literatures and the diversification of their writing forms. The author finds that most of them have been very active in modern Chinese except *Pie* 瞥 which appeared in ancient Chinese existing for a long period of time. Moreover, there are obvious geographical distribution characteristics, that is, *Pie* 瞥 and *liu* 溜 are mainly seen in northern Chinese dialects, *miao* 瞄 in southern, *suo* 睃 and *miao* 瞄 in northern and southern like a chain geographically, *liao* 瞭 scattered in south and north.

**Key words**: dialects, visual verbs, look, quick-look, diachronic investigation

## HEI weiqiang, HEI wenting, Explaining of some scot words in the title documents in Ming and Qing dynasty

In addition to the traditional exegetics methods, the textual research on the meaning of lexicat forms in ancient documents can also be carried out in other ways, such as the comparison of sentence patterns and the grammatical collocation between words. This paper examines and interprets some scot words in the title documents since the Song Dynasty, and holds that both of Yuanliang (原粮) and Shuliang (熟粮) expressed the meaning of taxes.

**Key words**: the title documents in Ming and Qing dynasty, scot words, to interpret

## CHU Xiaochan, ZHANG Li, Collations & explanations of nine characters in *Arrangement and Compilation of Contract Documents Collected by Yunnan Province Museum*

This paper is the sequel of Collations & Explanations of 15 Difficult Characters in Contract Documents of Yunnan Province written by subject group. By checking the plates in Arrangement and Compilation of Contract Documents Collected by Yunnan Province Museum, this paper will textually collates and corrects regular errors in the book of the fourth volume, in order to recover the contract documents' original appearances and improve the quality of arrangement and correlative study of contract documents.

**Key words**: Yunnan Province Museum, contract documents, difficult Chinese characters, collation & explanations

## LU Qingquan, Study of the vocabulary expressing the meaning of *Sizhi* 四至 in Guizhou contract documents

Guizhou contract documents have abundant vocabulary and considerable number of synonyms. Taking eight kinds of contract documents such as Guizhou Miao Forestry Contract Documents Compilation (1736–1950) as the research object and adopting the method of "synonymous clustering", this paper studies lexical forms expressing the meaning of *Sizhi* 四至 in Guizhou Contract Documents, so as to get a glimpse of features of expressions in Guizhou Contract

Documents. The attempt to interpret the synonyms in contract documents by means of "set phrase structure" can provide a useful supplement to the methods and theories of word revision.

**Key words**: Guizhou contract documents, synonyms, vocabulary expressing the meaning of *Sizhi* 四至

### HEI Xuejing, Judgment and revision of error quantifiers in contract documents

Contract documents, as handwritten documents, have become a rare new material in the field of linguistics and philology in recent years. Because it contains numerous errors and is difficult to read and understand, the correction and interpretation of words and sentences in contract documents and grammar issues have increasingly become the focus of attention. Contract documents have abundant dialectal spoken language, set sentences patterns and fixed writing formats, which can provide sufficient basis for the revision of text. Therefore, using modern dialect materials and different contracts to verify and collate has become an effective means of revising the erroneous quantifiers of contract documents.

**Key words**: contract documents, quantifiers, error, judge, revise

### LIANG Hao, TANG Chen, A Study of verbs expressing the meaning of decoction and of the craftsman spirit of Lu Yu in the book Tea Classic

Verbs expressing the meaning of decoction are the core in common vocabulary. The *Tea Classic* 《茶经》 by Lu Yu in the Tang Dynasty has a very number of verbs of this kind, through them we can see their use in the Tang Dynasty. The original part of the *Tea Classic* 《茶经》 only contains the verb *boil* 煮. The characteristics of this term reflect that Lu Yu has high requirements on the amount of water needed to cook tea and the process of making tea. And it reflects the specialized and standardized language characteristics of *Tea Classic* 《茶经》. The book provides a lot of terms for traditional tea culture in China and serves as a language tool for the promotion of traditional tea culture in china to the theory of tea culture.

**Key words**: *Tea Classic* 《茶经》, verbs expressing the meaning of decoction, craftsman spirit

## ZHAO Shulian, The strong dialect characteristics in Qiqiao 乞巧 songs of Xihe county, Gansu province

In *Qǐqiǎo* 乞巧 songs of Longnan county which is known as the Hometown of *Qǐqiǎo* 乞巧 Culture of China, a large number of dialect sayings are used, giving people a fresh sense of life, a strong flavor of life and the rustic breath of Longnan mountainous area, so that it will appear dry and distorted in other language forms. At the same time, *Qǐqiǎo* 乞巧 songs inherited the expression form of refrain and its aesthetic value commonly seen in ancient folk songs, and affected people's emotion with tone and melody.

**Key words**: Xihe county, *Qǐqiǎo* 乞巧 songs, language, the earthy taste, refrain

## QI Wenjing, JIANG Lan, A folk enclave preserved for more than 160 years——Heze immigrants in the border zone of Shandong province and Jiangsu province

Affected by the diversion of the Yellow River copper wares during Xianfeng's reign of Qing dynasty, flood victims in Heze fled to the west bank of Weishan Lake to form a trans-provincial resettlement belt stretching from Yutai in Shandong province to Tongshan in Jiangsu province. These immigrant villages have so far Heze folk customs. The 13 immigrant villages surveyed are divided into three types according to the direction of evolution: stable type, ablation type and extinction type. The folk structure of stable type is single and retains the characteristics of emigration; the ablation type has the characteristics of both the destination and emigration place, but is still dominated by the features of emigration; extinction type also has the characteristics of folk custom compatibility, but is already dominated by the folk customs of destination. The paper examines the living environment of folk enclaves and finds that conflicts in the construction of local order, migratorg distance and immigrants number, marital status, and geographical advantages are all factors that lead to the differentiation of immigration folklore.

**Key words**: folk enclave, Heze folk customs, folk type, evolutionary factors

### WANG Xiaoyin, The folk custom *Wan Deng* 完灯 and its cultural connotation

Wan Deng is an expression of Weinan city dialect, Shaanxi province. It refers to the folk custom activity during Spring Festival, specifically around the Lantern Festival. The content is: uncles of mother's side send lantern as a gift to their niece and nephew for the last time as they reach age of 12. Parents of the children will set a banquet as a gesture of appreciation. *Wan Deng* 完灯 also known as "*Yuan Deng* 圆灯", "*Man Deng* 满灯", or "*Quan Deng* 全灯". *Wan Deng* 完灯 is described as Childhood End Etiquette, it is a celebration for children to smoothly pass childhood period. Wan Deng is actually related to the customs of Lantern Festival and parents visiting their daughters who have got married away from their maiden home. Its connotation is about the parental love and family social relations connected by blood.

**Key words**: *Wan Deng* 完灯, cultural connotation, parental love, family relationship